HISTOIRE

DE LA VIE ET DES OUVRAGES

DE

J. DE LA FONTAINE

TYPOGRAPHIE DE H. FIRMIN DIDOT. — MESNIL (EURE).

HISTOIRE

DE LA VIE ET DES OUVRAGES

DE

J. DE LA FONTAINE

PAR C. A. WALCKENAER

MEMBRE DE L'INSTITUT.

De ma rêveuse enfance il a fait les délices.
Ducis.

QUATRIÈME ÉDITION,

ÉE ET AUGMENTÉE D'APRÈS LES NOTES POSTHUMES DE L'AUTEUR.

TOME PREMIER.

PARIS

LIBRAIRIE DE FIRMIN DIDOT FRÈRES, FILS ET Cie

IMPRIMEURS DE L'INSTITUT

RUE JACOB, 56

1858

Droit de traduction et de reproduction réservé.

NOTICE HISTORIQUE

SUR LA VIE ET LES OUVRAGES

DE M. LE B^{ON} WALCKENAER,

PAR M. NAUDET,

SECRÉTAIRE PERPÉTUEL DE L'ACADÉMIE DES INSCRIPTIONS ET BELLES-LETTRES.

Lue dans la séance publique annuelle du 12 novembre 1852.

Au moment de prendre la parole pour vous entretenir de la vie et des travaux de M. le baron Walckenaer, une réflexion douloureuse me saisit : je songe que vos suffrages, on peut dire unanimes, avaient désigné d'abord, pour succéder à cette place et pour faire cet éloge, un autre que moi [1], qui semblait avoir de si nombreuses et si vaillantes années à consacrer au service de l'Académie, à la gloire de l'Institut et des lettres françaises. Jeu terrible et mystérieux de la Providence ! Entre deux vieillards, dont l'un, en lui laissant son héritage académique, meurt plein de jours, de jours fortunés, et l'autre, qui avait applaudi aux succès de son enfance déjà remarquable, devait, selon l'ordre naturel, lui demander tout au plus un éloge funèbre, et non une succession, l'homme jeune encore tombe dans sa forte maturité, lorsqu'il allait recueillir sa moisson si laborieusement préparée et déjà si féconde.

Mais à chaque jour sa peine et son deuil. Le temps viendra

---

[1] M. Eugène Burnouf, élu secrétaire perpétuel le 14 mai 1852, mort le 28 du même mois.

de déplorer cette perte irréparable. Éloignons aujourd'hui des préoccupations trop affligeantes, qui nous détourneraient du devoir présent, non moins pieux, mais plus exempt d'amertume. Quel objet plus consolant, en effet, l'esprit pourrait-il choisir pour s'y reposer et s'y complaire en s'instruisant, que la longue carrière d'un homme de mérite et d'un homme de bien, toute remplie par une constante uniformité de devoirs généreux, de services rendus au pays, de travaux utiles et honorables, de félicités de la famille, qu'interrompent, au commencement, un seul événement lamentable, et dans un temps où les calamités n'épargnaient que ceux qui les faisaient peser sur les autres, puis, dans un âge plus avancé, quelques-unes de ces épreuves inévitables pour qui a multiplié, avec ses affections les plus intimes et les plus chères, les échéances fatales des regrets.

Charles-Athanase Walckenaer naquit à Paris le 25 décembre 1771. Il fut privé, dès son plus bas âge, du sourire et des soins de ses parents; mais il trouva dans M. Duclos-Dufrénoy, son oncle, l'affection d'un père. Tout ce que la richesse peut procurer de secours pour accomplir une éducation splendide et classique dans la maison paternelle lui fut donné, lui fut prodigué; il y manquait seulement la vigilance assidue et sévère d'un mentor.

M. Duclos-Dufrénoy, par sa fortune et par sa position, était livré au grand monde, vers lequel l'attirait, outre la libéralité de ses goûts et de son caractère, le plus irrésistible des entraînements, la satisfaction d'être recherché pour lui-même, pour la piquante vivacité de son esprit et le charme de ses qualités personnelles.

Notaire et conseiller privé du roi, placé à la tête de sa compagnie par une réputation de probité intègre et de haute capacité, ses talents et ses connaissances en économie politique, ainsi que la grandeur et la multiplicité de ses relations, le portaient dans une sphère plus élevée et dans un tourbillon d'affaires et de plaisirs à la fois, selon les mœurs du temps. Il fut consulté par les ministres, et plus d'une fois il leur vint en aide, grâce aux transactions facilitées par le crédit et la considération dont il jouissait, et il soutint le gouvernement, dans des circonstances orageuses, par des écrits fort remarqués sur l'état des ressources publiques.

Sa maison était le rendez-vous de ce que la finance et la robe avaient de plus distingué, avec une élite d'hommes de lettres, de savants et d'artistes, d'artistes surtout auxquels, en sa qualité d'amateur éclairé, sa générosité et même la sagacité de ses conseils ne furent point inutiles; réunion brillante, sérieuse et enjouée, respirant une sensualité délicate, et dans laquelle, de même que dans toute la société polie, alors, les femmes régnaient et donnaient le ton par l'autorité de l'esprit et de la grâce.

Le jeune Walckenaer vivait ainsi, auprès de son oncle, dans une honnête liberté, passionné pour les spectacles, pour les conversations, pour tout ce qui pouvait animer et développer sa pensée. Que de séductions et d'écueils, s'il n'avait pas eu, pour y échapper, un double préservatif : d'abord, une insatiable envie d'apprendre, qui le ramenait sans cesse à des occupations solides et profitables; puis, la fréquentation habituelle d'une autre maison, également riche, mais moins bruyante et plus grave, celle de sa tante, restée veuve d'assez bonne heure, et admirable institutrice de sa famille nombreuse, au sein de laquelle s'élevait une chaste et pieuse jeune fille, épouse destinée au jeune Walckenaer dans les desseins de leurs parents, et qui devait répandre sur la plus grande partie de sa vie tant de charme et de sérénité.

En attendant, l'écolier, ou plutôt le mondain de dix-sept ans, était fêté, caressé dans les salons de son oncle, où l'on admirait, avec les agréments de sa figure et de ses manières, la précocité de son intelligence et de son savoir. On se plaisait à les mettre à l'épreuve; il résolvait, dès l'âge de dixans, des problèmes de mathématiques; une question d'histoire ne l'embarrassait pas; l'abbé Delille applaudissait à ses traductions de Virgile et d'Horace en prose anglaise, et d'autres bouches encore lui adressaient des compliments qui le flattaient davantage. M. Duclos-Dufrénoy jugea qu'il était temps de le dérober au danger des solutions trop faciles de beaucoup de problèmes qu'on aurait pu lui proposer, et il l'envoya en Angleterre et en Écosse, pour fréquenter les universités d'Oxford et de Glasgow et se perfectionner dans la pratique de la langue anglaise.

C'était un temps bien étrange que celui où se rencontrait l'adolescence de M. Walckenaer : un scepticisme qui ébranlait toutes les bases de l'État, avec une confiance aveugle dans des rêves d'avenir; une aspiration universelle du peuple et de ce qu'on appelait alors les penseurs vers une régénération sociale, dont on ne s'expliquait nettement et certainement ni les moyens ni les fins; une impatience et fière hostilité contre le présent, irritée, enhardie par le mépris systématique du passé; l'imprévoyante insouciance des uns et les justes mais trop ardentes prétentions des autres, conspirant à renverser brusquement, au lieu d'abaisser par degré la barrière qui séparait les classes et les conditions civiles, pour les confondre au lieu de les rapprocher et de les unir : les rôles travestis, intervertis dans tous les ordres et dans tous les rangs; des courtisans qui trouvaient de bon goût de dénigrer, dans les cercles de la ville, les puissances de la cour; des abbés qui se piquaient de passer pour esprits forts et pour modèles de galanterie, tandis qu'une philosophie moqueuse et agressive sapait les garanties religieuses des bénéfices dont ils vivaient sans devoirs et sans crainte; des grands seigneurs qui affectaient de se rendre populaires en se familiarisant avec la bourgeoisie et surtout avec les lettrés frondeurs, mais sans renoncer à leurs priviléges, et sans oublier la différence du sang; une bourgeoisie qui, en sa qualité de tiers état, lasse de n'avoir été rien jusque-là, voulait être tout désormais, sans réfléchir qu'elle n'entrerait en guerre que traînant de près à sa suite une arrière-garde qui pourrait bien se lasser à son tour de la soutenir, et se précipiterait sur elle pour la pousser en avant, et finirait par l'écraser, si elle s'arrêtait de repentir ou d'effroi; les coryphées de la littérature n'estimant les dons du génie qu'autant qu'ils servaient une polémique acharnée sur le terrain de la religion et du gouvernement, et transportant la satire et le pamphlet dans le drame, dans le roman, dans l'histoire, et jusque dans la poésie légère ; le monde, à l'envi de la littérature, mêlant les questions brûlantes aux propos frivoles, prenant feu pour l'*Émile*, le *Contrat social* et l'*Encyclopédie*, en même temps que pour les querelles des gluckistes et des piccinistes, et appelant à grands cris la réforme des abus, en s'enivrant de délices et de divertissements ; partout une fermentation menaçante et un raffinement de mollesse et d'élégance voluptueuse, de sorte que jamais nation ne s'amusa tant si près d'une catastrophe.

Il y avait déjà près de vingt-cinq ans, sept ans avant la naissance de M. Walckenaer, que Voltaire, dans sa correspondance avec le marquis de Chauvelin [1], avait écrit en riant cette prédiction sinistre : « Tout ce que je vois jette les semences d'une révolution qui arrivera immanquablement, et dont je n'aurai pas le plaisir d'être témoin. Les Français arrivent tard à tout, mais enfin ils arrivent. La lumière s'est tellement répandue de proche en proche, qu'on éclatera à la première occasion ; et alors ce sera un beau tapage. Les jeunes gens sont bien heureux ; ils verront de belles choses. »

Le jeune Walckenaer était de ceux qui pouvaient accueillir, et même avec enthousiasme, les belles choses, mais qui n'aimaient point le tapage. Et bientôt il s'arma pour le réprimer,

---

[1] 2 avril 1764.

et fit preuve de zèle et de courage dans les rangs de la garde nationale : car, aux premiers éclats de la tempête, il s'était empressé de traverser le détroit pour se réunir à sa famille.

Les troubles croissant, la réquisition proclamée, M. Duclos-Dufrénoy eut encore assez de pouvoir pour lui procurer une direction dans les transports militaires de l'armée des Pyrénées. Sa nature ne lui permettait ni froideur ni lenteur dans un emploi quelconque de ses facultés. Il fit donc très-rapidement son apprentissage d'administrateur, et il servit bien la république, qu'il n'aimait guère, et surtout avec plus de désintéressement que plusieurs de ses collègues qui l'aimaient beaucoup. Mais il lui était impossible de rompre tout commerce avec les sciences. Ce genre de distraction faillit un jour lui coûter cher. Pendant une tournée en Poitou pour une levée de chevaux destinés aux convois, se trouvant au dépôt de Saint-Maixent, il lui prit envie, si proche de la mer, de visiter ces parages. La géographie commençait à l'occuper; il en avait contracté le goût dans ses voyages à Londres, peut-être dans les conversations du célèbre Banks, le compagnon de Cook. Le voilà sur le rivage, en face de l'île de Rhé, une carte à la main, braquant une longue-vue sur différents points de l'horizon. Par malheur, des gardes-côtes passent en cet endroit, l'aperçoivent, l'observent : on devenait bientôt suspect alors; ils le prennent pour un espion de l'ennemi, et l'emmènent, malgré ses réclamations, et plus opiniâtrément en raison de leur véhémence, à la Rochelle, où il est interrogé, fouillé, mis en prison. La forme étrangère de son nom, une lettre en anglais, des pistolets anglais, qu'on saisit en même temps que ses instruments d'optique, sa colère même, qui brouillait un peu ses explications, tout concourait à exciter la défiance et la sévérité des magistrats. L'affaire du prévenu prenait un tour alarmant. Un interprète improvisé avait lu dans la lettre en anglais des mots de *place attaquée*, de *prise d'assaut.* En ce temps, les procédures marchaient vite au dénoûment, et l'incarcération seule pouvait avoir des chances fatales. Mais son cousin, M. Marcotte, averti par un message, vole à son secours, et parvient, non sans peine, à démontrer qu'il s'agit, dans la lettre, d'une aventure galante, et à prouver l'identité du fonctionnaire républicain ; M. Walckenaer est enfin rendu à la liberté. Quelques jours de retard, il eût été massacré dans la prison avec les autres détenus.

A peine échappé à ce danger, il allait tomber dans un autre par bonté de cœur. A vingt-trois ans (et pour le cœur, M. Walckenaer eut toute sa vie vingt-trois ans), il lui eût été difficile de se tenir si bien en garde contre les entraînements de l'amitié, qu'il ne se compromît jamais pour obliger. Plusieurs de ses amis furent introduits dans son service à titre de commis ou de conducteurs, comme dans un asile où se cacher. Ce personnel de charrois était trop bien ou trop mal composé, comme on voudra l'entendre, pour ne pas attirer les regards des patriotes. Vainement avait-on essayé de leur donner le change par un simulacre de club où l'on faisait retentir les plus belles déclamations. Un œil exercé distingue les sentiments qu'on a de ceux qu'on tâche de feindre. Le club fut dénoncé. Heureusement, c'était au représentant Féraud, qui, ne cherchant point de victimes, ne trouva pas de criminels. Mais on annonçait l'arrivée imminente d'un autre proconsul moins traitable. Il était temps de se dérober aux inquisitions ; M. Walckenaer se hâta d'aller se mettre sous la protection du général de l'armée des Pyrénées, Dugommier, qu'il connaissait, et qui lui accorda un passe-port. Mais, à Bordeaux, un obstacle imprévu l'arrête. Tallien avait mis en interdiction les postes du Midi. Il faut obtenir une exception ; mais point de réponse aux messages, point d'accès auprès de la personne. Que faire ? M. Walckenaer escalade le mur du jardin, et se trouve en face du représentant, qui se promenait. Celui-ci, d'abord un peu surpris de cette manière nouvelle d'emporter une audience, écoute cependant le sollicitour : « Il y a péril pour le train des équipages, et par conséquent pour l'armée, si on lui refuse les moyens d'aller, devant le comité de la guerre, exposer l'état des choses, expliquer ses projets, discuter ses demandes. » La physionomie ouverte du jeune administrateur, son air d'assurance aidant à l'effet des paroles, le permis lui est délivré, et il court à Paris, non pas devant le comité, mais dans une maison du faubourg Saint-Germain, où il demeure ignoré.

Tandis qu'il avait mené cette vie d'affaires et un peu d'aventures sous son déguisement officiel, la tête de son oncle était tombée sur l'échafaud, et la victime avait pu dire comme le proscrit de Sylla : « Ah ! malheureux, ce sont mes grands biens qui me tuent ! »

La terreur eut son terme. Un décret de la Convention venait de créer l'École polytechnique. M. Walckenaer s'inscrivit sur la liste des candidats, et fut admis[1]. Il puisa, il dévora

---

[1] M. Walckenaer se rappelait toujours avec plaisir les liens qui l'attachaient à l'École polytechnique.

J'extrais le passage suivant du discours qu'il prononça en 1817 lorsqu'il présida, en remplacement de M. de Chabrol de Volvic, préfet de la Seine, la séance d'ouverture du concours d'admission :

« On vit alors un spectacle peut-être unique dans les annales de l'enseignement : au milieu d'une nation en délire et de l'Europe ensanglantée, les savants les plus illustres dans les sciences physiques et mathématiques, ceux dont la carrière paraissait achevée et dont la gloire était complète, se réunissent pour se consacrer tout entiers à l'instruction d'une jeunesse avide de les entendre. Pour hâter ses progrès, les plus rudes travaux ne les effrayent point, et, dans les heures d'intervalle d'un pénible enseignement, ils s'occupent sans relâche à perfectionner les méthodes connues et à en inventer de nouvelles. Bientôt, le succès couronnant de si grands efforts et de si grands talents, ils s'aperçoivent qu'ils ne sont plus entourés par des élèves balbutiant des notions élémentaires, mais par des disciples capables de s'élancer dans les hautes régions de l'esprit humain. Alors, non contents de les guider, ils les entraînent avec eux : avec eux et par eux ils font de nouvelles conquêtes dans l'empire des sciences, et en reculent les limites.

« Plus on est loin soi-même de pouvoir prétendre à aucune espèce d'ill'instruction dans tous les cours, et il figura dignement dans cette promotion de l'an III, illustrée par tant de noms qui brillèrent dans toutes les carrières, ingénieurs, magistrats, professeurs, généraux : Brochant de Villiers, Francœur, Malus, Chezy, de Vailly, Dutens, Chabrol de Volvic, Tupinier, le général Bernard, d'autres que je nommerais encore, si je n'étais retenu par un scrupule de pudeur en leur présence (Eh ! pourquoi, parce qu'ils peuvent ou m'entendre aujourd'hui ou me lire demain, serais-je plus modeste pour eux que la renommée et que l'histoire?), Sainte-Aulaire, Jomard, Poinsot, Biot.

L'ambition fut toujours la moindre des passions de M. Walckenaer, quand même une courte et dure expérience ne l'eût pas dégoûté des fonctions publiques. Il ne demanda aucune de celles auxquelles il avait acquis des titres. Amasser une ample provision de semences pour la culture des sciences et des lettres avait été son but; et d'ailleurs il venait de contracter cette union qui en donnant à la noble veuve sa tante un fils de plus, à ses jeunes cousins un frère et un guide, à lui-même une compagne aimable et dévouée, leur faisait sentir à tous le besoin de vivre inséparables, contents de quelques débris sauvés du naufrage, qui leur donneraient le temps de se préparer un avenir meilleur, dans une tranquille indépen-

---

lustration, plus il est doux, plus il est facile de rendre une éclatante justice à ses anciens compagnons d'étude; et si une fausse modestie m'avait fait passer sous silence le tableau des premiers élèves de l'École polytechnique, dont j'ai fait partie, il eût suffi, pour le retracer tout entier à vos yeux, de nommer ceux d'entre eux qui ornent nos académies, qui remplissent avec tant d'éclat et d'utilité pour la patrie des emplois distingués dans les conseils du roi, dans les cours souveraines, dans l'armée, dans l'administration publique. Et certes je n'eusse point oublié dans cette honorable liste et le magistrat éclairé que j'ai l'honneur de représenter ici, et notre examinateur [*], que la plus célèbre des compagnies savantes de l'Europe a jugé digne de remplacer dans son sein l'illustre Lagrange [**]. »

[*] M. Poinsot.
[**] *Moniteur* du 20 août 1817, p. 936.

dance et dans un loisir selon les goûts de M. Walckenaer, un loisir occupé, à la campagne, séjour qu'il affectionna dans toutes les conditions et à toutes les époques de sa vie.

Il avait confiance en lui-même, en son courage aidé de facultés puissantes, et il avait doublé sa force, du moment où il se vit responsable d'une autre existence que la sienne. C'est un ressort d'une grande énergie pour une âme bien née, que le devoir, et un tel devoir.

Ses heures furent bien remplies. C'est là que, par d'immenses lectures et par la lecture intelligente et passionnée de ce grand livre que la nature tenait ouvert devant ses yeux, il se rendit non pas encore savant (je le compare à lui-même), mais tout prêt à l'être.

Cependant on aurait difficilement saisi dans ses premières productions, qui parurent en 1798 et 1799, un pronostic de sa vocation future. Elles témoignaient d'une certaine sève de pensée, d'un jugement prompt et hardi, mais par des observations plus étendues qu'approfondies. Elles trahissaient l'indécision d'un talent qui cherche sa voie, et qui se hasarde avant de s'être suffisamment orienté. Il débuta par l'*Essai sur l'histoire de l'espèce humaine*.

La jeunesse aime à créer par la synthèse, et s'impatiente des lenteurs de l'analyse. Il lui plaît de transformer les faits singuliers en lois générales, et les conjectures en axiomes; de régner et de dogmatiser sans obstacle dans les espaces infinis de l'histoire spéculative, et de construire des théories sur les fondements de ses illusions très-sérieuses.

Son *Essai* fut bientôt suivi de deux romans, dont l'un eut les honneurs d'une traduction allemande, et l'autre ceux d'une seconde édition. C'était en quelque sorte un progrès; l'auteur entrait plus franchement dans le domaine de l'imagination.

Il obéissait alors au goût du jour dans le choix de ses sujets : un roman philosophique, des considérations sur les origines hypothétiques des sociétés et des gouvernements.

Un indiscret et dangereux ami, dans une annonce de journal, crut lui rendre un bon office en lui attribuant le dessein et la prétention, « si des circonstances impérieuses ne l'eussent arrêté, de pénétrer dans l'obscurité de l'histoire pour dévoiler les erreurs, les passions, l'ignorance des historiens contemporains, de développer les causes de la stabilité, de la prospérité et de la décadence des nations, et de donner par là à la politique une base posée sur les faits et sur l'expérience, qui la placerait au rang des sciences exactes, etc.[1] » La pensée était bien venue au jeune auteur de critiquer un peu l'*Esprit des lois*, mais non de faire mieux et plus. Dans un âge plus mûr, il recueillit avec respect quelques manuscrits de Montesquieu, et il fit son Éloge historique.

Très-heureusement doué par la nature, mais très-susceptible des impressions du monde extérieur, M. Walckenaer est un des exemples les plus remarquables de l'influence que l'éducation, les conjonctures, les amitiés peuvent exercer sur un esprit d'une conception facile et d'une mobile énergie. Cette éducation libre et toute pleine d'enchantements dans son premier âge, cette multiplicité de connaissances acquises sans discipline et sans but prescrit, l'avaient accoutumé à se livrer aux inspirations du moment, et lui donnaient beaucoup d'aptitudes diverses, sans y imprimer une direction précise et assurée. Il était tout l'opposé de ces hommes dont, au dire du maître, l'unité d'application fait le génie, *Timeo unius libri virum*. C'est M. Walckenaer qui m'a en quelque sorte dicté lui-même ces réflexions, lorsque, dans l'introduction d'un de ses plus savants ouvrages[2], par un touchant retour sur le passé, presque septuagénaire, il se reprochait *ses études trop variées*, et poussait la modestie de sa confession jusqu'à se méconnaître et à regretter, l'injuste et l'ingrat!

---

[1] *Magas. encycl.*, 4e année, t. II, p. 469.
[2] *Géographie ancienne... des Gaules*, t. II, p. I, 64.

d'avoir *perdu trop d'années* à ce qui fait une si grande partie de sa gloire et ses liens avec nous, *aux poursuites de l'érudition.*

Quelle que soit la leçon à tirer de cet aveu, il faut bien reconnaître que chez M. Walckenaer le caractère dominait souverainement les habitudes de l'esprit, et que, s'il ne lui fut pas possible de s'enchaîner à un seul objet, il se fit une loi de traiter chacun de ceux qui attiraient tour à tour sa prédilection, avec une ténacité d'enquête, une curiosité d'exactitude, qui lui ont mérité la place qu'il occupe dans le monde savant.

Il revint à Paris, où il renoua d'anciennes liaisons et en forma de nouvelles, principalement avec des membres de l'Institut : l'abbé Delille, qui se plaisait à causer avec lui des salons d'autrefois, et lui demanda sans doute pour sa seconde édition de l'*Énéide*, qu'il ne devait pas voir, des notes géographiques, dont l'ensemble est une des meilleures études de l'auteur en ce genre [1] ; M. Lacroix, qui ajouta une préface et prêta l'autorité de son adhésion à la traduction de la géographie de Pinkerton, modifiée, corrigée, refaite en plusieurs

---

[1] Un savant helléniste a bien voulu me communiquer ce passage curieux d'une lettre que M. Walckenaer lui écrivit pour le remercier de l'envoi de quelques-uns de ses ouvrages : « En ouvrant un des deux volumes, je suis tombé sur une phrase qui pourrait devenir pour moi le sujet d'un assez long commentaire, si j'avais le temps de l'écrire, et vous de le lire. Lorsque je fus parvenu à faire recomposer par M. Delille toute la partie de la navigation autour de la Sicile pour la seconde édition de la traduction de l'*Énéide* (il avait, dans la première, brouillé toute la géographie, si exacte dans le poëte ancien), madame Delille désira que j'engageasse son mari à traduire les *Bucoliques*, afin de revendre un *Virgile* incomplet. J'eus alors avec Delille une de ces discussions auxquelles il aimait tant à se livrer avec ceux qu'il savait sincères amants de la poésie et de la belle littérature, etc. »

M. Walckenaer se plaisait à raconter les anecdotes de son commerce intime avec l'abbé Delille.

articles importants, particulièrement celui de la France [1]; George Cuvier, qui s'associa, en 1809, au traducteur des *Voyages de D. Félix d'Azara dans l'Amérique méridionale*, et jugea ce travail assez beau pour l'enrichir de ses notes; MM. Gosselin, Dacier, de Sacy, sous les auspices desquels il s'engagea dans des régions qui ne lui étaient pas inconnues, mais où des sentiers plus rudes et plus ardus allaient le conduire plus droit et plus vite au terme de sa légitime ambition.

Dès lors il se consacra entièrement au labeur patient, mais fécond, de l'érudition et des sciences naturelles. Un changement frappant s'est opéré en lui. L'historien un peu aventureux de l'espèce humaine se renferme tout à coup dans le cercle étroit et obscur d'une aride philologie. Il a découvert un géographe du huitième siècle, du nom de Dicuil, compilateur peu instruit, incorrect et barbare dans son langage, mais précieux, par les fragments de tables théodosiennes épars dans son livre, pour la connaissance des divisions politiques de l'empire romain au quatrième siècle. M. Walckenaer en fait une édition si fidèlement, si scrupuleusement copiée sur l'original, que les manuscrits même semblent s'être répandus en Europe et s'offrir aux élucubrations des érudits en nombre égal à celui des exemplaires du livre imprimé [2].

Deux ans auparavant (1805), il avait livré au public ses *Tableaux des Aranéides*, dont les premières esquisses lui

---

[1] Voici le témoignage que Pinkerton lui même rendait à son traducteur : « La traduction française de cet ouvrage a contribué par son grand succès à ouvrir de nouvelles sources d'instruction; et je ne puis me dispenser de reconnaître que l'écrivain auquel on la doit est un homme qui s'élève au-dessus des traducteurs ordinaires, et qu'il a enrichi le texte d'un grand nombre de notes précieuses. »

Et dans cette édition l'auteur anglais traduisait à son tour l'article *France*, tel que M. Walckenaer l'avait refait, et il lui emprunta une grande partie de ses notes, ayant soin d'en avertir le lecteur.

[2] Il avait ainsi préparé le texte d'un des travaux qui commencèrent la gloire de Letronne.

avaient tellement acquis les suffrages du célèbre entomologiste Fabricius, que celui-ci apporta de Kiel au savant français ses propres collections. Le professeur danois avait pressenti le législateur de cette branche considérable de l'entomologie. Qu'on ne me croie pas assez téméraire pour prononcer de mon chef la critique ou l'éloge en pareille matière ; mais mon devoir est d'enregistrer ici avec déférence et confiance l'opinion des juges compétents[1]. Ils ont approuvé encore, mais en la plaçant à un moins haut degré d'estime, la *Faune parisienne*, qui date de 1802[2].

M. Walckenaer semblait tenter ainsi les abords de l'Académie des sciences et de celle des inscriptions et belles-lettres. L'occasion d'un concours l'attacha, sinon exclusivement, du moins pour toujours, à la seconde. Elle proposait, en 1810, un sujet immense, capable d'exercer les méditations d'une vie entière, en traçant ce programme :

Rechercher quels ont été les peuples qui ont habité les Gaules cisalpine et transalpine aux différentes époques

---

[1] J'écris ce qui suit sous la dictée d'un savant illustre : « Le travail entomologique le plus important de M. Walckenaer est son livre intitulé : *Tableau des Aranéides*, et publié en 1805. M. Walckenaer a été le premier à étudier d'une manière comparative et approfondie les caractères fournis par l'appareil buccal et par le mode de groupement des yeux des araignées ; et le système de classification qu'il a ainsi établi sert encore aujourd'hui de base pour la distribution méthodique de ces animaux. C'est un travail qui fait réellement époque dans une branche considérable de l'entomologie.

« M. Walckenaer a publié plus récemment quelques observations intéressantes sur la *Faune française* (autre ouvrage que la *Faune parisienne*) ; et dans ces dernières années il a exposé d'une manière plus complète l'ensemble de ses recherches relativement à la structure extérieure, aux mœurs et à la classification des araignées, dans un ouvrage en trois volumes intitulé : *Histoire naturelle des insectes aptères*, et faisant partie des suites de Buffon, imprimées par Roret. »

Voyez encore le *Journal des Savants*, année 1836, numéro de juillet.

[2] *Faune parisienne, ou Histoire abrégée des insectes des environs de Paris.*

antérieures à l'année 410 de Jésus-Christ ; déterminer l'emplacement des villes capitales de ces peuples et l'étendue du territoire qu'ils occupaient ; tracer les changements successifs qui ont eu lieu dans les divisions des Gaules en provinces.

Une circonstance qui semblait à la médiocrité faciliter l'entreprise la rendait, aux yeux des habiles, plus épineuse et plus redoutable : on avait à explorer des pays parcourus, décrits par Danville, et il fallait, après lui, les éclairer d'un jour nouveau. M. Walckenaer divisa son Mémoire en trois époques : 1° l'âge antérieur à la conquête de la Gaule transalpine par César, celui des irruptions diverses, des longues fluctuations, de l'établissement définitif des races ibériennes, celtiques, teutoniques dans les contrées qu'entourent les Pyrénées, l'Océan, le Rhin, les Alpes, et même par delà les Alpes, le Pô et les Apennins ; 2° ensuite, la frontière des Alpes relevée par les victoires de César et d'Auguste entre l'Italie et la province gauloise, et la division provinciale remplaçant les divisions des anciens peuples ; 3° enfin, les innovations opérées successivement dans la topographie des gouvernements et des cités, et dans ce vaste réseau des voies militaires, impériales, depuis Auguste jusqu'à l'extinction de l'empire.

Il parut avoir si bien rempli les conditions du programme, que ses juges, après l'avoir couronné, l'élevaient, deux ans à peine écoulés, au rang de leur confrère.

Il nous a révélé lui-même, avec une rare bonne foi, le secret d'une conjoncture qui lui assurait une incontestable supériorité sur ses concurrents ; mais de pareils bonheurs n'arrivent qu'aux initiés de premier ordre, munis d'une ample et forte instruction. Il venait d'achever son analyse géographique des itinéraires anciens pour les Gaules cisalpine et transalpine, quand le concours s'ouvrit. Il ne parle pas de ses études critiques, déjà très-avancées, sur les éditions de Ptolémée et sur les cartes informes, mais instructives, qui accompagnent ces éditions ; il ne parle pas d'une infinité de documents qu'il avait amassés dans la familiarité de son commerce avec les géographes et les historiens de l'antiquité, ni des instruments précis de vérification qu'il s'était faits avec les notions des sciences mathématiques.

Le succès avait fixé sa destinée. Mais, après les épreuves des temps difficiles, vinrent celles de la prospérité. La vieille royauté, à son retour en 1814, trouva en lui un royaliste d'origine et d'affection, mais modéré, sans préjugés, sans rancune, bienveillant pour tous, et partisan de ce tempérament du pouvoir et de la liberté, dont Tacite avait vu l'idéal réalisé sous Trajan. La révolution politique amena dans ses affaires personnelles toute une révolution, très-heureuse quant à la fortune, dangereuse pour la carrière qu'il avait embrassée. Sa famille recouvra une partie des biens qu'elle avait perdus, et M. Laîné, son ami, dont les sentiments étaient les siens, lui fit accepter les fonctions de maire du cinquième arrondissement, et, peu à près, celles de secrétaire général de la préfecture de la Seine, dans lesquelles, associé par la confiance plus que subordonné par la hiérarchie à son ancien camarade d'Ecole polytechnique, M. de Chabrol, il seconda dignement cette honnête, habile et bienfaisante édilité.

Quelques-uns de ses amis pensèrent alors qu'il était à désirer pour lui d'ajouter à l'estime d'un nom ennobli par le mérite le relief d'un titre nobiliaire; des lettres patentes lui conférèrent celui de baron en 1823. On l'avait porté pour candidat à la députation, l'année précédente, et il avait eu le bonheur d'échouer. Enfin, après dix ans de coopération et de parfaite unanimité, il ne se sépara de M. de Chabrol que pour devenir son collègue et porter dans le département de la Nièvre les excellentes pratiques administratives dont l'exemple lui avait d'autant mieux profité, qu'il y avait participé lui-même. Il avait commencé sous les auspices de M. Laîné, il reçut sa dernière promotion de M. de Martignac, qui le mit, en 1829, à la tête du département de l'Aisne.

Durant ces quatorze années, on ne le vit manquer à aucun de ses devoirs, ni à l'assiduité, leçon et contrainte équitable et douce pour les inférieurs, ni à cette facilité d'accès, politesse de l'homme public, une partie aussi de ses devoirs, mais en même temps une partie de son autorité. On serait tenté de croire que les affaires prises si fort à cœur allaient absorber tous ses moments et toutes ses pensées, et que les lettres n'y devaient plus désormais trouver place que comme des souvenirs. Cependant il n'y eut point dans toute sa vie de période plus fertile pour sa renommée, plus lucrative pour ses libraires. Et chose à noter encore : des commis philosophes et observateurs ont remarqué qu'il fut du petit nombre des hommes de lettres devenus administrateurs qui ne portaient à leur bureau ni manuscrits à revoir ni épreuves à corriger.

C'est qu'il prit le contre-pied de la règle de conduite que son ami la Fontaine s'était faite : il dormait peu et travaillait tout le jour. Lorsqu'il entrait dans son cabinet de secrétaire général ou de préfet, il avait passé déjà quatre ou cinq heures dans sa bibliothèque, et il attendit souvent les autres et ne se fit jamais attendre. Telle fut son hygiène administrative et littéraire pour concilier en conscience les lettres et l'administration.

Il dut à la Fontaine le commencement de sa réputation d'historien, une de ses inspirations les plus heureuses, un succès de vogue et de durée; la Fontaine lui doit une sorte de réhabilitation après tous les récits dont on avait chargé sa mémoire, et l'honneur de M. Walckenaer est d'avoir lié à jamais son nom à celui du fabuliste.

Ce n'était pas un faible mérite, en parlant d'un personnage si aimé et si populaire, de nous apprendre des choses que nous ne savions pas, de nous en faire mieux connaître d'autres que nous savions mal ou incomplétement, de détruire des erreurs accréditées. On lui sut gré encore d'avoir eu, en un tel sujet, le bon goût de la simplicité et l'élégance du naturel en n'affectant que le vrai, et de dépouiller l'amour-propre d'auteur par amour pour son héros. Les écrivains qui ont composé de très-beaux éloges de la Fontaine n'ont qu'un tort, c'est de nous occuper d'eux-mêmes plus que du poëte, et de mettre avec préméditation trop d'esprit à louer la naïveté du bonhomme. Je les admire; j'aime mieux qu'on me le montre lui-même, lui-seul, sans appareil, sans ornement, tel qu'il fut, tel qu'il vécut, lui tout entier.

M. Walckenaer aspirait et réussit à résoudre ou plutôt à faire évanouir ce problème qui se présentait toujours à la réflexion quand on lisait la plupart des compilateurs d'anecdotes sur la Fontaine : « Comment se put-il faire qu'un homme qui ne savait ni converser ni vivre fût si recherché par Molière, Racine, Boileau même, et par la société la plus aimable et la plus brillante de son temps? »

La vanité de quelques grands seigneurs peut bien leur donner l'idée de montrer chez eux un auteur de renom; le monde peut être curieux, comme dit Fontenelle, de l'avoir vu plutôt que de le voir; mais on n'en fait point son commensal et son ami, si tout ce qu'il a de bon peut s'acheter six francs chez le libraire. Les biographes avaient exagéré ses distractions et ses inadvertances jusqu'à la caricature, pour la satisfaction des gens qui aiment à regarder les hommes de génie par un côté ridicule, et de ceux qui se flattent qu'on a du génie quand on a des distractions.

Après avoir lu M. Walckenaer, je comprends que Saint-Évremont ait entamé et poursuivi avec quelque opiniâtreté toute une intrigue diplomatique pour enlever la Fontaine à madame d'Hervart, et l'attirer en Angleterre, à la cour des duchesses de Mazarin et de Bouillon, ces charmantes exilées.

Ni les trois éditions de cette histoire en moins de quatre

ans, ni la multitude de notices dans lesquelles il retraça la vie de tant d'hommes célèbres de l'antiquité et des temps modernes, et d'autres injustement oubliés, pour lesquels il revendiqua et refit une célébrité [1], ni les piquantes recherches sur les contes de fées et sur l'origine des féeries, ces fantaisies fabuleuses dont il retrouve la généalogie dans l'histoire des peuples et des superstitions de l'Asie orientale, ni beaucoup d'autres publications de littérature solide et agréable à la fois, ne pouvaient arrêter les retours fréquents de M. Walckenaer vers les sciences géographiques et naturelles, pour lesquelles sa passion ne s'affaiblit jamais.

En 1815, sa *Cosmologie*, où la description du globe s'illumine par le concours de l'astronomie, de la physique, de la géologie et de l'histoire, excellent livre élémentaire, utile même aux hommes instruits.

En 1817, le *Mémoire sur les abeilles solitaires qui composent le genre halicte*. C'était encore une biographie pleine d'intérêt dramatique et d'observations de mœurs, où se montre le narrateur ingénieux et facile, ainsi que le naturaliste consommé ; biographie d'une petite tribu, dont il a fait reconnaître le droit de cité dans la classification des abeilles [2], en même temps qu'il la créait à la science par une révélation. Que d'êtres errent dans l'espace, circulent dans les eaux, s'agitent sous l'herbe, qui sont pour nous comme s'ils n'existaient pas ! Faire connaître, c'est créer ; la sagacité qui découvre, c'est l'invention, c'est la poésie du savant.

[1] Entre autres, de Maucroix, Duclos-Dufrenoy, Psalmanazar, l'auteur d'une partie de l'*Histoire universelle* anglaise.

[2] « M. Walckenaer s'était occupé de la classification des abeilles. Il a observé que dans cette famille les abeilles mineuses pouvaient former un genre particulier, dont le caractère essentiel est, dans les femelles, un sillon longitudinal au dos du dernier segment de l'abdomen. M. Kirby, dans son excellente *Histoire des abeilles d'Angleterre*, a adopté cette division, et il a fait du genre halicte de M. Walckenaer la quatrième division du grand genre mélite. » (*Annales encyclop.*, 1818, t. 1, p. 181.)

En 1819 vient le *Tableau historique et géographique de la Polynésie et de l'Australie*, exposition aussi neuve que docte, alors que cette cinquième partie du monde venait de prendre son rang à la suite de ses aînées ; œuvre de maître, qui marquait des réformes aux systèmes antérieurs, et n'en a pas subi [1].

En 1821, les *Recherches sur l'intérieur de l'Afrique septentrionale*, qui semblaient pressentir la conquête française et signalaient de loin la route à une génération future de savants voyageurs et aux explorations armées de nos légions, qui allaient renouveler les victoires et redresser les monuments des légions romaines dans les municipes découverts et restaurés.

Enfin, de 1826 à 1830, l'*Histoire générale des Voyages*, que les immenses proportions qu'elle avait prises forcèrent de s'arrêter au vingt et unième volume, et au tiers à peine de la route ; vaste et riche répertoire, plus consulté que vanté par ceux qui profitent en le consultant.

Les études géographiques, il faut l'avouer, avaient langui dans les dernières années du dix-huitième siècle et au commencement du nôtre. M. Walckenaer sera cité au premier rang des hommes de savoir et d'action dont les ouvrages, les exemples, les fondations, celle entre autre d'une société illustre [2], concoururent à raviver cette branche si essentielle des connaissances humaines. Il me semblerait que je manque aux intentions de M. Walckenaer, qui fut ausssi de la grande promotion universitaire de 1809, parmi les professeurs d'histoire choisis par M. de Fontanes pour les futures facultés des lettres [3]; si j'oubliais la part que l'Université, alors puissante, a prise à ce mouvement de renaissance par ses exer-

---

[1] Voy. *Journal des Savants*, avril, p. 214-224; juillet, p. 404-416.
[2] La Société de géographie, fondée en 1821.
[3] Voir le *Moniteur*, 23 novembre 1809, p. 1297.

cices de géographie comparée dans le concours d'agrégation d'histoire, par les leçons et les livres estimables autant que nombreux de ses professeurs, par un enseignement spécial qui honore depuis tant d'années la Faculté des lettres de Paris [1].

M. Walckenaer était tout près d'atteindre sa soixantième année, lorsqu'une quatrième révolution le rendit, en 1830, à la vie privée, en renversant un trône qu'il aimait. Ce fut pour lui une douleur sincère autant que désintéressée ; ce ne fut point un dérangement. On ne peut pas dire qu'il se remit à travailler, il continua, sans plus rien donner de son temps aux emplois publics : car le titre passager de trésorier de la bibliothèque nationale, et celui de conservateur-adjoint qu'il garda jusqu'à sa mort dans le même établissement, ne firent jamais obstacle ni même diversion à ses libres et infatigables études.

L'histoire de sa vie, à dater de ce moment, est dans l'énumération de ses ouvrages, qui serait trop longue ici ; bornons-nous à en nommer quelques-uns.

Un libraire intelligent conçut, vers l'année 1837, le projet d'ajouter de nouvelles suites à Buffon ; il fit appel aux notabilités de la science, et M. Walckenaer figura, non sans distinction, dans ce cortège des Blainville, des Duméril, des Milne-Edwards, en apportant pour son contingent les trois volumes de l'*Histoire des insectes aptères*.

Il a, dans le même genre, un autre écrit que je ne saurais oublier : car c'est moi qui lui en donnai le sujet sans m'en douter, et lui fournis par mon ignorance cette nouvelle occasion de montrer son savoir, pour ainsi dire, argent comptant. Ayant rencontré, dans un passage de Plaute, le nom

---

[1] Cette chaire fut d'abord occupée par MM. Barbier du Bocage père et fils, successivement ; elle est remplie aujourd'hui par M. Guigniaud depuis seize ans.

d'un insecte, *involvulus*, que je ne connaissais pas, et sur lequel les dictionnaires ne m'apprenaient rien, j'allai consulter M. Walckenaer, toujours prêt à donner un bon avis ou à résoudre une question difficile. Un nom seulement s'offrait à son attention; aussitôt, la méditation alimentée par la science ayant fécondé la matière, il répondit par un *Mémoire sur les insectes qui nuisent à la vigne*, où l'érudition ne laissait rien à désirer, et tel que pouvait seul le faire un profond entomologiste. Du même coup, une lacune fut remplie dans l'histoire de l'agronomie ancienne, et un chapitre intéressant ajouté à la science moderne.

Les deux années 1839 et 1840 furent pour lui une époque mémorable. Dans la première, il mit au jour sa *Géographie ancienne de la Gaule*; pendant la seconde, il donna l'*Histoire de la vie et des écrits d'Horace*, et il fut nommé secrétaire perpétuel. Ainsi, à trente ans d'intervalle, il demandait et obtenait la sanction du suffrage public pour l'ouvrage qui lui avait gagné sa première distinction académique, et quelques mois plus tard il recevait de l'estime de ses confrères un titre, un honneur, le plus beau couronnement de toute carrière littéraire pour ceux même qui l'emportent par droit de conquête et de mérite éminent, comme pour ceux qui ne le doivent qu'à une confiance bienveillante.

Le retour du vieil académicien à l'œuvre du lauréat d'autrefois ne trahissait point une faiblesse de vanité aveugle. Il avait conscience de l'utilité de sa publication.

La géographie est un des indispensables fondements de l'histoire critique et positive, de la véritable histoire. Pourra-t-on s'expliquer certains événements des plus graves pour la destinée des États, si l'on ne se fait une idée nette des lieux qui en ont été le théâtre ? Suivra-t-on avec une entière intelligence les migrations et les collisions des peuples, les origines et les progrès des cités, les expéditions des grands capitaines et les manœuvres de leurs batailles, les vicissitudes et les changements de routes et de places du commerce dans le cours des âges, si l'on ignore comment les terres et les mers ont favorisé ou contrarié ces mouvements? Et l'on ne saurait dire laquelle, de la nécessité ou de la difficulté de ces études, croît en plus grande proportion, lorsqu'il s'agit des temps anciens. C'est alors qu'il faut déterminer, à travers l'obscurité des siècles, les limites mobiles des nations tour à tour envahissantes ou envahies, fixer l'emplacement des villes effacées entièrement de la surface du sol, ou changées en humbles villages sous des noms méconnaissables, retracer les lignes des chemins dont tous vestiges ont disparu sous la terre, rétablir les positions relatives des territoires transposés sur les cartes antiques par l'ignorance des rédacteurs ou des copistes, discerner sous des ressemblances trompeuses de dénominations les différences énormes de mesures itinéraires souvent mêlées et confondues. Chaque point d'observation est matière à problème.

Des sciences qui s'appliquent à l'antiquité, il n'y en a point qui ouvre une sphère plus spacieuse à la spéculation, et qui doive s'astreindre à de plus subtiles analyses, qui exige plus d'efforts de mémoire et plus de calculs de toute espèce, plus de hardiesse de conjecture et plus de circonspection de jugement, une réunion plus nombreuse de connaissances plus diverses, physique du globe terrestre et histoire des peuples de tous les temps, philologie et histoire naturelle, archéologie et astronomie; il n'y en a pas enfin qui conduise à de plus ingénieuses conclusions, mais qui soit plus exposée aux méprises, que la géographie comparée.

Dans une telle science, il serait injuste de demander, et malheur à qui oserait promettre, ce qui excède les forces humaines, une certitude constante. Ce qui donne, en ce genre, aux ouvrages de longue haleine une valeur réelle, et leur assure la durée, c'est la rectitude de la méthode, la solidité des principes, la sincérité de l'érudition. Des découvertes de restes de voies romaines, de bornes miliaires, d'inscriptions qui ont conservé le nom d'un municipe, ou d'une station militaire, ou d'une divinité locale ; des recherches concentrées sur une petite circonscription de territoire, pourront indiquer des rectifications de détail à faire dans le livre de M. Walckenaer; mais il n'en demeure pas moins une autorité avec laquelle devront compter, une source où viendront puiser tous ceux qui désormais toucheront de près ou de loin à la géographie des Gaules [1].

Un homme célèbre, chez qui l'insomnie était devenue une habitude et une nature, et qui ne supportait pas plus que M. Walckenaer l'ennui de l'oisiveté, a dit qu'il se reposait de sa perpétuelle tension d'esprit par la variété des objets. Je me figure que M. Walckenaer, par un procédé semblable, tandis qu'il mettait la dernière main à sa *Géographie de la Gaule*, prenait du relâche en se jouant avec Horace.

Suétone a écrit une page sur la vie de ce poëte. Des savants, avec leurs annotations et leurs citations à l'appui, ont fait de cette page de petits volumes in-quarto. On a joint à certaines éditions la nomenclature biographique des personnages qu'Horace a nommés ou désignés. D'autres ont essayé de retrouver les dates, et, par elles, les occasions, les motifs, les inspirations de tous ses poëmes, et, la conjecture aidant aux indices plus ou moins précis, on est parvenu à dresser leurs actes de naissance dans des tables chronologiques qui

[1] Le président de la Société royale géographique de Londres, dont M. Walckenaer était membre, a payé, cette année même, un juste tribut d'estime à sa mémoire, et s'exprime ainsi sur l'ouvrage qui nous occupe en ce moment : « Sa passion dominante était la géographie comparée, et il en a donné une preuve éclatante dans son remarquable ouvrage intitulé : *Géographie ancienne*, etc., qui lui valut un des grands prix de l'Institut, et une place dans cet illustre corps. D'éminents géographes, tels que Delisle, Danville, Rennell, Gosselin et Vincent, ont reconnu l'immense difficulté qu'on trouve à comparer la géographie ancienne et la géographie moderne... Notre habile et infatigable associé est parvenu à triompher de ces obstacles. »

ne sont pas toutes d'accord ensemble. Les campagnes, les maisons qu'Horace habitait, ont eu leurs topographies et leurs restaurations. Je ne parle pas des volumes de commentaires où sont expliquées les allusions aux lois, aux coutumes, aux modes, aux événements.

M. Walckenaer entreprit de remanier ces innombrables dissertations, de les faire passer au crible de sa critique, retranchant, corrigeant, suppléant de son propre fonds, et de cette élaboration industrieuse est sorti un livre à l'usage des gens du monde, et non sans profit pour les maîtres, offrant le journal de la vie privée et poétique d'Horace, la presque totalité de ses œuvres sous le déguisement de la traduction par condescendance pour la majorité des lecteurs, enfin le tableau de Rome au siècle d'Auguste, telle que serait la relation d'un voyageur spirituel et instruit, réussissant à merveille dans les descriptions de lieux, mais n'ayant pas eu le temps de faire un assez long séjour dans le pays pour en apprendre à fond la langue et pour entrer ainsi dans la connaissance intime de la vie des habitants.

Qu'on ne s'étonne pas de la rapidité de son passage sur les terres du Latium ; il était si préoccupé du dix-septième siècle, un attrait si puissant le rappelait au sein de cette société polie dont les entretiens lui étaient devenus une habitude et un besoin, depuis que la Fontaine l'avait conduit naturellement à l'hôtel de Carnavalet.

Lorsqu'il donna l'essor au premier volume des *Mémoires sur madame de Sévigné*, il y avait plus de dix ans que les premiers chapitres étaient écrits; il a pris soin de nous en instruire [1]. C'était en effet une de ses œuvres de prédilection, longtemps méditée, retouchée, perfectionnée, avant qu'il se risquât à la produire. Le précepte d'Horace : *Nonumque prematur in annum*, avait plus profité à madame de Sévigné qu'à Horace lui-même.

---

[1] Voy. tome 1, p. 2, note 2.

M. Walckenaer venait d'élargir son cadre biographique pour le satirique latin; déjà les personnages et les objets accessoires s'y étaient multipliés et partageaient l'attention avec la figure principale. Mais la composition s'agrandit sur un plan tout nouveau dans les *Mémoires* : l'auteur étale un vaste tableau d'histoire pour servir de fond au portrait.

Il me semble que M. Walckenaer, quand il lut pour la première fois les *Lettres de madame de Sévigné*, dut éprouver ce que nous éprouvons en général, des impatiences assez fréquentes de ne connaître que superficiellement, à peine, et seulement pour les avoir vus passer dans les histoires ou les y avoir entendu nommer, beaucoup de personnages qu'elle aimait, dont elle était aimée, beaucoup qu'elle rencontrait journellement dans le monde. De plusieurs autres avec qui elle a vécu dans l'intimité, nous ne savons rien. Nous ne savons rien non plus (je dis les ignorants comme moi, c'est le grand nombre, et il faut bien faire quelque chose pour eux) nous ne savons rien d'une foule d'incidents auxquels elle fait allusion, intrigues de la cour, intrigues de la ville, intrigues de galanterie, d'intérêt, de fortune ou d'amour-propre, petites causes souvent de très-grands effets. Plus il pénétrait dans ces chroniques secrètes, plus il s'instruisit par ses immenses lectures, et plus il vit combien il restait de choses à apprendre, et de choses importantes. A côté de l'histoire des faits publics de gouvernement, de guerre, de diplomatie, qu'on appelle la grande histoire, et qui se complique parfois de desseins si petits, d'artifices si mesquins et si vulgaires, de passions si misérables, se joue incessamment, en s'y mêlant plus qu'on ne pense, le drame de la vie privée, qui n'a point d'histoire, ou qui n'en a que par fragments, par échappées. Voilà celle que M. Walckenaer se proposa de faire, mais suivie et d'ensemble.

On croirait que ces récits, qui embrassent tant de choses, nous dérobent trop souvent et trop longtemps madame de

Sévigné dans leur infinie variété. Non, elle est toujours là, présente, quoique invisible; car nous assistons au spectacle des événements qui la touchaient plus ou moins, ou qu'elle racontait à sa manière, ou dont elle s'enquérait avec inquiétude ou avec malice, et qui fournissaient de matière aux conversations où elle brillait. M. Walckenaer ne l'aurait pas fait vivre complétement, s'il n'avait ressuscité autour d'elle ce qui l'a émue, affligée ou charmée.

Des critiques délicats lui ont reproché de n'avoir pas su garder, dans son style, la couleur du temps et des lieux. S'il n'a pas la touche correcte et légère du pinceau des maîtres, personne du moins ne lui refusera l'exactitude de l'esquisse qui reproduit les détails les plus fins, les plus fugitifs, cette fidélité (qu'on me pardonne ici à moi-même un anachronisme de langage), cette fidélité du daguerréotype, mais d'un daguerréotype vivant, qui aurait la vertu d'animer ses empreintes, de les faire mouvoir, et de nous entraîner à leur suite.

Pour arriver à ce degré de fidélité, combien de documents recueillis, confrontés, corrigés les uns par les autres! Qui pourrait énumérer seulement les mines qu'il a fouillées ; annales, mémoires, correspondances, papiers d'État, journaux, pamphlets, chansons? Car la chanson compte pour beaucoup dans notre histoire.

Mais ce qui domine cette érudition, ce qui lui donne sa consistance et sa force, c'est l'équité consciencieuse, le sentiment d'homme de bien qui éclaire et affermit partout les jugements de l'auteur contre toute faveur et toute prévention. Ses admirations pour le grand roi n'absolvent, à ses yeux, ni les guerres d'ambition, ni le faste ruineux, ni les amours adultères, ni l'édit de Nantes révoqué. Sa partialité pour madame de Sévigné ne l'empêche pas de reviser froidement le procès de Fouquet, de condamner le coupable; mais sans excuser les rigueurs ajoutées à l'arrêt de la justice, et la vengeance de l'amant, qui déshonore la sévérité du roi. L'auteur des *Mémoires* était mieux qu'un savant écrivain : c'était un noble esprit et un noble cœur.

Tel il se montrait encore, appréciateur affectueux et juste des qualités de l'âme comme de celles de l'intelligence, dans les nombreuses notices historiques des confrères que nous avions perdus, Daunou, Émeric David, de Pastoret, Mongez, Raynouard, Letronne; Letronne, un de ses amis les plus chers, qu'il avait connu bien jeune et protégé d'abord. Car M. Walckenaer était de ceux qui se souviennent, une fois arrivés au faîte, qu'ils ont eu la montée à gravir comme ceux qui les suivent; qu'ils commencèrent par être peu connus, heureux quand ils trouvaient un patronage qui les aidait à se faire connaître. L'âge, au lieu d'affaiblir chez lui ces souvenirs en les éloignant, ne faisait qu'en accroître l'obligeance et y ajouter une bonté plus facile. A qui venait lui demander secours et conseil, il ouvrait sa magnifique bibliothèque, œuvre aussi d'érudition et de goût, sur le frontispice de laquelle il aurait pu inscrire cette devise d'un savant du seizième siècle : « A moi et à mes amis[1]. » Il communiquait de même à tous les richesses de sa mémoire et de son expérience, ses trésors de notes manuscrites, ses innombrables cartes de géographie ancienne et moderne, tracées en partie par lui-même entre une classification d'histoire naturelle et la révision d'un texte de la Sablière, de la Fontaine ou de la Bruyère.

J'allais oublier un de ses derniers titres, en date et non en valeur, à l'estime des amis de notre littérature classique. L'édition de la Bruyère de 1845 n'est pas seulement une réimpression diligente et correcte, c'est toute une restitution habile, ingénieuse, et en quelque sorte une œuvre d'histoire :

---

[1] Jean Grollier, homme d'État et administrateur. Tous les livres de sa bibliothèque portaient ces mots : *J. Grollerii et amicorum*.

histoire de beaucoup de choses et de personnes dans les *Remarques et Éclaircissements;* histoire du livre même, dont les changements, les additions, les retranchements ne cessèrent de tenir dans l'attente et d'occuper la ville et la cour, depuis sa première apparition jusqu'à sa neuvième et dernière forme originale, si près de la mort de l'auteur, qu'il n'eut pas le temps de la revoir tout entière; l'histoire de l'auteur lui-même, connu par cet unique livre, mais immortalisé par lui avec le témoignage de ses affections et de ses inimitiés, de ses principes et de sa politique privée, de ses bons sentiments et de ses succès d'humeur vindicative. Car le moraliste sévère ne fut pas exempt des faiblesses de l'humanité. Il eut celle, entre autres, d'aspirer avec plus d'ardeur que de raison à l'Académie, faisant comme beaucoup d'autres, qui commencent, je veux dire qui commençaient par en médire (cela ne se voit plus), et qui finissaient par trouver fort bienséant d'en être, sans compter les candidatures honteuses, qui n'attendaient pour éclore au soleil que des espérances moins douteuses de succès. Son impartial éditeur ne nous laisse pas ignorer que, même durant la poursuite des honneurs académiques, où il ne triompha pas tout d'abord, il ne se refusait pas, après un échec, la satisfaction d'ajouter, dans l'édition nouvelle, un petit portrait satirique de ceux qui lui avaient refusé leur suffrage, ou qui dans le monde avaient mal apprécié son talent, et cela avec un art, dont la tradition ne s'est pas perdue, d'arranger les citations pour le besoin de la cause[1]. En effet, ce qui faisait sa vogue populaire, outre les mérites éminents qui lui acquéraient l'estime des juges véritables, c'est que la malignité publique allait chercher dans son amusante galerie, non pas seulement la peinture générale des vices du siècle ou de l'humanité, mais des portraits dont on devinait aisément, sous le voile du pseudonyme, les

---

[1] Voy. p. 652, 679 des *Remarques et Éclaircissements.*

originaux, qu'on rencontrerait dans les ruelles, au palais, au cours ou à Versailles. Mais un portrait de Van Dyck ou de Rubens, ce n'est pas un homme, c'est l'homme, l'expression toujours vraie de l'âme humaine, et dont la ressemblance revit toujours quelque part.

Si nous possédons aujourd'hui le texte pur et complet de ce chef-d'œuvre, que nous avons appris par cœur dans notre enfance et relu avec délices dans l'âge mûr, mais toujours plus ou moins défiguré par les éditeurs les plus magnifiques, si nous pouvons pour la première fois le suivre dans ses phases diverses de première création, de perfectionnements successifs, et dans les accidents de mutilations nécessitées par les circonstances et réparées maintenant à force de recherches, c'est au savant et judicieux travail de M. Walckenaer que nous le devons.

Sa verve d'investigation et son ardeur d'écrire ont suivi jusqu'à la fin, pendant un demi-siècle, sans se ralentir, trois voies différentes à la fois, géographie ancienne et moderne, sciences naturelles, érudition historique et littéraire, tantôt passant de l'une à l'autre alternativement, tantôt poussant ses travaux de front sur deux ou trois en même temps, et il a marqué son passage sur toutes les trois par des monuments qui ne laisseront pas périr sa mémoire.

On ne peut se défendre de quelque étonnement, lorsque l'on considère le nombre et l'importance de ses productions. Que serait-ce, si nous allions redemander aux recueils scientifiques, aux encyclopédies, aux dictionnaires de biographie, les articles et les notices dont il les a enrichis avec une libéralité qui semblait ne lui coûter rien ? Et combien, parmi ces opuscules, comme il les appelait, y en avait-il qui renfermaient en un court espace toute la substance d'un traité sur un point de la science[1], tout un résumé d'une époque de

---

[1] Voir dans l'*Encyclopédie des gens du monde*, les articles *Afrique, Cartes géographiques, Découvertes* (voyages), *Égypte, Europe*, etc.

l'histoire¹. Que serait-ce encore, si nous dressions l'inventaire des matériaux qu'il avait assemblés, des cartes qu'il avait dessinées, de ses études sur Ptolémée, de ses mémoires de géographie comparée déjà écrits ou prêts à l'être? On se demande comment put suffire à des labeurs si grands une vie non pas mondaine, mais qui ne se refusait pas aux devoirs du monde, ni surtout au commerce de l'amitié. Ceux qui ont vécu dans sa familiarité peuvent dire son secret : il ne perdit pas un seul jour, et le jour avait pour lui une durée qu'il n'a pas pour tout le monde. De plus, il reçut ce don du ciel, de pouvoir lire, méditer, écrire dix ou douze heures sans éprouver de fatigue. Au moment où la nuit n'est pas encore près de finir pour les autres, sa matinée commençait, et, toujours aussi bon que studieux, il ne voulait pas que sa veille anticipée dérangeât personne, pas même un domestique : « Laissez-les reposer, disait-il quelquefois, ils nous ont attendus, si tard; » comme s'il avait dormi lui-même tandis qu'on l'attendait. Et puis, avec quel bonheur il se retrouvait, dans le silence et dans le calme de son cabinet, en présence de ses chers livres, tous amis d'un choix exquis malgré leur nombre! Car il estimait d'eux l'utilité des services et non le faste de la possession, sachant quel abîme sépare le goût de l'amateur qui travaille et la vanité du bibliomane oiseux. Là, les heures coulaient rapidement et se multipliaient par la docte direction des lectures et par la facilité de la rédaction; et plus l'étude se prolongeait, plus il s'y attachait passionnément. L'heure du repas venue, c'était un combat pour l'arracher à ses livres. Sa jeune famille qu'il aimait tant, ses amis qu'il avait invités, ne remportaient pas toujours une victoire prompte; mais, une fois vaincu, il se

---

(¹) Voir dans la *Biographie universelle* : Dicéarque, Denys le Périégète, Eudoxe de Cyzique, Marcien d'Héraclée, Étienne de Byzance; et pour les temps modernes : Édrisi, Fra-Mauro, Livio Sanuto, Guillaume Deslisle, Buache, Marco Polo, etc., etc.

livrait de bonne grâce, avec abandon, qui causeur et conteur intéressant.

Je n'ai pas dit tout son secret : pendant plus de cinquante années veilla près de lui, comme un ange familier, dont la bénigne influence l'environnait sans cesse en se montrant à peine, son épouse aussi bonne que modeste, qui, prenant pour elle-même tous les soucis du régime intérieur et des affaires, et ne partageant avec lui que les récréations des joies de la famille, lui ménagea pour la culture des lettres la liberté d'un célibataire.

Ce qui favorisait encore puissamment cette application si vive et si continue, c'était la parfaite sécurité, la suprême quiétude d'une âme pure, que ne troublait aucun repentir dans le passé, aucun mécompte dans le présent, aucun souci d'ambition pour l'avenir. Il vécut ferme dans sa foi politique comme dans sa foi religieuse, gardant ses affections à la vieille royauté, dans le débris de laquelle il avait vu périr son père adoptif et son patrimoine, mais dans tous les temps soumis au pouvoir qui gouvernait son pays, sans lui rien demander que la sûreté de son héritage pour les siens, et pour lui-même le loisir du travail.

Il vint un jour où cette félicité fut soudainement brisée par un coup funeste : il perdit la compagne de sa jeunesse, de son âge mûr, de sa vieillesse, et il en demeura longtemps accablé. Il aurait succombé, s'il était resté seul. Mais de quelles sympathies mêlées de larmes, seules consolations admissibles en de pareils moments, les trois générations de ses enfants l'entourèrent pour l'aider à supporter son deuil ! Peu à peu il se ranima aux tendres impressions, aux douces haleines de ce printemps qui fleurissait autour de lui. La vigueur du corps et de l'esprit fut le reste ; il se remit à travailler : il était sauvé. Vous l'avez vu, il n'y a pas encore longtemps, lorsqu'un hasard remit l'Académie en possession des papiers de Fauriel, égarés dans une bibliothèque particulière depuis plus de vingt ans; avec quelle vivacité juvénile, quelle force d'attention il se mit à l'œuvre pour en débrouiller le désordre; quel rapport lumineux il fit de cette opération, et, se rappelant à cette occasion l'odieux abus qu'une cabale avait fait jadis du nom de Fréret pour donner cours à un mauvais et scandaleux écrit, avec quelle fermeté de raisonnement il réfuta l'imposture accréditée jusqu'alors.

C'est par une maladie imprévue qu'il fut enlevé, octogénaire, à sa famille et à l'Académie, dans toute l'activité de ses habitudes laborieuses, donnant une leçon à ses petits-fils, et corrigeant les épreuves du cinquième volume des *Mémoires sur madame de Sévigné*. La mort ne pouvait pas plus le surprendre sans un ouvrage commencé qu'avant sa tâche de savant accomplie.

HISTOIRE
DE LA VIE ET DES OUVRAGES
DE
J. DE LA FONTAINE.

HISTOIRE

DE LA VIE ET DES OUVRAGES

DE

J. DE LA FONTAINE.

LIVRE PREMIER.

1624 — 1661.

Je me propose d'écrire la vie de la Fontaine, ou plutôt je vais entretenir mes lecteurs de la Fontaine et de ses ouvrages; car aucun événement digne d'être raconté n'a signalé le cours de sa longue et heureuse carrière. Ses premières poésies, dès qu'elles parurent, lui acquirent une grande réputation. Il fut chéri et loué par les écrivains les plus illustres de son temps; les hommes les plus remarquables par leurs hauts faits, leurs talents, leur puissance ou leurs richesses, les femmes les plus célèbres par le rang, les grâces ou l'esprit, recherchèrent sa société, protégèrent ou charmèrent ses loisirs[1]: l'amitié lui épargna même jusqu'aux soins et aux soucis

---

[1] Molière, Racine, Boileau, Chapelle, Bernier, Pellisson, la Bruyère

de sa propre existence. Il laissa doucement couler ses jours, et s'abandonna sans contrainte à ses goûts et à son génie. Après sa mort, par reconnaissance pour lui, sa famille fut dispensée d'acquitter les charges publiques; et lorsque la gloire, la science, la vertu, l'innocence et la beauté ne pouvaient fléchir le cœur des bourreaux de la France, le nom seul de la Fontaine

Fénelon, Bayle, Saint-Evremond, de Maucroix ont été au nombre des amis de la Fontaine et en ont fait l'éloge. Il eut aussi pour amis et protecteurs Turenne, le grand Condé, les deux princes de Conti, Fouquet, le duc de Vendôme, son frère le grand prieur, la Rochefoucauld, le duc de Guise, le duc et le cardinal de Bouillon, les ambassadeurs Bonrepos et Barillon, la duchesse de Bouillon, sa sœur la duchesse de Mazarin, Mme de Montespan, Mme de Thianges, Mme de Sévigné, Mme de Grignan, Mme de la Fayette, la duchesse douairière d'Orléans, Mme de la Sablière, Mme Hervart, etc.

Des diverses vies et notices qu'on a publiées de la Fontaine, celles qui, pour les faits, méritent attention, sont les suivantes : 1° Celle que Perrault a publiée en 1696, un an après la mort de la Fontaine dans son ouvrage des *Hommes illustres*, page 83 ; 2° celle de Mme Ulrich, en tête des *OEuvres posthumes de la Fontaine*, 1696, in-12 ; 3° celle de d'Olivet, dans l'*Histoire de l'Académie*, in-4°, page 277 à 314 ; en 1729 ; 4° celle de Mathieu Marais qui n'a été imprimée qu'en 1811, par Chardon de la Rochette, mais qui fut composée avant celle de d'Olivet ; 5° celle du père Niceron, dans les *Mémoires pour servir à l'histoire des hommes illustres*, t. XVIII, in-12, 1732, p. 314 ; 6° celle de Titon du Tillet dans le *Parnasse Français*, in-folio, 1732, p. 460 ; 7° celle que Montenault a mise en tête de l'édition des *Fables* dite : *des Fermiers généraux*, 4 vol. in-fol., 1775. Il a été aidé par l'abbé d'Olivet, ainsi qu'il le dit lui-même ; 8° celle de Chauffepié, *Supplément de Bayle*, in-fol., 1750, article *la Fontaine*, t. II, p. 66 de la lettre F ; 9° celle de Fréron, insérée dans l'édition des *Fables*, par Barbou, et dans ses *Mélanges*. Tous ces auteurs ont été, ou contemporains de la Fontaine, ou ont reçu des renseignements des enfants mêmes de la Fontaine ou de ceux qui avaient connu cet homme célèbre. Ce sont aussi les seuls sur lesquels on puisse s'appuyer, quoique, ainsi que nous le verrons, ils ne soient pas exempts d'erreurs. Il y a eu depuis un grand nombre de notices sur la Fontaine ; mais leurs auteurs ont écrit dans un temps trop éloigné de celui où il a vécu, pour pouvoir être considérés comme témoins historiques.

sauva d'une mort inévitable ses derniers descendants[1]. Enfin, de nos jours où l'on s'est plu à déprécier le grand siècle qui le vit naître, non-seulement il échappa à l'ingratitude de cette envieuse postérité, mais presque tous ceux qui voulurent le peindre lui prêtèrent, dans leurs notices et leurs éloges, des vertus qu'il n'avait pas. L'enthousiasme qu'ont fait naître ses délicieux ouvrages n'est pas la seule cause de cette disposition de tous à la bienveillance pour ce qui le concerne. La bonté, qui faisait le fond de son caractère, et qui se manifeste dans ses écrits, exerce sur les âmes un empire plus puissant que le génie même : celui-ci excite l'admiration, mais l'autre inspire l'amour ; et l'amour veut être indulgent pour l'objet de ses affections. Cependant, si la Fontaine pouvait reparaître un instant parmi nous, il nous dirait : Ce n'est point servir ma mémoire selon mon gré que de s'écarter du vrai et du naturel. J'ai donné dans mes Fables des leçons de sagesse pour tous les rangs et pour tous les âges ; mais, vous le savez, je n'ai pas toujours été sage dans ma conduite et dans mes vers. Si vous parlez de moi, que ce soit donc, comme je l'ai fait moi-même, sans dissimulation et sans réserve.

Jean de la Fontaine naquit le 8 juillet 1621, à Château-Thierry, de Charles de la Fontaine, maître des eaux et forêts, et de Françoise Pidoux, fille du bailli

---

[1] Madame la comtesse de Marson, arrière-petite-fille de la Fontaine, et ses enfants. (Voyez Creuzé de Lesser, *Fables de la Fontaine*, édit. 1813, in-8°, Didot aîné, tome I, p. XXIX.)

de Coulommiers[1]. Sa famille était fort ancienne, et il fut, comme on le verra par la suite, victime des prétentions qu'elle avait à la noblesse[2]. Son éducation paraît avoir été négligée, et on croit qu'il étudia d'abord dans une école de village, ensuite à Reims[3], ville pour laquelle il avait une prédilection particulière. Lorsqu'il eut terminé des études imparfaites, un chanoine de Soissons, nommé G. Héricart, lui fit présent de quelques livres de piété[4], et il crut avoir du penchant pour l'état ecclésiastique. Ce n'est pas une des moindres singularités de cet homme célèbre, lorsque l'on considère son caractère, ses goûts, les inclinations qui l'ont dominé pendant tant d'années, et la nature d'un grand nombre de ses écrits, de voir le commencement et la fin de sa vie consacrés à des études pieuses. Il fut reçu à l'institution de l'Oratoire le 27 avril 1641. Son exemple y attira la même année, au mois d'octobre, Claude de la Fontaine, son frère puîné, qui persista dans sa résolution, se fit prêtre, et en 1649 donna tous ses biens à son frère Jean, à condition que celui-ci lui payerait une rente viagère. Claude resta à l'institution de l'Oratoire jusqu'en 1650, et se retira ensuite à Nogent-l'Artaut, où il est

---

[1] *Pièces justificatives*, à la fin du second volume; *Mémoires de Coulanges*, p. 505; d'Olivet, *Histoire de l'Académie françoise*, in-4°, p. 277.

[2] *Pièces justificatives*; la Fontaine, *Épîtres*, épit. VI, t. VI, p. 76 et 77, note 1.

[3] D'Olivet, *Histoire de l'Académie françoise*, in-4°, p. 304; Fréron, *Fables de la Fontaine*, édit. de Barbou, 1806, in-12, p. VI.

[4] Entre autres, d'un Lactance, édit. de Lyon, 1548. Voyez Adry, *Fables de la Fontaine*, édit. de Barbou, p. XXII, note 2.

mort du vivant de son frère. Jean avait été envoyé au séminaire de Saint-Magloire le 28 octobre 1641 ; mais, bientôt ennuyé de ce genre de vie, il en sortit après y être resté environ un an [1].

A cette époque de mœurs légères et relâchées, peu de jeunes gens étaient dévots, mais fort peu étaient incrédules. Des sentiments qui paraissaient innés, et qui n'étaient que le résultat des impressions reçues dans l'enfance, faisaient considérer la religion comme un lien qu'on pouvait élargir, mais qu'il fallait se garder de rompre. On continuait à regarder le salut comme le but de la vie; seulement, on ne voulait lui consacrer que le temps strictement nécessaire, et jusqu'au dernier moment on différait de s'en occuper. Personne pourtant n'aurait voulu mourir dans l'impénitence finale, et la Fontaine lui-même, pendant les deux années qui précédèrent sa mort, se livra à toutes les pratiques d'une piété aussi tendre qu'exaltée. Il ne paraît pas cependant avoir été dans sa jeunesse porté à la dévotion, et l'on ne saurait comment expliquer sa retraite au séminaire, sans une coutume assez singulière de cette époque. Celui qui, comme la Fontaine, voulait tirer parti de ses talents, et faire fortune par les lettres, devait recevoir la tonsure, et devenir abbé, pour se rendre apte à recevoir des bénéfices, sans être néanmoins forcé de renoncer à ses goûts mondains ou d'entrer dans les ordres. D'ailleurs le costume que la loi fixait pour l'homme de lettres

---

[1] Adry, *Fables de la Fontaine*, édit. de Barbou, 1806, p. XXII, note 2.

roturier ne différait que très-peu du costume ecclésiastique.

Quoique la culture des lettres fût le seul motif qui décidât la Fontaine à se faire abbé, il fallait pour le devenir savoir un peu de théologie. Mais cette étude ennuyait la Fontaine, qui ne pouvait y réussir, et lui-même il écrit à sa femme, à propos de quelques paroles très-légères sur une Madeleine du Titien : « Aussi ce n'est pas mon fait que de raisonner sur des matières spirituelles ; j'y ai eu mauvaise grâce toute ma vie[1]. »

Rentré dans le monde, la Fontaine fit, en effet, bientôt voir par les inclinations qui le dominèrent combien il s'était mépris sur sa vocation. Dans le journal manuscrit[2] d'un contemporain de sa jeunesse, nous apprenons que dès lors notre poëte se fit remarquer par ses distractions, son indolence et son vif penchant pour les plaisirs. Son père, s'étant rendu à Paris pour suivre un procès, l'avait emmené avec lui. Il le chargea un jour d'un message pressé, en lui disant que de sa célérité dépendait en partie le succès de son affaire. La Fontaine sort, rencontre quelques-uns de ses camarades, se met à causer avec eux ; et, oubliant son message, il se laisse conduire à la comédie : ce ne fut qu'à son retour que les reproches de son père lui rappelèrent ce dont il s'était

---

[1] Lettre en date du 12 septembre 1663.
[2] Gédéon Tallemant des Réaux, *Mémoires manuscrits* intitulés *Historiettes*. Au sujet de ce manuscrit voyez nos préfaces des *OEuvres complètes de la Fontaine*, 1823, in-8°, t. VI, p. XIII, et des *Nouvelles œuvres de J. de la Fontaine*, 1820, in-8°, p. XI.

chargé, et lui firent connaître la faute qu'il avait commise. Une autre fois, en revenant à cheval de Paris à Château-Thierry, il avait attaché à l'arçon de sa selle des papiers de famille de la plus grande importance; ils se détachèrent, et tombèrent sans que la Fontaine, occupé à rêver, s'en aperçût. Le courrier de l'ordinaire passe quelques minutes après, voit un paquet à terre, et le ramasse; puis à quelque distance il aperçoit un cavalier seul sur la route : c'était la Fontaine, auquel il demanda s'il n'avait rien perdu. La Fontaine, tout étonné de la question, regarde de tout côté, et répond avec assurance que rien ne lui manque. « Cependant, dit le courrier, je viens de trouver à terre ce sac de papiers. — Ah! c'est à moi, s'écrie la Fontaine, et il y va de tout mon bien. » Puis il reprend son paquet avec empressement, et l'emporte [1].

Vers cette époque aussi la Fontaine fut soupçonné d'intrigues amoureuses avec plusieurs dames de Château-Thierry et des environs. Un jour, pendant l'hiver, et durant une forte gelée, on l'aperçut, la nuit, courant, une lanterne sourde à la main [2], et en bottines blanches, ce qui caractérisait alors la grande parure [3]. Cet incident donna lieu à bien des suppositions.

Son aventure avec la femme du lieutenant du roi de

---

[1] Tallemant des Réaux, *Mémoires manuscrits*.

[2] Tallemant, *loc. cit.*

[3] Au sujet de ce costume voyez les *Mémoires de Grammont*, chap. III, dans les *OEuvres d'Hamilton*, t. I, p. 29, ligne 7, édit. 1812, in-8°.

Il paraît que vers 1657 la mode des souliers prévalut si bien qu'on ne porta plus ni bottes ni bottines. (Tallemant des Réaux, t. I, p. 270.)

Château-Thierry fit encore plus de bruit. Il en était amoureux, et désirait vivement la voir en particulier. Pour cela il résolut de s'introduire chez elle pendant la nuit, en l'absence de son mari. Mais cette dame avait une petite chienne qui faisait bonne garde. La Fontaine commença par se saisir de la chienne, et l'emporta chez lui; puis, le même soir, d'intelligence avec la suivante, il se glissa dans la chambre à coucher de la dame, et se cacha sous une table couverte d'un tapis à housse. Malheureusement, la lieutenante avait retenu une de ses amies pour passer la nuit, et se trouvait couchée avec elle. La Fontaine ne fut pas déconcerté par ce contretemps. Il attendit que l'amie fût endormie, et, s'approchant ensuite doucement du lit, il dit à voix basse : « Ne craignez rien, c'est la Fontaine »; il prit en même temps la main de sa dame, qui par bonheur ne dormait pas. Tout ceci fut fait avec tant de promptitude et d'adresse qu'elle n'en fut point effrayée. La Fontaine s'entretint avec elle à loisir, et s'échappa avant que l'amie fût éveillée. « La lieutenante, dit l'auteur du journal, parut enchantée d'une si grande marque d'amour, et quoique la Fontaine assure qu'il n'en a obtenu que de légères faveurs, je crois qu'elle lui a tout accordé [1]. »

Lorsque la Fontaine eut atteint l'âge de vingt-six ans, son père voulut l'établir, et dans ce dessein il lui transmit sa charge [2] et lui fit épouser Marie Héricart, fille

---

[1] Tallemant des Réaux, *Mémoires manuscrits*.
[2] Mathieu Marais, *Histoire de la vie et des ouvrages de la Fontaine*, p. 1.

d'un lieutenant au bailliage de la Ferté-Milon. Elle épousa la Fontaine le 10 novembre 1646 ; elle lui survécut de treize ans, et mourut le 9 novembre 1709 à Château-Thierry, âgée de soixante-dix-sept ans, selon son acte mortuaire. Si cette énonciation est exacte, elle serait née en 1632, et avait trente et un ans lorsque la Fontaine lui adressait ses lettres. Elle n'aurait eu que quinze ans lors de son mariage, et ce calcul s'accorde bien avec une lettre de la Fontaine qui nous apprend qu'en 1656 elle n'avait pas encore vingt-cinq ans. La Fontaine se soumit à ces deux engagements plutôt par complaisance que par goût. Mais, incapable par caractère de toute gêne et de toute contrainte, il négligea presque toujours l'exercice de sa charge, qu'il garda vingt ans. Il s'éloigna peu à peu de sa femme, et finit par l'abandonner tout à fait ; il parut même oublier en quelque sorte qu'il était marié.

On a parlé fort diversement de la femme de la Fontaine. On s'accorde à dire qu'elle avait de la vertu [1], de la beauté et de l'esprit ; mais d'Olivet, le père Niceron et Montenault [2] prétendent qu'elle était d'une humeur

---

[1] Furetière et son ami Robbe furent les seuls qui, par haine pour la Fontaine, aient mis en doute la vertu de sa femme. (Voyez le *Recueil des Factums de Furetière*, Amsterdam, 1694, in-12, t. II, p. 345.) La prétendue épitaphe de la Fontaine qu'on trouve dans le *Varillasiana*, 1734, in-12, p. 23, n'est pas de Varillas. C'est une épigramme de Maynard, relative à un autre. (Voyez M. Auguste de Labouisse, dans le *Journal anecdotique*, du 4 septembre 1822, p. 69, et la 3e édition de cette histoire, p. 8, note 1.)

[2] D'Olivet, *Histoire de l'Académie*, in-4°, p. 278 ; Montenault, *Fables de la Fontaine*, in-folio, t. I, p. x ; Nicéron, *Hommes illustres*, t. XVIII, p. 315.

impérieuse et fâcheuse. Ils n'hésitent même pas à penser que c'est elle que la Fontaine a voulu peindre dans le conte de *Belphégor*, sous le nom de madame Honesta :

> Belle et bien faite............
> ....mais d'un orgueil extrême ;
> Et d'autant plus, que de quelque vertu
> Un tel orgueil paroissoit revêtu [1].

La Harpe et plusieurs autres auteurs [2], pour excuser la licence de quelques-uns des contes de la Fontaine, ont avancé, comme une chose reconnue, que les mœurs de cet homme célèbre étaient pures et irréprochables. Dans ce cas, sa femme, qui, pour n'avoir pas su dominer ses défauts, l'aurait forcé de s'exiler du toit domestique, aurait eu tous les torts. Mais cette assertion sur les mœurs de la Fontaine est malheureusement tout à fait contraire à la vérité, et celle qui concerne l'âpreté du caractère de sa femme est au moins douteuse. Les auteurs des *Mémoires de Trévoux* [3] affirment, sur le témoignage de personnes qui ont connu madame de la Fontaine, qu'elle était du caractère le plus doux, le plus liant, et que son mari n'a pas plus pensé à elle dans la pièce de *Belphégor*; qu'il n'a songé à faire le portrait d'autres personnages de son temps en peignant dans ses écrits des ridicules ou des vices. Si nous devons craindre d'admettre sans restrictions les témoignages donnés pro-

---

[1] La Fontaine, *Contes*, 5, 7.
[2] La Harpe, *Éloge de la Fontaine*, dans le *Recueil de l'académie de Marseille*, 1774, in-8°, p. 47; et Chamfort, même recueil, p. 57.
[3] Juillet 1755 et février 1759.

bablement par des descendants de madame de la Fontaine, sur celle dont ils voulaient défendre la mémoire, nous devons aussi nous défier du zèle des amis d'un poëte dont la perte causait de si vifs regrets; pour justifier cette partie de sa conduite, la moins susceptible de justification, ils ont accueilli avec trop de faveur peut-être les rumeurs incertaines et les interprétations malignes d'un public frivole et léger. Il est un moyen d'échapper à toutes ces incertitudes, c'est de s'en rapporter sur ce point, comme sur tous les autres qui concernent la Fontaine, à la Fontaine lui-même, l'homme le plus ingénu et le plus vrai qui ait existé ; qui toujours se plut à confier à sa muse ses projets, ses désirs, ses pensées les plus secrètes, ses inclinations les plus cachées, et qui a laissé en quelque sorte son âme entière par écrit. Nulle part il ne s'est plaint de l'humeur impérieuse de sa femme; mais il lui reproche de n'avoir de goût que pour les choses frivoles, et de ne point s'occuper des soins du ménage[1]. Ce reproche est grave pour une femme qui devint mère quelques années après la célébration de son mariage ; et, comme il n'y a jamais eu d'homme plus ennemi du souci que la Fontaine, et moins propre à augmenter, ou même à conserver sa fortune, il ne pouvait être heureux avec une compagne à qui manquaient les vertus qui lui étaient le plus nécessaires, la prévoyance et l'économie. Mais il était trop honnête homme pour rien écrire dans la vue de l'outrager ; et si

---

[1] La Fontaine, *Lettres à sa femme*, lettre I.

ses vers prêtèrent à quelque allusion ou à quelque rapprochement sur ce sujet délicat, ce fut, nous osons l'affirmer, sans aucune intention de sa part. La Fontaine et sa femme ont subi les inconvénients qui accompagnent souvent les unions prématurées. Marie Héricart n'avait pas encore seize ans lorsqu'elle épousa notre poëte, et lui, quoique alors âgé de vingt-six ans, était loin d'avoir une raison assez formée, et surtout des penchants assez bien réglés, pour supporter patiemment les entraves dans lesquelles l'hymen retient ceux qui veulent vivre heureux sous ses lois.

Nous savons, et la suite de ce récit en fournira des preuves trop nombreuses, que nul homme n'a plus que la Fontaine aimé les femmes, que nul n'a été plus tôt et plus longtemps sensible à leurs attraits, et ne s'est abandonné plus ouvertement, et avec moins de scrupule, aux charmes de leur doux commerce. Ce tort, si grand pour un homme engagé dans les liens du mariage, non-seulement la Fontaine le sentait; mais il a fallu qu'il en fît en quelque sorte l'aveu public. On le trouve, cet aveu, à la fin du conte intitulé les *Aveux indiscrets;* et il est bien placé là, car les seuls aveux indiscrets qu'ait jamais faits la Fontaine ont été pour révéler ses défauts, et non ceux des autres.

> Le nœud d'hymen doit être respecté,
> Veut de la foi, veut de l'honnêteté;
> Si par malheur quelque atteinte un peu forte
> Le fait clocher d'un ou d'autre côté,
> Comportez-vous de manière et de sorte

Que ce secret ne soit point éventé.
Gardez de faire aux égards banqueroute;
Mentir alors est digne de pardon.
Je donne ici de beaux conseils, sans doute :
Les ai-je pris pour moi-même? hélas! non [1].

Les faits révélés par l'auteur du journal, son contemporain, ne confirment que trop bien ces aveux. Une jeune abbesse, que les incursions des Espagnols avaient forcée de se retirer à Château-Thierry, alla loger chez la Fontaine. Il en fut épris, et il sut lui plaire. C'était probablement Claude-Gabrielle-Angélique de Coucy de Mailly [2]. Un jour sa femme les surprit ensemble; sans se déconcerter il fit la révérence, et se retira. Le même auteur cite encore de lui des discours qu'on exagérait peut-être, mais qui prouvent qu'il avait pour sa femme la plus complète indifférence [3]. Selon Tallemant des Réaux, la femme de la Fontaine, qui passait pour coquette, parlait de son mari comme d'un homme qui restait parfois trois semaines sans se croire marié, et qui, en entendant nommer quelqu'un qui en voulait à son honneur et cajolait sa femme, s'écria : « Ma foi, qu'il fasse ce qu'il pourra; je ne m'en soucie point : il s'en lassera comme j'ai fait [4]! »

Cependant il se persuada, ou plutôt il se laissa persuader un jour, qu'il en devait être jaloux, et voici à quelle occasion.

---

[1] La Fontaine, *Contes*, 5.
[2] Voir ci-après, p. 37.
[3] Tallemant des Réaux, *Mémoires manuscrits*.
[4] Tallemant des Réaux, *Historiettes*, t. II, p. 141 et 143, in-8°, 1834.

Il était fort lié avec un ancien capitaine de dragons, retiré à Château-Thierry, nommé Poignant, homme franc, loyal, mais fort peu galant. Tout le temps que Poignant n'était pas au cabaret il le passait chez la Fontaine, et, par conséquent, auprès de sa femme, lorsqu'il n'était pas chez lui. Quelqu'un s'avise de demander à la Fontaine pourquoi il souffre que Poignant aille le voir tous les jours : « Et pourquoi, dit la Fontaine, n'y viendrait-« il pas? c'est mon meilleur ami. — Ce n'est pas ce que « dit le public ; on prétend qu'il ne va chez toi que pour « madame de la Fontaine. — Le public a tort ; mais que « faut-il que je fasse à cela? — Il faut demander satis-« faction, l'épée à la main, à celui qui nous déshonore. « — Eh bien, dit la Fontaine, je la demanderai. » Il va le lendemain, à quatre heures du matin, chez Poignant, et le trouve au lit. « Lève-toi, lui dit-il, et sortons en-« semble. » Son ami lui demande en quoi il a besoin de lui, et quelle affaire pressée l'a rendu si matinal. « Je « t'en instruirai, répond la Fontaine, quand nous se-« rons sortis. » Poignant, étonné, se lève, sort avec lui, le suit, et lui demande où il le mène : « Tu vas le sa-« voir, » répondit la Fontaine, qui lui dit enfin, lorsqu'il fut arrivé dans un lieu écarté : « Mon ami, il faut « nous battre. » Poignant, encore plus surpris, l'interroge pour savoir en quoi il l'a offensé, et lui représente que la partie n'est pas égale. « Je suis un homme de « guerre, lui dit-il, et toi, tu n'as jamais tiré l'épée. — « N'importe, dit la Fontaine, le public veut que je me « batte avec toi. » Poignant, après avoir résisté inutilement, tire son épée par complaisance, se rend aisément maître de celle de la Fontaine, et lui demande de quoi il s'agit. « Le public prétend, lui dit la Fontaine, que ce « n'est pas pour moi que tu viens tous les jours chez « moi, mais pour ma femme. — Eh! mon ami, je ne « t'aurais jamais soupçonné d'une pareille inquiétude, « et je te proteste que je ne mettrai plus les pieds chez « toi. — Au contraire, reprend la Fontaine en lui ser- « rant la main, j'ai fait ce que le public voulait ; mainte- « nant, je veux que tu viennes chez moi tous les jours, « sans quoi je me battrai encore avec toi. » Les deux antagonistes s'en retournèrent, et déjeunèrent gaiement ensemble [1].

Si la femme de la Fontaine n'eut pas tous les défauts odieux qu'on lui a trop légèrement prêtés, il paraît certain qu'elle ne possédait aucune des qualités aimables qui auraient pu inspirer de l'amour à son mari; on ne voit aucune trace de ce sentiment à son égard dans ce qui nous reste de lui. La Fontaine ne laisse, au contraire, jamais échapper l'occasion de faire la satire de l'état conjugal, et se montre trop vivement affecté des inconvénients qui résultent d'une union mal assortie, pour ne pas donner lieu de penser qu'il en avait fait lui-même la triste expérience. Une preuve certaine que tous les torts n'étaient pas de son côté, et que ceux de sa femme, quoique d'une nature moins grave, étaient

---

[1] Louis Racine, *Mémoires sur la vie de J. de la Fontaine* dans les *Œuvres de Racine*, édit. 1820, in-8°, p. CXLII, ou édit. 1808, in-8°, t. V, p. 158 ; d'Olivet, *Histoire de l'Académie*, in-4°, p. 302.

cependant reconnus par ses propres parents, c'est la liaison intime qui subsista toujours entre Jannart et lui.

Jacques Jannart, conseiller du roi et substitut du procureur général au parlement de Paris, avait épousé Marie Héricart, tante de la femme de la Fontaine. Par sa fortune, ses dignités, son crédit, son expérience dans les affaires, Jannart était le personnage le plus important des deux familles avec lesquelles, par son mariage, il se trouvait allié[1]. Nous avons eu sous les yeux plusieurs lettres de la main de la Fontaine qui prouvent que Jannart avait un sincère attachement pour notre poëte. Celui-ci consultait toujours ce magistrat éclairé, et le faisait intervenir dans toutes ses affaires. Il avait pour lui autant d'amitié que de respect, et il le nommait toujours *son cher oncle*. Il lui faisait fréquemment des demandes d'argent auxquelles ce bon oncle ne se refusait jamais. Une des lettres de notre poëte nous apprend qu'il était bien avec sa belle-mère, et qu'en gendre dé-

---

[1] La Fontaine, *Lettres à divers*, lettres 1 à 7 ; Monmerqué, *Mémoires de Coulanges*, p. 497.

Selon les auteurs des *Mémoires de Trévoux*, ce serait une erreur de Montenault d'avoir cru que Jannart était dans la dépendance de Fouquet. Jannart était substitut du procureur général au parlement de Paris avant que Fouquet fût pourvu de la charge de procureur général. A la page 497 des *Mémoires de M. de Coulanges*, on trouve sur Jannart la note suivante :
« Jacques Jannart, conseiller du roi et substitut du procureur général au
« parlement de Paris, était fils de Nicolas Jannart, contrôleur au grenier
« à sel de Château-Thierry. Jacques Jannart avait épousé Marie Héricart,
« tante de Mme de la Fontaine ; elle lui donna un fils, le 10 avril 1639, qui
« fut nommé Jacques. Ce dernier devint conseiller au Châtelet, le 13 avril
« 1661, puis conseiller au grand conseil, le 15 juillet 1675. Il épousa, le
« 15 janvier 1678, mademoiselle de Chasseux, et mourut sans postérité le
« 18 janvier 1712. »

sintéressé, il n'avait pas balancé à acquitter de ses deniers d'anciennes dettes qu'elle avait contractées[1]. Dans d'autres lettres il se livre à des détails d'affaires et à des calculs qui devaient coûter beaucoup à sa paresse ; mais il s'y montre si peu habile qu'il s'excuse de ne pouvoir finir un compte, parce qu'il n'a pas pu trouver à Château-Thierry de tables d'intérêts calculées d'avance[2]. La manière dont il recommande à Jannart une certaine madame de Pont-de-Bourg prouve entre eux la plus grande intimité. « Je suis prié, lui dit-il, de vous en écrire de si bonne part qu'il a fallu malgré moi vous être importun, si c'est vous être importun que de vous solliciter pour une dame de qualité qui a une parfaitement belle fille. J'ai vu le temps que vous vous laissiez toucher à ces choses, et ce temps n'est pas éloigné ; c'est pourquoi j'espère que vous interpréterez les lois en faveur de madame de Pont-de-Bourg[3]. »

Il paraît que cette « parfaitement belle fille » de madame de Pont-de-Bourg avait déjà une certaine réputation de coquetterie ; car on lit dans les dictons que la malignité composait pour tous les personnages connus de ce temps-là, celui-ci, attribué à mademoiselle de Pont-de-Bourg : « Serre la main, et dis que tu ne tiens rien[4]. » Loret, dans sa *Muse historique*, nous apprend qu'elle était protestante, qu'elle avait 5 pieds, et qu'elle

---

[1] La Fontaine, *Lettres à divers*, lettre 2, à Jannart, 29 février 1656.
[2] Ibid., lettre 6.
[3] La Fontaine, *Lettres à divers*, lettre 5, 26 mars 1658, à Jannart.
[4] Manuscrit de Conrart, n° 902, *Histoire*. Bibliothèque de l'Arsenal, t. IX, p. 1239.

épousa, à la fin de l'année 1659, le chevalier d'Albret[1].

Le goût de La Fontaine pour le jeu, et l'éloignement où il se trouvait de sa femme, avaient fait répandre à la Ferté-Milon des bruits désavantageux sur son compte. Comme ces bruits, semés par quelqu'un qui était intéressé à les accréditer, n'avaient aucun fondement et étaient parvenus aux oreilles de Jannart, la Fontaine se crut obligé de le détromper, et il lui écrivit en ces termes : « Monsieur mon oncle, ce qu'on vous a mandé de l'emprunt et du jeu est très-faux : si vous l'avez cru, il me semble que vous ne pouviez moins que de m'en faire la réprimande ; je la méritois bien par le respect que j'ai pour vous, et par l'affection que vous m'avez toujours témoignée. J'espère qu'une autre fois vous vous mettrez plus fort en colère, et que, s'il m'arrive de perdre mon argent, vous n'en rirez pas. Mademoiselle[2] de la Fontaine ne sait nullement gré à ce donneur de faux avis, qui est aussi mauvais politique qu'intéressé. Notre séparation peut avoir fait quelque bruit à la Ferté, mais elle n'en a pas fait à Château-Thierry, et personne n'a cru que cela fût nécessaire[3]. » Du reste, cette séparation de biens entre la Fontaine et sa femme, et les propos qui en furent la suite, n'altérèrent en rien la bonne harmonie et l'accord qui existaient entre l'oncle et le neveu ; car, peu de jours après la date de

---

[1] Loret, *Muse historique*, t. X, p. 187 (29 novembre 1659).

[2] C'est de sa femme qu'il parle : on ne donnait alors le titre de *madame* qu'aux femmes nobles.

[3] La Fontaine, *Lettres à divers*, lettre 7, 1ᵉʳ février 1659.

cette lettre, un acte en entier écrit de la main de notre poëte nous le montre agissant comme procureur de Jannart, relativement à des terres que ce dernier possédait dans les environs de Château-Thierry [1].

La Fontaine avait, dit-on, atteint sa vingt-deuxième année avant de donner le moindre signe du penchant qui devait bientôt l'entraîner vers la poésie. Un officier qui se trouvait en quartier d'hiver à Château-Thierry lut un jour devant lui, avec emphase, l'ode de Malherbe sur la mort de Henri IV, qui commence ainsi :

> Que direz-vous, races futures,
> Si quelquefois un vrai discours
> Vous récite les aventures
> De nos abominables jours [2] ?

Il écouta cette ode avec des transports mécaniques de joie, d'admiration et d'étonnement, semblable à un homme qui, né avec le génie de la musique, aurait été nourri dans un désert, et qui entendrait tout à coup un instrument harmonieux, savamment touché, résonner à ses oreilles : telle fut l'impression que firent sur la Fontaine les vers de Malherbe. Il se mit aussitôt à lire cet auteur ; il passa les nuits à l'apprendre par cœur, et il allait le jour déclamer ses odes dans les lieux solitaires. La Fontaine nous ayant dit, dans son épître au duc de Bouillon, que, dès son enfance, il sacrifia aux

---

[1] Voyez dans les *Pièces justificatives*, à la fin du second volume, la transaction faite par la Fontaine, au nom de Jannart, en date du 10 mars 1659.
[2] Malherbe, *Poésies*, édit. de Ménage, 1689, in-12, p. 35.

Muses, il est probable que cette anecdote a été défigurée, et que la lecture de l'ode de Malherbe ne fit que révéler à la Fontaine un nouveau genre de poésie plus relevé que les pièces galantes de Marot et autres auteurs de cette époque. Il voulut, du reste, s'essayer dans ce genre, et nous possédons de lui des odes dont quelques strophes peuvent être comparées avec ce que Malherbe a fait de mieux. Bientôt il prit du goût pour Voiture, et il fit des vers dans le genre de ceux de ce poëte, ou plutôt il imita ses défauts, ses expressions recherchées et ses froides antithèses. Heureusement un de ses parents, nommé Pintrel, auquel il communiqua les premiers essais de sa muse, lui fit comprendre que, pour mûrir et pour développer son talent, il ne devait pas se borner à nos poëtes français, mais qu'il fallait aussi lire et relire sans cesse Horace, Homère, Virgile, Térence et Quintilien [1]. Il se rendit à ce sage conseil ; et un de ses amis, M. de Maucroix [2], qui cultivait avec succès la poésie, contribua aussi à l'affermir dans son nouveau plan d'étude, et à lui inspirer cette admiration pour l'antiquité qui dégénéra même chez lui en une sorte de préjugé superstitieux. La Fontaine fit surtout ses délices de Platon et de Plutarque, quoiqu'il ne pût les lire que

---

[1] D'Olivet, *Histoire de l'Académie françoise*, in-4°, p. 305 ; Montenault, *Fables de la Fontaine*, in-fol., t. I, p. XII.

[2] Voyez les *Poésies inédites de F. de Maucroix* à la suite des *Nouvelles œuvres diverses de la Fontaine*, 1820, in-8° ; d'Olivet, dans la *Préface des œuvres posthumes de M. de Maucroix*, 1710, in-12, p. 3. Voyez aussi les extraits d'un manuscrit de M. François Maucroix, prêtre chanoine de l'église de Reims, qui fixe à 1645 le commencement de la liaison de Maucroix et de la Fontaine.

dans des traductions. D'Olivet a eu sous les yeux les exemplaires qui lui avaient appartenu, et il a remarqué qu'ils étaient notés de sa main presque à chaque page, et que la plupart de ses notes étaient des maximes qu'on retrouve dans ses fables.

La Fontaine, ainsi que nous le verrons, a témoigné d'une manière touchante sa reconnaissance envers Pintrel et de Maucroix, en publiant, après la mort du premier, sa traduction des Épîtres de Sénèque[1], et en prêtant le secours de son nom et de ses poésies pour faciliter le débit des ouvrages du second[2].

L'étude des anciens ne fit pas négliger à notre poëte celle des modernes ; mais parmi ceux qui avaient écrit dans cette langue, aucun alors, si on excepte Corneille, n'était digne d'être pris pour modèle : aussi, après Malherbe, il se borna à un petit nombre, et s'attacha principalement à Rabelais, Marot et Voiture. L'*Astrée* de d'Urfé l'amusa longtemps[3]. Il fit ses délices des contes naïfs et joyeux de la reine de Navarre ; mais, excepté ces auteurs favoris, il se plaisait davantage avec les Italiens, surtout avec Arioste, Boccace et Machiavel[4] ;

Les *Épîtres de Sénèque, nouvelle traduction, par M. Pintrel, revue et imprimée par les soins de M. de la Fontaine*, 2 vol. in-8°, 1671.

[2] *Ouvrages de prose et de poésie des sieurs de Maucroix et de la Fontaine*, 1685, 2 vol. in-12.

[3] Dans sa ballade 7, *sur la lecture des romans et des livres d'amour*, la Fontaine dit, en parlant de l'*Astrée* de d'Urfé :

> Étant petit garçon je lisois son roman,
> Et je le lis encore ayant la barbe grise.

[4] D'Olivet, *Histoire de l'Académie françoise*, p. 307.

non pas, dit un habile critique [1], le Machiavel du *Prince* et de l'*Histoire de Florence,* mais celui de la *Mandragore,* de la *Clytie* et de *Belphégor.* Il est possible qu'en effet la Fontaine préférât le conteur et l'auteur comique à l'historien et au politique ; mais plusieurs passages de ses écrits prouvent cependant qu'il savait très-bien apprécier Machiavel sous ce dernier rapport [2].

La Fontaine, quoique éloigné de la capitale, indépendamment des conseils de ses deux aristarques, Pintrel et de Maucroix, avait, dans sa propre famille, des encouragements qui contribuèrent au développement de ses talents poétiques. Son père aimait passionnément les vers, quoiqu'il fût incapable de les bien juger, et plus encore d'en faire. Il fut enchanté que son fils devînt poëte, et se montra pour lui un auditeur toujours prêt et toujours indulgent. La Fontaine consultait aussi avec avantage sa femme et sa sœur, qui toutes deux avaient de l'instruction, de l'esprit et du goût [3].

Le premier ouvrage que publia la Fontaine fut la traduction de l'*Eunuque* de Térence, en vers, imprimée en 1654 [4]. Un des plus concis, mais non pas des moins spirituels biographes de notre poëte [5], a cité les premiers vers de cette pièce, afin de prouver qu'elle était

---

[1] M. Auger, *Œuvres de la Fontaine,* t. I, p. VIII, édit. 1814, in-8°; t. I, p. X, de l'édit. 1818.

[2] La Fontaine, *Opuscules en prose.*

[3] Racine, *Lettres,* lettre 2, t. VI, p. 150, édit. 1820, in-8°, ou lettre 17, t. VII, p. 161, édit. 1808, in-8°.

[4] La Fontaine, *Théâtre.*

[5] M. Desprès, *Œuvres de la Fontaine,* 1817, in-8°, t. 1 p. 2.

écrite dans le style de la bonne comédie. Ce biographe a raison de dire qu'il n'a pas usé de tous ses avantages; car, effectivement, il y a plusieurs autres scènes mieux écrites que le commencement de celle qu'il cite. Mais nous pensons qu'il a tort d'avancer que cette pièce ne méritait pas l'indifférence avec laquelle le public la reçut. La Fontaine ne s'était point proposé, ainsi qu'il le déclare dans sa préface, de reproduire l'*Eunuque* de Térence; il voulut seulement l'imiter. Son ouvrage est en même temps une traduction trop libre et une imitation trop servile; c'est une comédie ancienne avec des formes modernes : elle manque par conséquent de vraisemblance; elle est froide et sans intérêt; le style, quoique assez passable, est loin de donner une idée du naturel exquis et de l'élégante simplicité de l'auteur latin.

La Fontaine, dont les passions, quoique fortement empreintes en lui par la nature, furent toujours douces et modérées, et qui ne voyait en elles que des causes de jouissance et des moyens de bonheur, ne fut point détourné de son amour pour les vers par le peu de succès de son premier ouvrage; et, sans soin du présent, sans inquiétude pour l'avenir, il cultivait les muses obscurément dans la province où il était né, et jouissait inconnu des douceurs de l'amitié. Celle qu'il avait contractée avec de Maucroix ne faisait que s'accroître avec le temps. De Maucroix avait d'abord embrassé la profession d'avocat et s'y était distingué; il en fut détourné par la passion qu'il conçut pour mademoiselle de Joyeuse, fille du lieutenant du roi au gouvernement de Champagne[1]. Ne pouvant assurer le bonheur de sa vie par une union à laquelle la différence des rangs et des fortunes opposait un obstacle invincible, de Maucroix embrassa l'état ecclésiastique, obtint un canonicat de l'église de Reims, et partit pour l'Italie. Il se rendit à Rome, sous le nom supposé d'abbé de Crussy ou Cresy, afin de remplir une mission secrète que Fouquet lui avait confiée[2] : bientôt de retour, il réunit au canonicat de l'église de Reims un autre bénéfice, ce qui lui procura une fortune indépendante, qui, quoique modique, suffisait à la sagesse de ses goûts et à la modération de ses désirs. Retiré à Reims, il invitait sans cesse la Fontaine à venir le voir, et celui-ci trouvait un double avantage en cédant à ses instances, puisqu'il se dérobait aux tracas domestiques, et qu'il jouissait en même temps de la société de son ami et des plaisirs d'une grande ville[3]. Il nous révèle lui-même un des principaux motifs qui lui rendaient le séjour de Reims si agréable.

> Il n'est cité que je préfère à Reims ;
> C'est l'ornement et l'honneur de la France ;
> Car, sans compter l'ampoule et les bons vins,
> Charmants objets y sont en abondance.

---

[1] Tallemant des Réaux, *Mémoires manuscrits* ; Walck., *Vie de François de Maucroix* à la suite des *Nouvelles œuvres diverses de J. de la Fontaine*, p. 169 à 214.

[2] Fouquet, *Recueil de défenses*, t. III, p. 366, 368 et 392, et t. VIII (ou t. III de la continuation), p. 117, 140 et 175 ; d'Olivet, *Préface des œuvres posthumes de M. de Maucroix*, 1710, in-12, p. 3.

[3] La Fontaine, *Lettres à divers*, lettre I, 14 février 1656.

Par ce point-là je n'entends, quant à moi,
Tours ni portaux, mais gentilles Galoises [1];
Ayant trouvé telle de nos Rémoises
Friande assez pour la bouche d'un roi [2].

Notre la Fontaine paraît avoir été lié, dans sa jeunesse, avec M. Belin, médecin à Troyes, et avec le fameux Gui Patin; mais on ne peut s'appuyer que sur un passage d'une lettre de Gui Patin [3].

Cependant Jannart conjectura que le talent de la Fontaine pour les vers pourrait être agréable à Fouquet, dont il était l'ami et le substitut dans la charge de procureur au parlement de Paris. Il le lui présenta donc comme son parent. Fouquet, alors surintendant des finances, avait, à l'exemple du premier ministre Mazarin, profité des désordres du temps pour accumuler d'immenses richesses. Il mettait à en jouir le même empressement qu'il avait montré pour les acquérir. Doué d'une grande capacité pour les affaires, d'une prodigieuse facilité pour la rédaction, d'un esprit très-orné, prompt, adroit, fertile en expédients; mais né avec un caractère ardent et présomptueux, vain et avide de louanges; réunissant toutes les passions, et voulant toutes les satisfaire à la fois; corrompant, à la cour, les hommes pour son ambition, et les femmes pour ses plaisirs; ne connaissant, pour ses desseins,

---

[1] *Galoise*, ancien mot qui signifie une gaillarde, une femme facile et complaisante. Il vient de *galer*, se réjouir dont nous n'avons plus que le composé *régaler*.

[2] La Fontaine, *Contes*, 3, 4.

[3] *Lettres*, n° 334, t. II, p. 417, édit. in-8°, 1846.

d'autre puissance que celle de l'or, et cependant n'étant pas dénué de grandeur d'âme : tel était Fouquet. Il éclipsait, par son luxe, le souverain même [1]. Il savait distinguer les gens de lettres et les artistes qui naissaient alors à la gloire, et les encourager par des largesses. L'homme le plus éloquent de ce temps, Pellisson, était son premier commis ; le Nôtre dessinait ses jardins ; il commandait à le Brun des tableaux pour ses palais, à Molière et à Quinault [2] des pièces pour ses fêtes [3]. La Fontaine plut à Fouquet; celui-ci le prit pour son poëte, se l'attacha, et lui fit une pension de mille francs, à condition qu'il en acquitterait chaque quartier par une pièce de vers, condition qui fut exactement remplie [4].

La Fontaine avait le goût et le sentiment des arts, qui s'allient presque toujours avec le génie poétique ; il savourait avec délices la tranquillité du séjour de la campagne, mais il recherchait aussi la société, et surtout celle des femmes aimables ; enfin il ne haïssait pas la bonne chère [5]. Qu'on juge de son bonheur, lorsque le surintendant lui procura toutes ces jouissances sans qu'il

---

[1] De Gourville, *Mémoires*, 1724, in-12, t. II, p. 304; Choisy, *Mémoires*.

[2] Voyez la dédicace du *Feint Alcibiade*, tragi-comédie, au surintendant Fouquet; Paris, 1658, in-12.

[3] La Fontaine, *Lettres*, 2 ; Perrault, *Hommes illustres*, t. II, p. 71 ; François de Neufchâteau, *Esprit du grand Corneille*, 1819, in-8°, p. 253 à 256. P. Corneille, *Œuvres*, édit. in-8° de 1824, t. VII, p. 113 et 118, dans la pièce de vers et l'avis au lecteur qui précèdent la tragédie d'*Œdipe*.

[4] La Fontaine, *Odes*, 2 ; *Epîtres*, 3 ; *Ballades*, 2, 3, 4 ; *Madrigaux*, 7; *Dizains*, 1, 2 ; *Lettres à divers*, 9 ; Mathieu Marais, *Histoire de la vie et des ouvrages de la Fontaine*, p. 13.

[5] Vigneul de Marville, *Mélanges*, t. II, p. 255 ; Titon du Tillet, *Parnasse françois*, in-fol., p. 462.

en coûtât aucun sacrifice à son insouciance et à sa paresse! Aussi dès lors il fut tout à Fouquet ; sa reconnaissance en fit un héros : il l'aima véritablement dans sa prospérité, mais il l'aima plus encore dans son malheur.

Transporté tout à coup du fond d'une province au milieu de la société la plus brillante du royaume, la Fontaine se fit de tous ceux qui le connurent des protecteurs et des amis.

On s'étonnera justement de ce succès, si l'on considère le portrait qu'ont tracé de lui quelques-uns de ses contemporains. On ne peut expliquer l'empressement qu'on mettait à l'accueillir par l'éclat de sa réputation et par le plaisir qu'on trouvait à la lecture de ses ouvrages : la Fontaine n'avait encore rien produit qui pût le tirer de l'obscurité. D'ailleurs, alors comme aujourd'hui, on savait très-bien, au besoin, applaudir aux écrits d'un auteur et négliger sa personne : l'exemple du grand Corneille suffirait seul pour le prouver. La Fontaine avait donc des qualités aimables, puisqu'il se faisait aimer ; mais, ennemi de toute dissimulation, ces qualités ne se manifestaient qu'avec les personnes dont il était particulièrement connu, ou lorsque la joie qu'il éprouvait le faisait sortir de son habituelle apathie. Concentré dans ses propres pensées, distrait, rêveur, il était souvent, dans la société, d'une nullité complète, qui, lors de sa grande célébrité, choquait d'autant plus ceux qui avaient lu ses écrits, qu'avant de l'avoir vu ils s'étaient promis beaucoup de jouissance de la conversation d'un homme d'une tournure d'esprit si gaie, si originale. Aussi, en recueillant avec soin tout ce que les contemporains ont écrit sur notre poëte, il faut bien distinguer ceux qui n'eurent avec lui que des relations passagères d'avec ceux qui ont vécu dans son intimité, et qui seuls peuvent nous en donner une idée exacte. Sa distraction et sa candeur donnèrent lieu à des aventures plaisantes, et souvent presque incroyables. Nous ne devons pas omettre ces particularités, toutes minutieuses qu'elles sont, parce qu'elles servent à peindre cet homme singulier ; mais nous devons les séparer des contes absurdes que, même de son vivant, on a débités sur lui, et dont il est facile de démontrer la fausseté. C'est ainsi que nous obtiendrons un portrait piquant par sa vérité, au lieu d'une risible mais fausse caricature.

Louis Racine, qui n'a connu la Fontaine que par tradition, et par ce que lui en ont dit ses sœurs, en parle dans les termes suivants : « Autant il étoit aimable par la douceur du caractère, autant il l'étoit peu par les agréments de la société. Il n'y mettoit jamais rien du sien ; il ne parloit pas, ou vouloit toujours parler de Platon [1]. »

La Bruyère, qui aime à charger ses portraits, trace ainsi celui de la Fontaine :

« Un homme paroît grossier, lourd, stupide ; il ne sait pas parler, ni raconter ce qu'il vient de voir : s'il se met à écrire, c'est le modèle des bons contes ; il fait

---

[1] Louis Racine, *Mémoires sur la vie de Jean Racine*, t. I, p. CXL, édit. 1820, in-8°, ou t. V, p. 136 de l'édit. 1808, in-8°.

parler les animaux, les arbres, les pierres, tout ce qui ne parle pas ; ce n'est que légèreté, qu'élégance, que beau naturel, et que délicatesse dans ses ouvrages [1]. » La Bruyère ajoute à ce portrait celui du grand Corneille, qui offrait un pareil contraste entre sa personne et ses écrits ; mais on laissait le grand Corneille dans sa solitude et l'on recherchait la Fontaine. Continuons de rassembler les témoignages de ses contemporains, et nous en saurons bientôt les raisons.

Une femme qui eut avec la Fontaine, dans les dernières années de sa vie, des liaisons intimes dont nous ferons connaître la nature, a réclamé avec chaleur contre le portrait qu'en a tracé la Bruyère, et à cet égard elle en appelle au témoignage de tous ceux qui ont connu la Fontaine. Ce qu'elle en dit est confirmé par d'Olivet, qui a vécu avec plusieurs amis de notre poëte, et qui s'exprime ainsi sur son compte :

« A sa physionomie on n'eût point deviné ses talents. Rarement il commençoit la conversation, et même, pour l'ordinaire, il y étoit si distrait, qu'il ne savoit ce que disoient les autres. Il rêvoit à tout autre chose, sans qu'il pût dire à quoi il rêvoit. Si pourtant il se trouvoit entre amis, et que le discours vînt à s'animer par quelque agréable dispute, surtout à table, alors il s'échauffoit véritablement, ses yeux s'allumoient, c'étoit la Fontaine en personne, et non pas un fantôme revêtu de sa figure.

[1] La Bruyère, *Caractères*, chap. XII ; *Des jugements*, t. II, p. 83, édit. in-12, Paris, 1768.

« On ne tiroit rien de lui dans un tête-à-tête, à moins que le discours ne roulât sur quelque chose de sérieux et d'intéressant pour celui qui parloit. Si des personnes dans l'affliction s'avisoient de le consulter, non-seulement il écoutoit avec grande attention, mais, je le sais de gens qui l'ont éprouvé, il s'attendrissoit ; il cherchoit des expédients, il en trouvoit ; et cet idiot (c'est d'Olivet qui parle), qui, de sa vie, n'a fait à propos une démarche pour lui, donnoit les meilleurs conseils du monde : autant il étoit sincère dans ses discours, autant étoit-il facile à croire tout ce qu'on lui disoit.

« Une chose qu'on ne croiroit pas de lui, et qui est pourtant très-vraie, c'est que dans ses conversations il ne laissoit rien échapper de libre ni d'équivoque. Quantité de gens l'agaçoient, dans l'espérance de lui entendre faire des contes semblables à ceux qu'il a rimés ; mais il étoit sourd et muet sur ces matières : toujours plein de respect pour les femmes, donnant de grandes louanges à celles qui avoient de la raison, et ne témoignant jamais de mépris à celles qui en manquoient [1]. »

Nous voyons par là que la Fontaine était un convive aimable, un homme de bon ton et de bon conseil, sensible et affectueux, plein d'indulgence pour les autres, simple et sans prétention pour lui-même : un composé si rare nous explique suffisamment ses succès dans le monde. Aussi la dame dont nous avons parlé plus haut, et qui publia les œuvres posthumes de notre poëte un

---

[1] D'Olivet, *Histoire de l'Académie françoise*, in-4°, p. 380.

an après sa mort, oppose-t-elle la manière dont il était accueilli partout au portrait qu'en a tracé la Bruyère.

« Si l'auteur qui l'a peint sous des traits si contraires à la vérité l'avoit bien connu, dit-elle, il auroit avoué que le commerce de cet aimable homme faisoit autant de plaisir que la lecture de ses livres. Aussi tous ceux qui aiment ses ouvrages (et qui est-ce qui ne les aime pas?) aimoient aussi sa personne. Il étoit admis chez tout ce qu'il y a de meilleur en France : tout le monde le désiroit, et si je voulois citer toutes les illustres personnes et tous les esprits supérieurs qui avoient de l'empressement pour sa conversation, il faudroit que je fisse la liste de toute la cour [1]. »

Le rédacteur du *Journal des Savants* qui annonça la publication de ces œuvres posthumes loua surtout ce portrait et en confirma l'exactitude par son propre témoignage [2].

Mais c'est plutôt encore dans ses ouvrages, que dans les renseignements donnés par ses contemporains, que nous devons étudier cette alliance d'un esprit plein de finesse et de malice avec cette simplicité et cette bonhomie innées et inaltérables, qui font de la Fontaine l'homme le plus singulier peut-être et le plus original qui ait paru.

Fouquet avait commencé dès l'année 1640 [3] à em-

---

[1] *Œuvres posthumes de la Fontaine*, 1696, in-12, dans le *Portrait de M. de la Fontaine*, par M***.
[2] *Journal des Savants*, juillet 1696, p. 381.
[3] Fouquet, dans les *Conclusions de ses défenses*, 1668, in-18, p. 90.

bellir sa terre de Vaux-le-Vicomte, située à dix lieues de Paris, près de Melun et des bords de la Seine ; mais en 1653 il y fit commencer de grands travaux, dans le dessein d'en faire un lieu conforme, par sa magnificence, aux grandes richesses qu'il avait acquises. L'architecte le Vau, que Boileau [1] prétend être le véritable auteur de la célèbre colonnade du Louvre, construisit le palais ; le Nôtre dessina les jardins, le Brun et les meilleurs artistes du temps exécutèrent les peintures. Bientôt Vaux surpassa en splendeur Compiègne, Fontainebleau et les autres habitations royales qui existaient alors. Fouquet y dépensa dix-huit millions, qui en valaient près de trente-six de notre monnaie actuelle.

C'est dans ce lieu que se donnaient les fêtes les plus somptueuses que l'on eût encore vues en France. C'est là que Fouquet recevait ce que la cour et la ville avaient de plus brillant, et le roi lui-même ne dédaignait pas d'y venir. Pour s'y faire recevoir, la belle et jeune femme de Scarron demandait à madame Fouquet la permission d'y témoigner sa reconnaissance au héros qui en était le maître, « osant, disait-elle, espérer qu'on ne la
« trouveroit pas de trop dans ces allées où l'on pense
« avec tant de raison et où l'on badine avec tant de
« grâce [2]. »

Toutes ces merveilles enchantèrent la Fontaine, et,

---

[1] Boileau, t. III, p. 165 et 222, édit. de Saint-Marc 1747, in-8°. « L'un des plus célèbres de l'académie d'architecture » dont parle Boileau est d'Orbay, élève de le Vau.

[2] *Lettres de Mme de Maintenon*, Amst., 1756, t. I, p. 24, lettre en date du 25 mai 1658, à madame Fouquet.

autant pour céder à sa propre impulsion que par le désir de louer le goût et la magnificence de son protecteur, il entreprit, en 1658, de célébrer ces beaux lieux dans un ouvrage mêlé de prose et de vers, qu'il intitula le *Songe de Vaux*. Il nous apprend lui-même que les architectes, les sculpteurs et les peintres qui avaient contribué aux constructions et aux ornements de Vaux, lui remirent des mémoires sur chacune des parties qu'ils avaient exécutées, pour l'aider dans la composition de son ouvrage [1]. Il en fut occupé pendant plus de trois ans [2], sans doute bien agréablement, puisqu'il jouissait en même temps des lieux qu'il décrivait : cependant il ne l'a jamais terminé, et n'en a publié que des fragments. La disgrâce de Fouquet lui fit interrompre cet ouvrage et lui ôta toute envie de le continuer. Le père Bouhours, dont les décisions étaient alors une autorité en littérature, dit que ces fragments brillent d'esprit depuis le commencement jusqu'à la fin. Il est vrai ; mais c'est de celui de Voiture et de Sarrasin, pour lequel on avait alors une admiration beaucoup trop grande, et qu'on a peut-être trop rabaissé depuis.

La Fontaine feint, dans le *Songe de Vaux*, que les quatre arts qui avaient contribué à l'embellissement et à la célébrité de ce séjour enchanté, l'architecture, la

---

[1] La Fontaine, *Lettres*, 5. Voyez *Fables nouvelles et autres poésies* du sieur de la Fontaine, 1671, in-12, p. 1 de l'avertissement du *Songe de Vaux*. — M. de Scudéri a fait une description de Vaux-le-Vicomte dans le t. X de *Clélie*, p. 1091.

[2] Ibid., *Songe de Vaux*, avertissement du recueil intitulé *Fables nouvelles et autres poésies*.

peinture, le jardinage et la poésie, se disputent la préséance. Ces arts sont représentés par quatre fées, Palatiane, Appellanire, Hortésie et Calliopée, qui plaident successivement leur cause en présence d'Oronte ou de Fouquet, et de « force demi-dieux, » pour nous servir des termes mêmes de l'auteur. On sent combien cette allégorie est froide ; l'exécution s'en est ressentie. La Fontaine a raison quand il dit qu'on ne trouvera point dans cet ouvrage

> ....Cet heureux art,
> Qui cache ce qu'il est, et ressemble au hasard [1] ;

art enchanteur, qui, semblable à un heureux instinct de la nature, devait parer d'attraits si doux ses légères productions! Cependant, si on s'aperçoit que la Fontaine, dans ce premier essai, cherchait encore son talent, il faut avouer aussi qu'il le trouve quelquefois, comme dans la peinture de l'Oisiveté, et dans l'invocation au Sommeil, que nous citerons, parce qu'il y saisit l'occasion, qu'il n'a jamais laissé échapper depuis, d'apprendre à ses lecteurs combien il aimait à dormir :

> ....Toi que chacun réclame,
> Sommeil, je ne viens pas t'implorer dans ma flamme.
> Conte à d'autres que moi ces mensonges charmants
> Dont tu flattes les vœux des crédules amants ;
> Les merveilles de Vaux me tiendront lieu d'Aminte :
> Fais que par ces démons leur beauté me soit peinte.

---

[1] La Fontaine, Songe de Vaux, 2.

> Tu sais que j'ai toujours honoré tes autels ;
> Je t'offre plus d'encens que pas un des mortels :
> Doux Sommeil, rends-toi donc à ma juste prière [1].

Aucun poëte, soit ancien, soit moderne, n'a mieux que la Fontaine loué les femmes, les délices de la vie champêtre, les charmes de la solitude, les douceurs du sommeil et de la paresse. Quand ces sujets se présentent sous sa plume, il est toujours heureusement inspiré. Le dieu Morphée, l'objet de son culte assidu, donnait des charmes particuliers à la léthargie où il le plongeait, et le favorisait par d'heureuses illusions. La Fontaine écrit à sa femme « que son sommeil étoit bigarré par « d'agréables songes [2]. » Dans le cinquième fragment de ce *Songe de Vaux*, la peinture qu'il fait de la Nuit rappelle la grâce de l'Albane et du Corrége.

> Voyez l'autre plafond où la Nuit est tracée :
> Cette divinité, digne de vos autels,
> Et qui, même en dormant, fait du bien aux mortels,
> Par de calmes vapeurs mollement soutenue,
> La tête sur son bras, et son bras sur la nue,
> Laisse tomber des fleurs et ne les répand pas [3].

Puis il ajoute :

> Avec tous ses appas, l'aimable enchanteresse
> Laisse souvent veiller les peuples du Permesse ;

---

[1] La Fontaine, *Songe de Vaux*, 1.
[2] La Fontaine, *Lettres à sa femme*, lettre 6, et ci-après (p. 130).
[3] La Fontaine, *Songe de Vaux*, 5.

> Cent doctes nourrissons surmontent son effort.
> Hélas! dis-je, pour moi, je n'ai rien fait encor;
> Je ne suis qu'écoutant parmi tant de merveilles.
> Me sera-t-il permis d'y joindre aussi mes veilles?
> Quand aurai-je ma part d'un si doux entretien[1]?

La Fontaine avait près de trente-huit ans lorsqu'il se plaignait, avec raison, de n'avoir encore rien fait qui pût passer à la postérité; mais les muses, dont il implorait les entretiens avec tant de charme, devaient bientôt le combler de leurs précieuses faveurs.

Il s'essaya dans le genre héroïque, et, quoique ce ne fût pas celui qui convînt le mieux à la nature de son génie, il prouva par la composition du poëme d'*Adonis* qu'il était aussi destiné à produire ces merveilles qui causaient son admiration. Le poëme d'*Adonis* ne parut et ne fut entièrement terminé qu'après le fragment du *Songe de Vaux* que nous venons de citer; mais il avait été composé auparavant, et la Fontaine en présenta dès 1658 à Fouquet une copie manuscrite différente de celle qui a été imprimée depuis. Après l'invocation et l'exposition le poëte disait :

> Vois de bon œil cet œuvre, et consens pour ma gloire
> Qu'avec toi l'on le place au temple de Mémoire.
> Par toi je me promets un éternel renom;
> Mes vers ne mourront point, assistés de ton nom[2].

---

[1] La Fontaine, *Songe de Vaux*, 5.

[2] *Adonis*, poëme par J. de la Fontaine, tel qu'il a été présenté à Fouquet en 1658, publié d'après le manuscrit original, par C. A. Walckenaer, 1825, in-8°, p. 1.

Cependant la Fontaine paraît avoir été, à cette époque, dominé encore plus par son goût pour le plaisir que par son amour pour la gloire.

Une abbesse peu scrupuleuse, que le roi exila depuis par lettre de cachet, et qui est peut-être la même que celle dont nous avons précédemment parlé [1], invita notre poëte à venir la voir [2]. Elle gouvernait alors le couvent des religieuses bénédictines de Sainte-Marie, à Mouzon, dans les Pays-Bas. Il n'était pas facile de se rendre en ce lieu. La guerre durait encore avec les Espagnols ; ils occupaient Rocroy, et avaient dans cette ville une garnison nombreuse commandée par un chef courageux et expérimenté, nommé Montal, qui jetait la terreur dans toute la Champagne. Les habitants de Reims [3] avaient même, sans l'autorisation du roi, fait avec lui une espèce de trêve. Il envoyait des cavaliers en partisans, jusque dans les bois de Vincennes ; l'Hôpital, gouverneur de Paris [4], fut obligé de faire des patrouilles pour attraper les coureurs de Rocroy.

---

[1] Voyez p. 13.

[2] Claude Angélique de Coucy de Mailly, quatrième fille de Louis de Mailly, IIIe du nom, *dit* de Coucy, qui avait épousé une fille de Philippe de Croy. (Voyez Anselme, *Histoire générale et chronologique de la maison royale de France*, t. VIII, p. 335 et 646.)

[3] Voyez Mademoiselle de Montpensier, *Mémoires*, année 1757, t. III, p. 194, édit. de Petitot, 1825, in-8°, t. XLII de la collection. Voyez aussi Monglat, *Mémoires*, année 1657, t. LI, p. 35 de la collection. Le comte de Grandport, en août, 1657 remporta un avantage sur Montal.

[4] Felibien, *Histoire de la ville de Paris*, t. X, p. 518, et 3e édit. de cette histoire, p. 597.

La Fontaine écrivit donc une lettre en vers à la jeune et aimable abbesse, pour lui expliquer comment il n'osait céder à son invitation, et il lui cita l'aventure alors récente de M. Girardin [1], qui, en se rendant à Bagnolet, fut enlevé par M. Barbezières et par son frère Chémeraut, puis transporté à Bruxelles, où l'on négociait encore pour sa rançon [2].

> Les Rocroix, gens sans conscience,
> Me prendroient aussi bien que lui,
> Vous allant conter mon ennui.
> J'aurois beau dire à voix soumise :
> Messieurs, cherchez meilleure prise ;
> Phébus n'a point de nourrisson
> Qui soit homme à haute rançon ;
> Je suis un homme de Champagne
> Qui n'en veux point au roi d'Espagne ;
> Cupidon seul me fait marcher.
> Enfin j'aurois beau les prêcher,
> Montal ne se souciroit guère
> De Cupidon ni de sa mère :
> Pour cet homme en fer tout confit
> Passe-port d'amour ne suffit [3].

---

[1] Voyez Loret, VIII, p. 74, Lettre en date du 26 mai, p. 108 ; en date du 21 juillet, p. 134 ; en date du 8 septembre, p. 143 ; en date du 22 septembre, p. 1552 ; en date du 6 octobre, 1657.

[2] La Fontaine, *Épîtres*, 1, t. VI, p. 54, note 1 de l'édit. de 1827 ; Fouquet, *Défenses*, t. II, p. 269, et t. VIII (ou t. III de la continuation), p. 77 ; Gourville, *Mémoires*, t. I, p. 203 ; Mathieu Marais, *Histoire de la vie et des ouvrages de J. de la Fontaine*, p. 11, de l'édit. in-12, et p. 15 de l'édit. in-16 ; *Pluton Maltôtier*, 1708, in-12, p. 92 ; Loret, VIII, p. 60, 87 ; Gourville, t. LII, et p. 310 à 312 collection Petitot.

[3] La Fontaine, *Épîtres*, 1.

Fouquet faisait alors une cour assidue à madame de Sévigné, et l'on sait que la résistance qu'il trouva en elle le força de se réduire aux témoignages d'une simple amitié : il lui montra cette épître de la Fontaine. Cette aimable veuve, aussi régulière dans sa conduite qu'indulgente et facile pour tout le reste, et dont la vertu n'ôtait rien à l'enjouement et aux grâces [1], loua cette épître, quoique la fin en soit assez libre. La Fontaine, flatté du suffrage d'une femme aussi polie que spirituelle, envoya de suite à Fouquet un dizain pour madame de Sévigné, où il laisse éclater la joie que lui cause ce succès.

> Entre les dieux, et c'est chose notoire,
> En me louant, Sévigné me plaça :
> J'étois alors deux cent mille au-deçà,
> Voire encor plus, du temple de Mémoire.
> Ingrat ne suis, son nom seroit piéça
> Delà le ciel, si l'on m'en vouloit croire [2].

La réputation qu'avait déjà madame de Sévigné justifie suffisamment ce mouvement d'orgueil. « Le nom seul « de la marquise de Sévigné, dit l'abbé Arnauld, vaut

---

[1] Bussy-Rabutin, *Mémoires*, 1769, in-12, t. I, p. 316, ou t. II, p. 318, de l'édit. 1721; la Fontaine, t. VI, p. 282, note 2 de l'édit. de 1827; Bussy-Rabutin, lettre à Mme de Sévigné du 17 août 1654, t. I, p. 15 de l'édition in-12 stéréot., et lettre de Mme de Sévigné au comte de Bussy-Rabutin, du 19 juillet 1655, t. I, p. 21, où elle dit de Fouquet : « J'ai toujours avec lui les mêmes précautions et les mêmes craintes. »

[2] La Fontaine, *Dizains*, I.

« un éloge à tous ceux qui savent estimer l'esprit, l'a-
« grément et la vertu [1]. »

Mais la liaison de la Fontaine avec la femme de Colletet, qui subsistait alors, ne se bornait pas, comme pour madame de Sévigné, à de simples jeux d'esprit. Guillaume Colletet, le père de celui que Boileau a insulté dans ses vers [2], était au nombre des gens de lettres qui avaient part aux bienfaits de Fouquet [3]. Colletet était, selon l'expression de Ménage, particulièrement enclin aux amours *ancillaires* [4] : il avait épousé successivement trois de ses servantes ; la troisième, qui se nommait Claudine le Nain, était d'une famille fort pauvre, qui vint demeurer chez Colletet, après son mariage, et qu'il lui fallut nourrir. Il prit le parti de composer de cette nombreuse parenté une maison complète à sa femme, comme à une grande dame. Le père, qui était un tailleur de pierres, devint valet de chambre ; la mère, qui se nommait Marie Soyer [5], fut femme de charge ; la sœur, femme de chambre ; la cousine, cuisi-

---

[1] L'abbé Arnauld, *Mémoires*, t. XXXIV, p. 314, collection Petitot, 2ᵉ série.

[2] Boileau, *Satires*, I, 77, t. I, p. 33 de l'édit. de Saint-Marc, 1747, in-8°, ou t. I, p. 85 de l'édit. de M. Saint-Surin, 1821, in-8°.

[3] Voyez le *Traité du sonnet*, dédié à Fouquet, par Guillaume Colletet, 1658, in-12, chez Sommaville.

[4] *Menagiana*, édit. 1715, t. II, p. 83 ; Martial, *Épigr.* XII, 58. Dans le seizième siècle le mot *ancelle* pour servante, esclave, était en usage en poésie et dans le style soutenu ; dans la fable 89 de Corrozet, imprimée en 1542, l'abeille dit à Dieu :

Très-puissant Dieu, concède à ton *ancelle*.

[5] Tallemant, *Mémoires*, t. V, p. 316, et dans les épigrammes de Colletet, p. 178 et p. 190, *Triomphe de ma belle et chère Claudine*.

nière; et une jeune fille, que Colletet avait eue de sa seconde femme, fut la demoiselle de compagnie [1]. « Nous allions, dit Chevreau, manger bien souvent chez lui, à condition que chacun y porterait son pain, son plat, avec deux bouteilles de vin de Champagne et de Bourgogne, et par ce moyen, nous n'étions pas à charge à notre hôte. Il ne fournissait qu'une vieille table de pierre sur laquelle Ronsard, Jodelle, Belleau, Baïf, Amadis Jamyn avaient fait dans leur temps d'assez bons repas [2]. » Claudine était blonde [3] et fort jolie, mais assez sotte. Colletet entreprit pourtant de lui faire une réputation littéraire, et il y parvint en composant pour elle des vers français, qu'elle récitait à table avec assez d'agrément, et dont on la croyait l'auteur; un assez grand nombre ont été imprimés sous son nom dans les recueils du temps ou dans les ouvrages de son mari [4]. Beaucoup de beaux esprits furent alors dupes de cette ruse; et, charmés de la figure de la belle Claudine plus encore que de ses vers, ils s'empressèrent de la célébrer. L'abbé de Marolles [5], dans ses *Mémoires*, met

[1] Tallemant des Réaux, *Mémoires manuscrits*, et *Œuvres de la Fontaine*, t. VI, p. 272, note 1, et p. 275, note 3, et *Mémoires*, 1834, in-8°, t. V, p. 311, article *Colletet*.

[2] Voyez encore, sur Colletet, les *œuvres mêlées de Chevreau et des frères Parfaict. Histoire du Théâtre français*, 1746, in-12, t. VI, p. 197. Voyez aussi *Carpenteriana*, p. 216, et *Hadriani Valesii poemata* à la suite du *Valesiana*, 1695, l'épigramme intitulée *De Colleteto poeta Famulasque ducente*, p. 78, qui se termine ainsi : « Sic quinque famulas duxit. Hæc connubia vocare possis nuptias poeticas. »

[3] Colletet, *Poésies diverses*, 1656, in-12, p. 315 et 363.

[4] *Cabinet des Muses choisies*, 1668, in-12, p. 183, 186, 309 et 311; Colletet, *l'Art poétique*, 1658.

[5] Michel Marolles, *Mémoires*, 1755, in-12, t. II, p. 232.

au nombre des meilleurs poëtes de cette époque « l'illustre Claudine de M. Colletet. » Le savant Nicolas Heinsius, qui la vit pendant son séjour à Paris, écrivait à Colletet, dans une lettre en latin datée de Stockholm : « Quand je vois ta Claudine, cet assemblage de toutes les grâces, il me semble que j'ai devant moi toutes les muses ensemble [1]. »

Costar, dans une de ses lettres, parle des demi-dieux adorateurs de la déesse Claudine. Lui-même, dit-il, sans ses infirmités, il se mettrait sur les rangs. Il fut surtout séduit par les éloges que Claudine, sous la dictée de Colletet, lui prodigua dans une épître [2]. Un poëte, nommé la Forge, ne craignit point, dans un poëme intitulé *le Cercle des femmes savantes*, de la placer sur le même rang que mesdames de Sévigné, de Grignan, de Montausier, etc. [3].

La plupart des poëtes de ce temps firent des sonnets pour Claudine; et Colletet lui-même en composa pour elle un recueil qu'il intitula *les Amours de Claudine*. Pelletier disait dans un des siens :

> Claudine est l'entretien des plus célèbres cours,
> Comme chez les savants elle est considérée ;
> Si ses yeux sont brillants, brillants sont ses discours,
> Et de ses vers pompeux la grâce est admirée [4].

---

[1] Lettre de Heinsius, en latin, dans le *Recueil des poésies diverses* de Colletet, p. 307.

[2] Lettres de M. Costar, deuxième partie, 1659, in-4°, p. 567. *Ibid.*, p. 602, Lettre 252, p. 662, l. 262.

[3] *Recherches sur le Théâtre Français*, par de Beauchamps, t. III, p. 357.

[4] Le *Cabinet des Muses choisies*, 1668, in-12, p. 293.

La Fontaine fut plus qu'un autre épris des charmes de la jeune muse; il fit des vers à sa louange; et, parmi plusieurs autres, que sans doute il avait composés sur le même sujet, il nous a conservé un sonnet et deux madrigaux relatifs à *mademoiselle C.* (Claudine). Le sonnet est adressé à Sève, peintre assez célèbre, qui a orné de ses tableaux plusieurs églises de Versailles et de Paris, et qui avait fait le portrait de Claudine; le poëte lui dit :

> Par d'inutiles soins pour moi tu te surpasses;
> Clarice est en mon ame avec toutes ses grâces;
> Je m'en fais des tableaux où tu n'as point de part.
> Pour me faire sans cesse adorer cette belle,
> Il n'étoit pas besoin des efforts de ton art,
> Mon cœur sans ce portrait se souvient assez d'elle [1].

Colletet voulut conserver, après lui, à Claudine la réputation qu'il lui avait acquise; et, peu de temps avant de mourir, il fit sous son nom les six vers suivants, dans lesquels elle protestait qu'après la mort de son époux [2], elle renonçait à la poésie :

> Le cœur gros de soupirs, les yeux noyés de larmes,
> Plus triste que la mort dont je sens les alarmes,
> Jusque dans le tombeau je vous suis, cher époux.
> Comme je vous louai d'un langage assez doux,

---

[1] La Fontaine, *Madrigaux* 1 et 2.

[2] Colletet mourut le 11 février 1659, comme il paraît d'après la *Gazette de Loret* du 15 février 1659. D'Olivet, *Histoire de l'Académie*, p. 334; les frères Parfaict, *Histoire du Théâtre Français*, t. VI, p. 201.

Pour ne plus rien aimer, ni rien louer au monde
J'ensevelis mon cœur et ma plume avec vous [1].

Claudine ayant tenu trop exactement sa promesse de ne plus faire de vers, on se douta de la ruse. Ceux qui l'avaient le plus admirée, ne trouvant plus en elle qu'un esprit vulgaire, furent entièrement désabusés. La Fontaine, désenchanté, non-seulement quitta Claudine, mais fit contre elle des stances satiriques qui commencent ainsi :

> Les oracles ont cessé,
> Colletet est trépassé.
> Dès qu'il eut la bouche close,
> Sa femme ne dit plus rien.
> Elle enterra vers et prose
> Avec le pauvre chrétien [2].

Notre poëte imprima dans un recueil [3] ces stances, à la suite du sonnet et des deux madrigaux ; et comme on le raillait sans doute d'avoir été pris pour dupe, il fit précéder ces pièces de vers d'une lettre à un de ses amis, qui contient des aveux singulièrement remarquables par leur naïveté.

« Vous vous étonnez, dites-vous, de ce que tant
« d'honnêtes gens ont été les dupes de mademoiselle C.

---

[1] *Menagiana*, t. III, p. 84.
[2] La Fontaine, *Stances*. La mort de Guillaume Colletet a inspiré à Ménage une de ses meilleures pièces. V. *Ægidii Menagii poemata*, Elzevir, 1663, in-12, p. 290, et Bruzen de la Martinière, *Nouveau recueil des Épigrammatistes français*, 1720, in-12, t. I, p. 264.
[3] La Fontaine, *Fables nouvelles et autres poésies*.

« (Colletet), et de ce que j'y ai été moi-même attrapé.
« Ce n'est pas un sujet d'étonnement que ce dernier
« point; au contraire, c'en seroit un si la chose s'étoit
« passée autrement à mon égard. Savez-vous pas bien
« que, pour peu que j'aime, je ne vois dans les défauts
« des personnes non plus qu'une taupe qui auroit cent
« pieds de terre sur elle? Dès que j'ai un grain d'amour,
« je ne manque pas d'y mêler tout ce qu'il y a d'encens
« dans mon magasin ; cela fait les meilleurs effets du
« monde : je dis des sottises en vers et en prose, et
« serois fâché d'en avoir dit une qui ne fût pas solen-
« nelle. Enfin je loue de toutes mes forces. *Homo sum*
« *qui ex stultis insanos reddam.* Ce qu'il y a, c'est que
« l'inconstance remet les choses en leur ordre. Ne vous
« étonnez donc plus; voyez seulement ma palinodie,
« mais voyez-la sans vous en scandaliser [1]. »

La veuve de Colletet ne tint qu'en partie le serment poétique que son mari lui avait fait faire. Elle eut plusieurs amants et fut successivement la maîtresse déclarée de l'abbé de Tallemant, de l'abbé de Richelieu, et de quelques autres. Elle essaya en vain de séduire Gilles Boileau, le frère aîné de Despréaux [2], qui lui avait prêté quelque argent. Lorsqu'elle eut perdu ses appas, elle épousa un homme de la lie du peuple, prit de lui le goût ignoble de la boisson, et mourut enfin de misère et de débauche [3].

---

[1] La Fontaine, *Lettres à divers*, VIII, 1659.
[2] Tallemant des Réaux, *Mémoires*, t. V, p. 522.
[3] Idem, *Mémoires manuscrits*.

Si Claudine n'avait pas voulu jouer le rôle de bel esprit, et paraître autre qu'elle n'était, la Fontaine n'aurait pas fait contre elle des stances satiriques, et probablement ne l'aurait pas quittée si promptement; il n'avait que trop de goût pour les amours vulgaires : il parle d'après sa propre conviction quand il nous dit « qu'une grisette est un trésor », et il en fait connaître de suite la raison :

> On en vient aisément à bout;
> On lui dit ce qu'on veut, bien souvent rien du tout [1].

Il s'explique à cet égard avec encore moins de retenue dans le prologue d'un de ses contes, et raconte sans déguisement une aventure de sa jeunesse, qui prouve que les femmes dont il était le plus aimé et le plus amoureux, ne pouvaient compter sur sa fidélité qu'autant qu'elles le quittaient peu, ou qu'elles le surveillaient de près.

> Il m'en souvient ainsi qu'au premier jour,
> Chloris et moi nous nous aimions d'amour :
> . . . .
> Je vais un soir chez cet objet charmant :
> L'époux étoit aux champs heureusement;
> Mais il revient la nuit à peine close.
> Point de Chloris. Le dédommagement
> Fut que le sort en sa place suppose [2]

---

[1] La Fontaine, *Contes*, I, 1.
[2] Met, place, vient de *supponere*.

Une soubrette à mon commandement :
Elle paya cette fois pour la dame [1].

La condition que la Fontaine avait faite avec Fouquet d'acquitter par des vers chaque quartier de sa pension lui fit composer à cette époque différentes petites pièces qui n'ont rien aujourd'hui de remarquable, mais qui le paraîtront beaucoup si on les compare avec les recueils de sonnets, de madrigaux et autres poésies que publiaient les Hesnault, les Colletet, les Perrin, les Bonnecorse, et tant d'autres poëtes de ce temps. On ne connaissait, en quelque sorte, que le style maniéré et recherché dont Voiture était le modèle, le style froidement ampoulé de Ronsard et de Brébeuf, et l'ignoble burlesque mis à la mode par Scarron. Les muses françaises semblaient avoir perdu, depuis Marot, l'art de badiner avec grâce. La Fontaine, qui avait fait une étude approfondie de cet ancien poëte, aimait à s'approprier ses tours si énergiques dans leur naïve précision ; à enrichir sa langue des mots expressifs de nos vieux auteurs, que l'usage et le temps avaient laissé perdre ; et, guidé par son heureux instinct et par l'excellent modèle qu'il s'était choisi, il fut le premier qui, dans les petits vers de circonstance, fut aisé, naturel et vrai. Sous ce rapport, ses premières poésies méritent attention, et sont, en quelque sorte, des monuments pour notre histoire littéraire. La Fontaine réunit, par le caractère et le style de ses écrits, les deux beaux siècles

---

[1] La Fontaine, *Contes*, v, 8.

de François Ier et de Louis XIV. Il a les grâces ingénues et spirituelles du premier, et s'élève souvent à la magnificence du second. C'est non-seulement par le choix heureux des vieilles expressions rajeunies par lui, mais encore par la forme même de ses premiers essais, qu'il s'est rapproché des poëtes du seizième siècle. Du temps de notre poëte, il semble qu'on ne pouvait s'exprimer que par des sonnets ou des madrigaux. La Fontaine en a composé très-peu. Dans toutes les petites pièces de vers qu'il fit, ou pour Fouquet ou par ses ordres, il s'assujettit au mètre de la ballade chevaleresque, du rondeau gaulois, du sixain ou du dizain des troubadours, de l'épître familière, et de l'ode anacréontique.

Quelquefois, en s'adressant à Pellisson, il badine sur l'engagement qu'il avait pris avec le surintendant, au sujet de l'acquittement de sa pension.

>Pour acquitter celle-ci chaque année
>Il me faudra quatre termes égaux.
>A la Saint-Jean je promets madrigaux
>Courts, et troussés, et de taille mignonne :
>Longue lecture en été n'est pas bonne.
>Le chef d'octobre aura son tour après ;
>Ma Muse alors prétend se mettre en frais ;
>Notre héros, si le beau temps ne change,
>De menus vers aura pleine vendange.
>Ne dites point que c'est menu présent ;
>Car menus vers sont en vogue à présent.
>Vienne l'an neuf, ballade est destinée :
>Qui rit ce jour, il rit toute l'année.

. . . .
Pâques, jour saint, veut autre poésie.
J'enverrai lors, si Dieu me prête vie,
Pour achever toute la pension,
Quelques sonnets pleins de dévotion.
Ce terme-là pourroit être le pire;
On me voit peu sur tels sujets écrire [1].

On s'aperçoit, par ces vers, que la Fontaine s'était bien écarté des idées qui l'avaient fait entrer, vingt ans auparavant, à la congrégation de l'Oratoire. Il ajoute :

Mais tout au moins je serai diligent ;
Et, si j'y manque, envoyez un sergent ;
Faites saisir, sans aucune remise,
Stances, rondeaux, et vers de toute guise.
Ce sont nos biens; les doctes nourrissons
N'amassent rien, si ce n'est des chansons.
. . . .
Et je prétends. . . . .
Qu'au bout de l'an le compte y soit entier;
Deux en six mois, un par chaque quartier.
Pour sûreté j'oblige par promesse
Le bien que j'ai sur le bord du Permesse;
Même au besoin notre ami Pellisson
Me pleigera [2] d'un couplet de chanson.

La Fontaine n'eut pas besoin d'emprunter le secours de son ami Pellisson pour l'accomplissement de sa pro-

---

[1] La Fontaine, *Épîtres*, 3.
[2] Sera *ma caution, mon répondant* pour...

messe, du moins pendant cette première année, car nous avons toutes les pièces envoyées pour cet effet. L'engagement avait commencé à courir au 1er avril 1659, époque de la composition de l'*Épître à Pellisson*[1] dont nous venons de citer quelques vers.

Pour le terme de la Saint-Jean, notre poëte envoya la *Ballade à madame Fouquet*[2], dont Pellisson lui fit une quittance en vers, et le *Madrigal sur le mariage de mademoiselle d'Aumont et de M. de Mézières*[3]. Mézières était le surnom du plus jeune des frères de Fouquet. Premier écuyer de la grande écurie, il épousa la fille du marquis d'Aumont, gouverneur de la Touraine. Le mariage paraît n'avoir été alors que projeté, et n'avoir été conclu qu'au mois de mai ou avril suivant.

Pour le second terme, ou celui d'octobre, la Fontaine écrivit la jolie ballade qui a pour refrain

Promettre est un, et tenir est un autre[4].

Pour le troisième terme, ou celui de janvier 1660, il envoya la *Ballade sur la paix des Pyrénées*, et le *Madrigal au roi et à l'infant*[5]. Pour le quatrième terme, ou celui de Pâques de la même année, il donna d'abord un *Dizain pour madame Fouquet*, et un *Sixain pour le*

---

[1] La Fontaine, *Épîtres*, 3.
[2] Id., *Ballades*, 2.
[3] Id., *Madrigaux*, 7.
[4] Id., *Ballades*, 3.
[5] Id., *Ballades*, 4, et *Madrigaux*.

roi. Ce sixain est remarquable, parce qu'il nous apprend que les attentions du jeune roi pour Olympe Mancini avaient fait présumer, avec quelque raison, qu'il en était devenu amoureux; ce qui était vrai, malgré la préférence qu'il accorda bientôt à sa jeune sœur, Marie Mancini. Le poëte dit :

> Dès que l'heure est venue, amour parle en vainqueur.
> Soit de gré, soit de force, il entre dans un cœur.
> ....
> Alcandre de ce droit s'est longtemps excusé,
> Mais par les yeux d'Olympe amour le lui demande [1].

Mais Fouquet n'ayant pas paru satisfait de recevoir des pièces aussi courtes, et surtout de ce que, au terme de la Saint-Jean précédente, il n'avait envoyé que trois madrigaux, la Fontaine lui fit parvenir l'*Ode pour la paix* [2], qu'il avait composée lors du départ du cardinal Mazarin pour Saint-Jean de Luz; il l'accompagna du *Dizain* [3] suivant :

> Trois madrigaux, ce n'est pas votre compte,
> Et c'est le mien; que sert de vous flatter [4]?
> Dix fois le jour au Parnasse je monte
> Et n'en saurois plus de trois ajouter.
> Bien vous dirai qu'au nombre s'arrêter
> N'est pas le mieux, seigneur, et voici comme :

---

[1] La Fontaine, *Dizains*, 2; *Sixains*, 1.
[2] Id., *Odes*, 2.
[3] Id., *Dizains*, 3.
[4] Id., *Ballades*, 3.

> Quand ils sont bons, en ce cas tout prud'homme
> Les prend au poids au lieu de les compter ;
> Sont-ils méchants, tant moindre en est la somme,
> Et tant plutôt on s'en doit contenter.

Une note, imprimée en tête de l'épître de la Fontaine à Pellisson, nous apprend que ce dernier avait dit que notre poëte lui devait payer une pension à cause du soin qu'il prenait de faire valoir ses vers. On a trouvé, en effet, une copie manuscrite de cette même épître avec une apostille de la main de Pellisson, qui prouve qu'il s'était empressé de transmettre à Fouquet cette épître avec d'autres pièces de vers de la Fontaine, sur lesquelles il appelait également l'attention du surintendant [1]. Pellisson, qui fut dans tous les temps l'ami sincère de notre poëte, ne se contenta pas d'être pour lui un utile intermédiaire ; il fit en sorte qu'il se trouva remboursé de ses engagements poétiques, non-seulement en argent, mais encore en vers, qui rivalisaient de grâce avec les siens. Ainsi, la Fontaine, dans une de ses ballades, demande quittance à madame Fouquet pour les vers qu'il lui a envoyés :

> J'ai fait ces vers tout rempli d'espérance,
> Commandez donc en termes gracieux
> Que, sans tarder, d'un soin officieux
> Celui des Ris qu'avez pour secrétaire
> M'en expédie un acquit glorieux.
> En puissiez-vous dans cent ans autant faire !

---

[1] Chardon de la Rochette, dans l'*Histoire de la vie et des ouvrages de la Fontaine*, in-12, p. 24, en note.

Pellisson fut ce secrétaire, et il envoya à notre poëte, au nom de madame Fouquet, deux quittances en vers : dans la première c'est le notaire du Parnasse qui s'exprime ainsi :

> Par-devant moi, sur Parnasse notaire,
> Se présenta la reine des beautés
> Et des vertus le parfait exemplaire,
> Qui lut ces vers; puis les ayant comptés,
> Pesés, revus, approuvés, et vantés,
> Pour le passé voulut s'en satisfaire,
> Se réservant le tribut ordinaire
> Pour l'avenir aux termes arrêtés.
> Muses de Vaux et vous, leur secrétaire,
> Voilà l'acquit tel que vous souhaitez.
> En puissiez-vous dans cent ans autant faire[1] !

Nous ne devons pas nous étonner que Pellisson, au milieu des embarras des affaires, s'amusât encore à composer des vers. C'est à son talent, ou si l'on veut à son goût pour la poésie, qu'il dut le commencement de la faveur dont il jouissait auprès de Fouquet. Celui-ci, à la sollicitation de madame Duplessis-Bellière, avait accordé une pension à mademoiselle Scudéri, pour laquelle Pellisson avait conçu un amour platonique, et qu'il a chantée sous le nom de Sapho. Pellisson, afin de témoigner sa reconnaissance au bienfaiteur de son amie, lui adressa une pièce de vers[2], et Fouquet en fut si sa-

---

[1] La Fontaine, *Ballades*, 2, 1659.
[2] Elle était intitulée le *Remercîment du poëte* et se trouve dans les manuscrits de Tallemant que possède M. Monmerqué.

tisfait qu'il en récompensa l'auteur avec sa munificence ordinaire. Ce dernier paya ce nouveau bienfait par une nouvelle pièce de vers : ce fut alors que le surintendant le prit pour travailler à sa correspondance. Un flatteur croyant faire sa cour à Fouquet lui parlait du bonheur de Pellisson, et de l'honneur qui rejaillissait sur lui d'avoir gagné la confiance d'un si grand ministre. « Il est vrai, lui répondit Fouquet, que M. Pellisson m'a fait l'honneur de se donner à moi [1] » : réponse admirable, qui décèle à la fois la grande âme et le discernement de Fouquet.

Pellisson, en envoyant au surintendant l'épître et la ballade dont nous venons de nous occuper, a soin de lui faire remarquer une épigramme de son ami qu'il lui transmet en même temps, et dont il fait un éloge particulier; c'était l'*Épitaphe d'un paresseux*, que la Fontaine, dans un accès de gaieté, avait faite contre lui-même, qui a été tant de fois réimprimée à la suite des *Contes* et des *Fables*, sous le titre d'*Épitaphe de la Fontaine*, mais qu'il faut toujours transcrire, parce qu'elle peint avec vérité sa molle indolence et son aversion pour tous les tracas de la vie :

> Jean s'en alla comme il étoit venu,
> Mangea le fonds avec le revenu,
> Tint les trésors chose peu nécessaire.
> Quant à son temps, bien sut le dispenser :
> Deux parts en fit, dont il souloit passer
> L'une à dormir, et l'autre à ne rien faire [2].

[1] Tallemant des Réaux, *Mémoires manuscrits*.
[2] La Fontaine, *Épitaphes*, I. Naigeon (Notice de la Fontaine, p. 71), qui

Cette pièce indique que la Fontaine avait déjà vendu une portion de son patrimoine pour subvenir à sa dépense. Nous devons dire pour sa justification qu'il avait trouvé la succession de son père embarrassée, et il est à propos de donner ici, d'après les papiers de famille que nous avons eu sous les yeux, les détails qui concernent la fortune de notre poëte, afin qu'à l'avenir ces reproches d'insouciance et d'incurie sur ses intérêts, qu'il a en partie mérités, soient cependant réduits à leur juste valeur. Les lecteurs instruits des changements monétaires ne doivent pas oublier, en lisant cet exposé, que les sommes étant énoncées par nous telles qu'elles se trouvent relatées dans les actes expriment, en monnaie actuelle, une valeur réelle à peu près double de leur valeur nominale.

Charles de la Fontaine mourut au mois de mars ou avril 1658[1]: il devait alors à son fils Jean, tant en principal qu'en intérêts, une somme de 11,977 liv.; à de Maucroix, 17,600 liv.; aux héritiers Pidoux, 4,067 liv. : ses legs pieux, les frais de ses funérailles, ses donations à ses domestiques, se montèrent à 3,000 liv., de sorte que le passif de sa succession fut de 36,644 liv. Notre poëte était son seul et unique héritier, attendu que Claude de la

---

n'a pas su remonter à la source, croit que cette épitaphe a été imprimée pour la première fois dans les œuvres posthumes, p. 271. C'est là seulement que cette pièce porte le nom de M. de la Fontaine. Dans le recueil de 1671, la Fontaine l'avait intitulée : *Épitaphe d'un paresseux.* C'est dans l'édition des *Contes*, faite en 1696 à Amsterdam, qu'on la trouve, t. II, p. 241, avec des fautes qui se sont perpétuées jusque dans les éditions des *Fables* et des *Contes* données de nos jours.

[1] La Fontaine, *Lettres*, 15.

Fontaine, son autre fils, avait, par acte passé le 21 janvier 1649, fait donation de tous ses biens à son frère Jean, au moyen d'une rente viagère de 1,100 liv., payable seulement après la mort de leur père. Quoique dans cet acte Claude eût stipulé qu'il faisait à son frère cette donation, tant à cause de l'amitié fraternelle qui existait entre eux qu'à cause de son mariage avec Marie Héricart, cependant, à l'époque de l'exécution, il se repentit de l'avoir souscrit, et prétendit qu'il était lésé. Notre poëte, ennemi de toute chicane, offrit à son frère de révoquer l'acte qu'ils avaient consenti entre eux, et de l'admettre au partage de la succession de leur père, mais à la charge par lui d'acquitter aussi sa part des dettes dont elle était grevée. Claude aima mieux transiger, et fit avec notre poëte un nouvel acte qui confirmait la première donation, au moyen d'une somme de 8,225 liv. qui lui fut payée. Ainsi, le passif de la succession de Charles de la Fontaine se trouva porté par cette nouvelle transaction à 44,869 liv. : en défalquant de cette somme celle de 11,977 due à l'héritier qui confondait dans sa personne l'actif et le passif, il restait toujours un total de 32,892 liv. qu'il fallait liquider. D'après ces détails, il ne faut pas s'étonner que la Fontaine, qui n'était pas exactement payé de ce qui lui était dû par son père, et qui de plus avait acquitté quelques dettes de sa belle-mère, se soit vu forcé, du vivant même de son père, et dès l'année 1656, de vendre à son beau-frère, M. de la Villemontée, une ferme de Damar, et ensuite une maison et un domaine situés à Châtillon-sur-Marne qui lui avaient été concédés en échange, et à titre de supplément de prix, pour la ferme de Damar [1]. Après la mort de son père, notre poëte, pour payer les dettes de sa succession, ne put s'empêcher de contracter des obligations pécuniaires envers sa femme, qui se trouvait séparée de lui quant aux biens. Tout porte à croire que cette séparation fut prononcée en justice, en 1659, sur la demande de madame de la Fontaine, qui aurait démontré que son avoir était en péril. Quand la séparation fut prononcée, le poëte abandonna à sa femme le domaine de la Trueterie, plus anciennement nommé la *Fontaine au Renard*, qui avait peut-être donné son nom à la famille qui le possédait depuis un temps immémorial [2].

En outre, une espèce de traité, conclu entre Jean de la Fontaine, maître particulier triennal de Château-Thierry et de Châtillon, Charles de la Fontaine, ancien maître des eaux et forêts, et un certain sieur Guerin ou Gaviez, maître particulier alternatif, nous apprend que la Fontaine, avant de succéder à son père dans l'exercice de sa charge, avait déjà un certain grade très-approché de la maîtrise [3]. Nous apprenons, par un acte fait à Paris le 15 août 1661, qu'il lui paya alors la somme de 9,512 liv. 9 sous à valoir sur celle de 18,512 liv., dont il lui était redevable en vertu d'une transaction passée

---

[1] Voyez, dans les *Pièces justificatives*, une quittance entièrement écrite par la Fontaine.
[2] *Œuvres de la Fontaine*, Lettres à divers, 7.
[3] Voyez les *Pièces justificatives*.

le 18 juillet précédent. Ce contrat fut signé dans l'enclos du Palais, chez M. Jannart, où logeaient aussi M. et madame de la Fontaine. Enfin, en 1676, la Fontaine, après avoir cédé sa charge, se vit forcé de vendre aussi sa maison de Château-Thierry à Antoine Pintrel, son parent et son ami, afin d'acquitter une partie des dettes qu'il avait contractées envers Jannart. Madame de la Fontaine reçut de son mari le reste du prix réservé sur cette vente [1]. C'est ainsi que, par suite d'embarras pécuniaires qui commencèrent dès sa jeunesse, la Fontaine s'habitua peu à peu à ne jamais mettre ses dépenses au niveau de ses recettes, et qu'il continua de manger, comme il le dit lui-même, son fonds avec son revenu : pourtant au total sa fortune, sans être considérable, eût été suffisante si sa femme et lui eussent su la gérer; mais tous deux manquaient d'ordre et d'économie, sans lesquels les plus grandes fortunes ne peuvent se maintenir.

Cependant si la Fontaine négligeait ses propres affaires, il se mêlait quelquefois avec zèle de celles des autres; il rendait la faveur dont il jouissait auprès du surintendant profitable à ses compatriotes et à sa ville natale : ainsi, au moyen d'une charmante ballade dont le refrain est

L'argent surtout est chose nécessaire [2],

il obtint que le pont et la chaussée de Château-Thierry,

---

[1] Voyez les *Pièces justificatives.*
[2] La Fontaine, *Ballades*, 5.

renversés par les débordements de la Marne, fussent réparés aux frais de l'État.

Les petites pièces que notre poëte se plaisait à composer n'avaient pas toujours un but aussi important. Pour acquitter la dette qu'il avait contractée, il n'oubliait pas d'adresser à madame la surintendante une ode ou une épître lors de la naissance de chacun de ses enfants[1]. Quelquefois un impromptu suffisait pour payer un quartier de sa pension, comme celui qu'il fit pour le mariage projeté de M. de Mézières avec la fille du maréchal d'Aumont, qu'on devait célébrer à Vaux[2]. En un mot, il ne laissait passer presque aucun événement sans le chanter, sur un ton ou sérieux ou badin.

Le siége que soutinrent les Augustins, en 1658, contre les archers du parlement, lequel voulait les contraindre à recommencer une élection, lui inspira une ballade qui fit alors du bruit dans la société, et qui parut tellement plaisante que Boileau, longtemps après, et lorsqu'elle n'avait pas encore été imprimée, la récitait presque en entier. Jannart avait été chargé d'exécuter les ordres du parlement dans cette affaire, et la Fontaine fut instruit de la résistance des religieux : croyant qu'un combat entrepris contre eux ne pouvait être ni long ni meurtrier, il courait pour aller voir cette bagarre, lorsqu'un de ses amis le rencontra sur le Pont-Neuf, et lui demanda où il allait ; il lui répondit en riant : « Je vais voir « tuer des Augustins. » Cette plaisanterie, si simple dans

---

[1] La Fontaine, *Odes*, 1.
[2] Id., *Madrigaux*, 7.

une telle occasion, a été rapportée par quelques biographes comme un trait de distraction ou d'insensibilité, parce qu'en effet il y eut malheureusement deux Augustins qui perdirent la vie dans cette occasion [1].

La Fontaine se consolait de tout en faisant des vers, et son naturel heureux et doux, son esprit enjoué, trouvaient jusque dans ces petites misères, qui altèrent souvent l'humeur de l'homme le plus patient, des sujets de gaieté et des occasions nouvelles pour badiner avec sa muse. Un jour il se présenta à Saint-Mandé pour faire une visite au surintendant, et, après avoir attendu une heure, il fut obligé de partir sans le voir. Il fallut absolument qu'il exhalât son mécontentement dans une épître. Pour bien connaître la Fontaine, il faut voir comment il s'exprime quand il est fâché :

>   Seigneur, je ne saurois me taire.
>   Celui qui, plein d'affection,
>   Vous promet une pension,
>   . . . .
>   Celui-là, dis-je, a contre vous
>   Un juste sujet de courroux.
>   L'autre jour, étant en affaire,
>   Vous ne daignâtes recevoir
>   Le tribut qu'il croit vous devoir
>   D'une profonde révérence.
>   Il fallut prendre patience,
>   Attendre une heure et puis partir.
>   J'eus le cœur gros, sans vous mentir

---

[1] La Fontaine, *Ballades*, 1; Boileau, *Œuvres*, t. II, p. 188 de l'édit. de Saint-Marc.

> Un demi-jour, pas davantage;
> Car enfin, ce seroit dommage
> Que, prenant trop mon intérêt,
> Vous en crussiez plus qu'il n'en est [1].

Il déplore encore les occupations trop multipliées de Fouquet, et dit que si tout cela continue il lui arrivera comme aux moines d'Orbais qui, lorsque les jours deviennent courts, se plaignent de n'avoir pas le temps de prendre leur repas. Orbais était une abbaye de bénédictins à cinq lieues au sud-est de Château-Thierry. Il est probable que ces bons moines avaient la réputation de faire bonne chère, et le trait satirique que la Fontaine leur décoche en passant est bien dans le caractère de sa muse, dont la bonhomie n'est presque jamais sans malice. Il continue à plaindre le sort de Fouquet, condamné aux ennuis de la grandeur, et il lui donne les conseils suivants :

> A jouir, pourtant, de vous-même
> Vous auriez un plaisir extrême;
> Renvoyez donc en certain temps
> Tous les traités, tous les traitants,
> Les requêtes, les ordonnances,
> Le parlement et les finances,
> Le vain murmure des frondeurs,
> Mais, plus que tous, les demandeurs.
> . . . .
> Renvoyez, dis-je, cette troupe,

---

[1] La Fontaine, *Épîtres*, 4.

Qu'on ne vit jamais sur la croupe
Du mont où les savantes Sœurs
Tiennent boutique de douceurs.
Mais que pour les amants des Muses
Votre suisse n'ait point d'excuses;
Et moins pour moi que pour pas un :
Je ne serai pas importun ;
Je prendrai votre heure et la mienne [1].

Fouquet ne savait que trop bien secouer à Saint-Mandé le joug des affaires; mais c'était pour donner audience à d'autres personnes qu'aux amants des Muses. « Il se chargeoit de tout, dit l'abbé de Choisy dans ses Mémoires, et prétendoit être premier ministre sans perdre un instant de ses plaisirs. Il faisoit semblant de travailler seul dans son cabinet de Saint-Mandé; et pendant que toute la cour, prévenue de sa future grandeur, étoit dans son antichambre, louant à haute voix le travail infatigable de ce grand homme, il descendoit par un escalier dérobé dans un petit jardin, où ses nymphes, que je nommerois bien si je voulois, et des mieux chaussées [2], lui venoient tenir compagnie au poids de l'or [3]. » Fouquet avait réuni à Saint-Mandé une bibliothèque, qui était alors une des plus riches et des plus nombreuses de l'Europe [4]; il y avait aussi fait con-

---

[1] La Fontaine, *Épîtres*, 4.

[2] Dans l'ancienne édition il y a « et même les mieux cachées », mais c'est à tort.

[3] Choisy, *Mémoires*, 1747, in-12, p. 108; Caylus, *Souvenirs*, collect. de Petitot et Monmerqué, t. LXVI, p. 365.

[4] Fouquet, *Défenses*, t. I, p. 26 et 266 ; t. III, p. 138 et 139; Michel Marolles, *Mémoires*, 1735, in-12, t. III, p. 278.

struire une superbe galerie[1]. La Fontaine, qui y avait
attendu une heure, nous la décrit en détail, et nous
apprend qu'elle était ornée des statues d'Osiris et des
tombeaux des rois d'Égypte, que le surintendant avait
fait venir à grands frais : ainsi les merveilles des arts
modernes ne suffisaient point à Fouquet, et il lui fallait
encore tout ce que l'antiquité offre de plus curieux et
de plus rare[2]. La Fontaine oublie son courroux dans la
contemplation de ces antiques, et il termine son épître
par une de ces réflexions d'une douce mélancolie qui
donnent tant de prix à ses écrits :

> Vous que s'efforce de charmer
> L'antiquité qu'on idolâtre,
> Pour qui le dieu de Cléopâtre,
> Sous nos murs enfin abordé,
> Vient de Memphis à Saint-Mandé;
> Puissiez-vous voir ces belles choses
> Pendant mille moissons de roses !
> Mille moissons, c'est un peu trop,
> Car nos ans s'en vont au galop,
> Jamais à petites journées.
> Hélas! les belles destinées
> Ne devroient aller que le pas.
> Mais quoi! le ciel ne le veut pas.
> Toute âme illustre s'en console,
> Et, pendant que l'âge s'envole,
> Tâche d'acquérir un renom

---

[1] Gourville, *Mémoires*, 1724, in-12, p. 258.

[2] Germain Brice, *Description de Paris*, 1698, in-12, t. I, p. 122 et 123 ; Kircher, *OEdipus Ægyptiacus*, t. III, p. 477.

Qui fait encor vivre le nom,
Quand le héros n'est plus que cendre [1].

L'abbé de Marolles nous apprend que Fouquet avait fait composer des descriptions en vers latins et en vers français des tableaux qui ornaient sa galerie de Saint-Mandé. Les vers latins avaient été composés par Gervaise, son médecin, et les vers français par la Fontaine [2].

La traduction en vers de l'*Eunuque*, de Térence, le premier et le seul ouvrage que la Fontaine eût livré à l'impression, prouve qu'il songeait à diriger vers le théâtre le talent qu'il se sentait pour la poésie. Sa vie joyeuse et dissipée contribuait encore à le fortifier dans cette résolution. Une petite pièce qu'il avait composée pour la société folâtre dont il était l'âme, et que nous avons publiée pour la première fois dans l'édition de ses œuvres en 1827, démontre qu'il essaya d'abord de mettre en scènes les aventures qui ont depuis formé la matière de ses contes.

Un pauvre savetier de la ville de Château-Thierry ou des environs, dont la femme était jolie, avait acheté à crédit un demi-muid de blé et avait donné en payement un billet à terme. L'échéance arrivée, le vendeur du blé pressa le savetier de le payer, et en même temps chercha à cajoler secrètement la femme de son débiteur.

---

[1] La Fontaine, *Épîtres*, 4.

[2] Marolles, *Mémoires*, t. I, p. 278 et 285 ; Henri de Brienne, *Mémoires*, t. II, p. 11 et 253 ; cf. encore les *Mémoires du maréchal de Grammont*, t. II ou LVII de la collection, p. 38. Tous les faits relatifs à l'ambassade de Madrid s'y trouvent racontés en détail.

Celle-ci en avertit son mari, qui lui dit de donner rendez-vous au galant, et de tout lui promettre à condition que le billet serait rendu, puis de tousser au moment critique.

Tout fut exécuté comme le savetier l'avait prescrit. Au signal convenu il sortit de la cachette où il se trouvait, et le vendeur du blé, troublé dans l'exécution de son projet, fut forcé de dissimuler et n'osa réclamer le payement d'une créance dont il avait fait la remise et dont il avait livré le titre par des motifs qu'il ne voulait pas divulguer. Ce fut le savetier qui se vanta du stratagème qui lui avait si bien réussi. La chose parut si plaisante à la Fontaine, qu'il composa sur ce sujet un ballet-intermède, et que, depuis, il inséra dans le premier recueil de contes qu'il publia une narration en vers de cette aventure.

La distribution des rôles de la pièce prouve jusqu'à quel point la Fontaine et ses jeunes compagnons poussaient le goût des farces et des lazzi, car c'est un monsieur de Bressay, un de ses cousins du côté maternel, qui fut chargé de représenter la femme du savetier, et ce fut un monsieur le Formier qui fut chargé de jouer le rôle d'un âne. Le savetier fut représenté par un nommé de la Haye, que la Fontaine nous apprend, dans ses *Lettres,* avoir été un homme très-aimable, et qui fut, ainsi que nous le verrons, honoré de la confiance particulière de la duchesse de Bouillon. Deux cribleurs furent joués par la Barre et le Tellier. Enfin un rôle de meunier fut rempli par un nommé Curron. Tous ces noms, à la réserve de le Formier, et de Curron, sont retrouvés dans les actes relatifs à une propriété longtemps possédée par la famille de la Fontaine. Ces actes[1] nous ont appris qu'un Charles de la Haye, écuyer, était prévôt de Château-Thierry en 1585, qu'un Letellier était notaire en la même ville en 1545, et qu'en 1596 Nicolas de la Barre, écuyer, était garde des sceaux de la prévôté de Château-Thierry, ayant succédé à Louis Jannart, écuyer, seigneur de l'Huis, qui l'était en 1595; et il est probable que les acteurs de la pièce de la Fontaine était les fils, neveux ou parents de ces personnages qu'on doit supposer avoir été trop graves ou trop âgés pour se livrer à ces divertissements.

Ce ballet porte le titre des *Rieurs du Beau-Richard*, du lieu de la scène, à Château-Thierry. En effet, le carrefour de la ville de Château-Thierry, formé par la Grande-Rue ou rue d'Angoulême, la rue du Pont et la rue du Marché, se nomme encore aujourd'hui la *place du Beau-Richard*. A l'emplacement actuellement occupé par un épicier, et qui fait face à la Grande-Rue, existait une chapelle nommée la *chapelle de Notre-Dame du Bourg*, qui fut construite en 1484, par un nommé Richard Fier-d'Épée. Cette chapelle n'a été détruite que pendant la révolution, en 1790; mais tous les vieillards de Château-Thierry attestent que, dans leur jeunesse, les principaux habitants avaient l'habitude de

---

[1] La lettre de M. Roussin, juge de paix de Château-Thierry, et possesseur du domaine de la Truetcrie, ou de la Fontaine au Renard, en date du 6 novembre 1829, à l'auteur de cette histoire.

se réunir à diverses heures du jour, et particulièrement dans les soirées d'été, sur la *place du Beau-Richard*, et qu'ils s'asseyaient sur les marches de la chapelle de Notre-Dame du Bourg, pour raconter les aventures de la ville, les nouvelles du temps et pour gloser sur les passants. Cet usage a été détruit par la révolution, mais il a laissé des traces dans le langage, car lorsqu'on veut faire entendre qu'on doute de quelque fait ou qu'une anecdote est hasardée, on dit encore aujourd'hui à Château-Thierry : *C'est une nouvelle du Beau-Richard*[1].

La pièce de la Fontaine nous prouve que cet usage était en pleine vigueur de son temps, et qu'alors la gaieté présidait aux réunions qui avaient lieu sur la *place du Beau-Richard*. Le prologue de cette pièce, qui fut prononcé par lui, commence ainsi :

> Le Beau-Richard tient ses grands jours,
> On va rétablir son empire ;
> L'année est fertile en bons tours ;
> Jeunes gens, apprenez à rire.

Un des couplets du ballet, qui est prononcé par un notaire, détermine la date de cette petite composition.

> Mieux que pas un, sans contredit,
> Je règle une affaire importante.
> Je signerai, ce m'a-t-on dit,
> Le mariage de l'infante.

---

[1] Lettres de M. Vol, maire de Château-Thierry, et de M. Fribert, président du tribunal de la même ville, adressées à l'auteur ; *Plan de la ville de Château-Thierry pour les alignements*, dressé en 1822.

En effet, ce fut à cette époque que la Fontaine fut invité par Fouquet à employer sa muse pour des choses plus importantes que celles qui l'avaient occupée jusqu'alors : on l'engagea à chanter un événement que tous les poëtes de cette époque s'empressèrent de célébrer à l'envi ; je veux parler du voyage de toute la cour dans le Midi, de la paix des Pyrénées, qui fut signée le 7 novembre 1659, et du mariage de Louis XIV avec Marie-Thérèse, qui eut lieu à Fontarabie, le 3 juin 1660[1]. Cette alliance terminait la guerre entre la France et l'Espagne, et tendait à faire cesser l'inimitié qui subsistait depuis si longtemps entre ces deux grandes monarchies, presque toujours divisées, et dont l'union constante serait cependant nécessaire à leur mutuelle prospérité. La Fontaine fit une ode sur la paix qui n'était pas encore conclue, et qui dépendait de la réussite de la négociation du mariage du roi avec l'infante.

Le début de cette ode, tel qu'il fut d'abord imprimé, nous apprend que Mazarin, qui était parti de Paris le 25 juin, pour se rendre à Saint-Jean de Luz, alla coucher à Vaux le 26[2]. Comme tout ce qu'il y avait d'agréable et d'heureux s'alliait dans l'imagination de la Fontaine avec l'idée de Vaux, il tire de cette circonstance

---

[1] Bussy-Rabutin, *Mémoires*, t. I, p. 336, Montpensier, *Mémoires*, Maëstricht, 1766, in-12, t. V, p. 112 à 115 ; Anquetil, *Louis XIV, sa cour, et le régent*, t. I, p. 30-41 ; Saint-Évremond, *OEuvres*, t. I, p. 35 à 38 ; Hénault, *Abrégé chronol.*, 1768, in-4°, t. II, p. 616.

[2] Monglat, *Mémoires*, année 1659, t. III, p. 81 et 83 de l'édition de 1826, t. LI de la collection Petitot.

seule un augure favorable à la réussite d'une négociation pour laquelle il fait des vœux bien sincères :

> Le plus grand de mes souhaits
> Est de voir, avant les roses,
> L'infante avecque la paix ;
> Car ce sont deux belles choses.
>
> O Paix, source de tout bien,
> Viens enrichir cette terre,
> Et fais qu'il n'y reste rien
> Des images de la guerre !
>
> Accorde à nos longs désirs
> De plus douces destinées ;
> Ramène-nous les plaisirs
> Absents depuis tant d'années [1].

Fouquet, après avoir reçu le premier ministre, eut l'insigne honneur de posséder le roi dans sa belle retraite de Vaux. Louis XIV, en se rendant à Saint-Jean de Luz, dîna le 17 juillet chez le surintendant avec toute sa cour [2].

La Fontaine fit peu après une ballade pour célébrer la paix et le mariage, et enfin deux madrigaux lorsque le mariage eut été conclu. La ballade se termine par cet envoi à Louis XIV :

> Prince amoureux de dame si gentille,
> Si tu veux faire à la France un bon tour,

---

[1] La Fontaine, *Odes*, 2.

[2] Fr. Colletet, *Journal contenant la relation véritable et fidelle* (sic) *du voyage du roy et de Son Éminence pour le traité du mariage de Sa Majesté et la paix générale*. Paris, in-4°, 1659, p. 5.

Avec l'infante enlève à la Castille
Les Jeux, les Ris, les Grâces et l'Amour[1].

Il ne manquait malheureusement à cela que la vérité. Le jeune roi n'était pas du tout amoureux de l'infante, et faisait à regret ce mariage. Marie Mancini, l'une des nièces du cardinal Mazarin, quoiqu'elle fût laide[2], lui avait inspiré la plus vive et la plus forte passion, et il l'aurait épousée si la fière Anne d'Autriche, naturellement si douce, ne se fût révoltée à la seule idée d'une telle alliance. Dans la crainte que Mazarin ne donnât son consentement à ce mariage, elle avait fait rédiger en secret des protestations qu'elle aurait au besoin fait enregistrer au parlement[3]. Le rusé ministre, soit parce qu'il n'espérait pas vaincre sur cet article une reine qu'il dominait cependant entièrement sur toute autre chose; soit qu'il craignît, comme on l'assure, pour son crédit et son pouvoir, le caractère ferme et énergique de sa propre nièce sur le trône; soit enfin par des motifs d'une sage politique, s'opposa aux vœux du jeune monarque: mais celui-ci insistait fortement. Marie Mancini avait employé tous les moyens de séduction pour triompher, dans son amant, de l'habitude de la soumission envers une mère qu'il aimait, envers un ministre qu'il respec-

---

[1] La Fontaine, *Ballades*, 4.

[2] Mme de Motteville, *Mémoires*, part. IV, t. IV, p. 435 et 453 de la collection Petitot, t. XXXIX; part. IV, t. IV, année 1658, p. 441; part. V, t. V, p. 2, ou t. XL de la collection Petitot, 2e série; Mademoiselle, *Mémoires*, année 1658, t. III, p. 344, 348, 384, 404 (année 1659); Guy Joly, *Mémoires*, t. XLVII, p. 433 de la collection Petitot.

[3] Louis Henri, Loménie, comte de Brienne, *Mémoires* t. II, p. 11 et 49.

tait. Les intérêts de deux grands royaumes furent près d'être sacrifiés à une intrigue d'amour, lorsque Mazarin arracha au jeune roi un ordre de conduire sa nièce au Brouage. Une lettre de Mazarin à Louis XIV, du 26 août 1659, nous apprend que Marie Mancini avait vu le roi à Saint-Jean d'Angely et que depuis lors Louis XIV lui écrivait tous les jours ; ses lettres lui étaient remises par un sieur Téron, parent de Colbert[1]. Avant d'obéir, elle alla trouver son amant, et lui fit répandre des larmes; mais elle ne put le faire changer de résolution, et en se retirant elle lui dit : « Ah! Sire, vous êtes roi, « vous m'aimez, et je pars[2] ! »

Après avoir célébré le départ du roi, la Fontaine chanta aussi son retour, et anticipa le payement poétique dont il était redevable à Fouquet, en lui envoyant une longue relation en vers[3] de la pompeuse entrée de la reine dans Paris, le 26 août 1660, qui fut pour Mazarin

---

[1] *Bulletin de la Société de l'Histoire de France*, n° VI, 1834, p. 177, et *Lettres du cardinal Mazarin*, t. I, p. 303 à 322.

[2] Choisy, *Mémoires*, p. 85 à 86; De Monglat, *Mémoires*, 1737, in-12, t. IV, p. 259 ; Madame de la Fayette, *Histoire de madame Henriette*, 1742, p. 23; Saint-Simon, dans les *Mémoires de Dangeau*, sous la date du 10 septembre 1705, édit. de Lemontey, p. 170; Anquetil, *Louis XIV, sa cour, et le régent*, t. I, p. 5, 10 et 37; *Le tombeau des amours de Louis XIV, et ses dernières galanteries*, Cologne, 1695, in-18, p. 7 et 9. Gui Patin, dans une de ses lettres datée du 6 août 1659, parle de cette affaire, et l'on voit que l'opinion générale attribuait à la reine l'honneur d'avoir empêché ce mariage. Marie Mancini partit pour le Brouage le 22 juin 1659, accompagnée de ses deux sœurs, Hortense et Marianne. Le roi partit le lendemain et alla passer quelques jours à Chantilly. Il vit encore une fois Marie Mancini à Cognac, en se rendant à Saint-Jean de Luz, et là, dit madame de Motteville, finit le roman.

[3] La Fontaine, *Lettres à divers*, du 26 août 1666.

un véritable triomphe. La marche dura dix à douze heures. La maison du cardinal, riche et nombreuse, effaçait par son éclat celle de MONSIEUR. Madame Scarron, alors cachée dans la foule, et bien loin de se douter qu'elle épouserait un jour le roi, fait aussi dans une de ses lettres une description de cette entrée. Ce qui surtout attira son attention et celle de la Fontaine fut la magnificence extraordinaire des mulets de Son Éminence[1]. En effet, Brienne fils nous apprend dans ses Mémoires que, de son temps, les couvertures de ces mulets servaient, dans les grandes solennités, de tentures à l'église des Théatins[2].

Puisque nous avons fait mention de madame Scarron, nous ne devons pas omettre de dire qu'elle devint veuve six semaines après cette entrée de la reine à Paris[3]. La Fontaine fit alors sur la mort de son mari une espèce d'épigramme impromptu, qui serait inintelligible aujourd'hui, si nous ne rappelions pas l'anecdote à laquelle l'auteur a fait allusion, et dont il a négligé lui-même de nous instruire quand il a fait im-

---

[1] *Entrée triomphante de S. M. Louis XIV*, etc., in-fol. 1662; Fr. Colletet, *Nouvelle relation contenant la royale entrée de Leurs Majestés dans leur bonne ville de Paris*, 1660, in-4°; Monglat, *Mémoires* (1660), t. III, p. 107, t. LI de la col. Petitot; Mme de Motteville, *Mémoires*, t. XL, p. 81; *Curiosités historiques*, t. I, p. 98; Madame de Maintenon, *Lettres*, édit. 1756, in-12, p. 28, édit. 1806, t. I, p. 21; François Colletet, *Abrégé des Annales de Paris*, 1664, in-12, p. 412.

[2] Il nous dit aussi que la belle mule donnée par don Louis de Haro a porté un médecin crotté, nommé Desfougerais, sur le pavé de Paris.

[3] Gui Patin, *Lettres*, mercredi 12 octobre, 1660 t. I, p. 255. « Le pauvre « Scarron, le patron des vers burlesques, est ici mort. Il étoit tout estro- « pié des gouttes et des débauches; son père étoit conseiller de la grande « chambre, que l'on nommoit Scarron l'apôtre. »

primer cette petite pièce. Scarron était près de succomber aux maux qui l'affligeaient depuis longtemps; ses amis cherchaient à le ramener à des sentiments religieux; mais il eut une crise qui détermina un hoquet si violent, qu'on crut qu'il allait expirer. Cependant le mal se calma, et, après une secousse aussi forte, on s'imaginait que Scarron ne songerait plus qu'à profiter de ce moment de calme pour se préparer à sa fin; mais on fut tout étonné de lui entendre dire : « Si j'en reviens, je ferai une belle satire contre le hoquet ! » La Fontaine fit sur ce mot les vers suivants :

> Scarron, sentant approcher son trépas,
> Dit à la Parque : Attendez, je n'ai pas
> Encore fait de tout point ma satire.
> — Ah! dit Clothon, vous la ferez là-bas;
> Marchons, marchons, il n'est pas temps de rire [1].

Mazarin, après vingt ans d'une administration traversée par deux furieuses proscriptions, espérait jouir encore longtemps de la gloire qu'il s'était acquise; mais il ne survécut que peu de mois à la grande négociation dont il avait assuré le succès [2]. Fouquet, qui voulait succéder à une partie de sa puissance, ne fut que plus

---

[1] La Fontaine, *Épigrammes*, 4. Dans la *Vie de madame de Maintenon de la Beaumelle*, 1753, petit in-12, p. 105, Scarron meurt le 27 juin 1660; Segrais confirme aussi cette date; mademoiselle Scarron dit : « Ma belle-sœur, en parlant de la veuve de Scarron, s'est mise à la Petite-Charité, fort affligée de la mort de son mari. » Lettre de mademoiselle Scarron à M. Nublé, Paris, 1660, dans Matter, *Pièces rares et inédites*, Paris, 1846, in-8°, p. 333.

[2] Le cardinal Mazarin mourut le 9 mars 1661, à l'âge de cinquante-neuf ans.

attentif à captiver le jeune monarque ; et il excitait sans cesse les gens de lettres, qu'il pensionnait, et surtout la Fontaine, à choisir le souverain et sa famille pour sujet de leurs compositions. La grossesse de la reine et le mariage de MONSIEUR, frère unique du roi, furent pour notre poëte l'occasion de deux pièces de vers : la première est une épître assez longue, en prose et en vers, adressée à Fouquet, dans laquelle l'auteur prédit à la reine qu'elle accouchera d'un Dauphin, prédiction qui s'accomplit[1] ; la seconde est une ode à MADAME, qui avait épousé Philippe, frère du roi, le 31 mars 1661. Cette princesse était Henriette d'Angleterre, fille du roi Charles Ier, qui avait porté sa tête sur l'échafaud, et sœur de Charles II, qui venait d'être rétabli sur le trône de ses pères par une révolution inespérée[2].

La Fontaine dit dans cette ode :

> Que de princes amoureux
> Ont brigué cet hyménée !
> Elle a refusé leurs vœux ;
> Pour Philippe elle étoit née :
> Pour lui seul elle a quitté
> Le Portugais indompté,
> Roi des terres inconnues ;
> Le voisin du fier croissant :

---

[1] Le Dauphin naquit le 10 novembre 1661.
[2] Madame de la Fayette, *Histoire d'Henriette d'Angleterre*, 1742, in-12, p. 48, 53, 55 ; Choisy, *Mémoires*, in-12, p. 359-364 ; Bussy-Rabutin, *Histoire amoureuse des Gaules*, 1754, in-12, t. II, p. 79-156 ; Anquetil, *Louis XIV, sa cour, etc.*, t. I, p. 64, 153, 154 et 168 ; Saint-Simon, *Œuvres*, in-8°, t. II, p. 37-42.

Et de nos Alpes chenues
Le monarque florissant[1].

Cette strophe nous apprend des particularités qu'on chercherait vainement ailleurs : c'est que la main d'Henriette d'Angleterre fut demandée par Alphonse Henri, roi de Portugal, qui approchait de sa majorité; par Léopold, empereur d'Autriche, âgé de vingt et un ans, et par Charles Emmanuel, duc de Savoie, qui avait vingt-six ans[2]. Anne d'Autriche avait désiré aussi que Louis XIV épousât la princesse d'Angleterre; elle parut trop jeune au jeune roi; il la refusa comme épouse, mais depuis elle ne lui plut que trop comme belle-sœur[3].

La Fontaine se trouvait présent à la magnifique fête que Fouquet donna à Louis XIV et à toute sa cour le 17 août 1661, et la relation la plus détaillée qui nous en reste est celle qu'il adressa dans une lettre, en prose et en vers, à son ami de Maucroix, qui était alors à Rome pour remplir la mission que lui avait donnée Fouquet[4]. Tous les mémoires du temps ne parlent qu'avec admiration de cette fête[5]. Torelli le machiniste et le peintre

---

[1] La Fontaine, *Odes*, 3.
[2] *Art de vérifier les dates*, in-fol.
[3] Madame de la Fayette, *Histoire de madame Henriette d'Angleterre*, t. LXIV, p. 389, 397 des *Mémoires relatifs à l'histoire de France*.
[4] Voyez ci-dessus, p. 24. La date de ce voyage de François de Maucroix à Rome est déterminée par divers passages des défenses de Fouquet, t. VIII (ou t. III de la continuation), p. 14, 121. Il eut lieu immédiatement après la mort du cardinal Mazarin.
[5] Choisy, *Mémoires*, p. 167; Montpensier, *Mémoires*, t. V, p. 161.

le Brun sont ceux auxquels la Fontaine attribue principalement les merveilles de cette journée.

> Deux enchanteurs pleins de savoir
> Firent tant par leur imposture,
> Qu'on croit qu'ils avoient le pouvoir
> De commander à la nature.
> L'un de ces enchanteurs est le sieur Torelli,
> Magicien expert, et faiseur de miracles ;
> Et l'autre c'est le Brun, par qui Vaux embelli
> Présente aux regardants mille rares spectacles,
> Le Brun dont on admire et l'esprit et la main,
> Père d'inventions agréables et belles,
> Rival des Raphaëls, successeurs des Apelles,
> Par qui notre climat ne doit rien au Romain [1].

On commença par se promener, dans les jardins, au milieu des cascades et des jets d'eau qui jaillissaient de toutes parts ; on servit ensuite un festin magnifique, et l'on se rendit dans une allée de sapins, éclairée par des milliers de flambeaux, où l'on avait dressé un vaste théâtre.

Dès que la toile fut levée, Molière parut seul, en habit de ville : s'adressant au roi d'un air triste et surpris, il fit des excuses sur ce qu'il manquait de temps et d'acteurs pour donner à S. M. le divertissement qu'elle semblait attendre. Mais dès qu'il eut cessé de parler, un rocher qui se trouvait sur le théâtre fut tout à coup transformé en une vaste coquille, vingt gerbes d'eau

---

[1] La Fontaine, *Lettres à divers*, lettre 11, à M. de Maucroix, 22 août 1661.

s'élancèrent dans les airs, la coquille s'ouvrit, et il en sortit une jeune et jolie naïade ; c'était la Béjart, que Molière, trop amoureux, épousa depuis pour son malheur. La nymphe, s'avançant sur le théâtre, prononça le prologue de la comédie des *Fâcheux*, composé par Pellisson [1]. Après avoir récité ce prologue, elle commanda aux divinités qui lui étaient soumises de s'animer, et les termes et les statues qui ornaient le théâtre furent transformés en faunes et en bacchantes qui dansèrent un ballet, accompagné de chants et de musique. Après le ballet, on joua la comédie, dont le sujet, dit la Fontaine, « est un homme qui, sur le point d'aller à « une assignation amoureuse, est arrêté par toutes « sortes de gens [2] :

> C'est un ouvrage de Molière.
> Cet écrivain par sa manière
> Charme à présent toute la cour.
> ....
> J'en suis ravi, car c'est mon homme.
> Te souvient-il bien qu'autrefois
> Nous avons conclu d'une voix
> Qu'il alloit ramener en France
> Le bon goût et l'air de Térence ?
> ......Jamais il ne fit si bon

---

[1] Pellisson, *Œuvres diverses*, 1735, in-12, t. I, p. 190 ; Loret, *Muse historique* 20 août 1661 ; les frères Parfaict, *Histoire du théâtre françois*, in-12, t. IX, p. 64, 67 ; mais le dialogue du *Passant et de la Tourterelle*, que je cite comme étant de Pellisson, parce qu'en effet il se trouve dans ses œuvres, est attribué à Fourcroy dans le *Recueil de vers choisis* du père Bouhours, 1693, in-12.

[2] La Fontaine, *Œuvres*, *Lettres à divers*, lettre 11, à M. de Maucroix, du 22 août 1661.

Se trouver à la comédie ;
Car ne pense pas qu'on y rie
De maint trait jadis admiré,
Et bon *in illo tempore* :
Nous avons changé de méthode,
Jodelet n'est plus à la mode,
Et maintenant il ne faut pas
Quitter la nature d'un pas. »

Jodelet, dont il est ici question, était un personnage de comédie, emprunté au théâtre espagnol, que Scarron introduisit le premier sur la scène française, et qui depuis occupa successivement la plume de différents auteurs, jusqu'à Brécourt, qui donna en 1665 *la feinte mort de Jodelet*. Cette mort ne fut pas feinte, car cette pièce ennuya et ne reparut plus. Comme le dit ici la Fontaine, Molière parvint à changer la mode. Ainsi que tous ceux auxquels la nature a donné un trop grand penchant pour les femmes, Poquelin (c'était le nom de notre grand comique) eut une jeunesse inconstante et orageuse. Il essaya vainement de se soustraire aux goûts et aux passions qui le dominaient. Il fit d'excellentes études au collége de Clermont, que dirigeaient alors les jésuites, et où s'élevait toute la jeune noblesse. Il eut l'avantage de suivre dans toutes ses classes le prince de Conti. Son père, tapissier et valet de chambre du roi, lui avait assuré la survivance de sa charge, qu'il exerça par quartiers jusqu'à sa mort. Ainsi, pendant toute sa vie, il vécut avec les gens de cour et s'en fit aimer, quoiqu'il les mît en scène et fît rire de leurs ridicules.

Son père le destinait probablement à être avocat. Il fit son droit et écrivit peut-être des cours de théologie [1]; mais il aimait déjà, avec passion, jouer la comédie. Peut-être l'amour qu'il conçut pour une actrice, Madeleine Béjart [2], sœur aînée de celle qu'il épousa depuis, contribua-t-elle à accroître son penchant [3]. En 1645 il

---

[1] Il est probable que Molière étudia la théologie. Le peu de temps qu'il resta avocat confirme cette conjecture. Boulanger, dans *Elomire hypocondre*, 1670, in-12, dit :

> « Je sortis du collége, et j'en sortis savant,
> « Puis, venant d'Orléans où je pris mes licences,
> « Je me fis avocat au retour des vacances ;
> « Je suivis le barreau pendant cinq ou six mois. »

A quelle époque Molière aurait-il pu étudier la théologie? se demande M. Taschereau. D'après les dates qu'il a lui-même rapprochées, je place cette tentative de Molière dans l'intervalle qui s'écoule depuis la moitié de l'année 1644 jusqu'à la fin de 1645. Il aurait été entraîné à suivre l'état ecclésiastique par Armand de Bourbon, prince de Conti, frère du grand Condé, qui, faible et contrefait, avait étudié la théologie pour entrer dans l'Église. Il avait été le camarade de collége de Poquelin, qui d'ailleurs eut un frère, Robert Poquelin, né vers 1630, mort en 1715, qui fut docteur en théologie et doyen de la faculté de Paris. (Voyez Taschereau, p. 427.)

[2] Tallemant des Réaux, *Mémoires manuscrits*, et l'édition des *OEuvres de la Fontaine*, par Walckenaer, 1823, in-8°, t. VI, p. 509. Ce récit de Tallemant des Réaux est celui d'un contemporain, et, quoiqu'il confonde Madeleine Béjart avec sa sœur Armande-Gresinde Claire-Elisabeth Béjart, que Molière épousa depuis, en 1652, il nous apprend ce que le monde pensait de Molière. Mais il faut rapprocher son récit de la comédie intitulée *Elomire* (anagramme de Molière), ou *les Médecins vengés*, par le Boulanger, Chatussay, Paris, 1670, acte IV, scène II, citée dans Taschereau, *Vie de Molière*, p. 11, 339-362 ; Lagrange, *Préface des œuvres de Molière*, 1682 ; Grimarest, p. 312 ; *Mémoires sur la vie et les ouvrages de Molière*, p. XVIII ; Beffara, p. 21 ; *Dissertation sur Molière*, Taschereau, p. 7 ; Auger, *Vie de Molière*, p. CXI.

[3] M. Taschereau, *Vie de Molière*, 1828, p. 12, rejette le témoignage de Tallemant des Réaux qui, dit-il, se trouve isolé. Comme ce témoignage est le plus rapproché de la jeunesse de Molière et le seul qui ait été écrit de son

s'associa avec elle, prit le nom de Molière, s'engagea dans une troupe de comédiens, et échappa ainsi à la tendre sollicitude de ses parents. L'amour l'avait fait comédien, mais la nature l'avait fait poëte ; il devint bientôt chef de la troupe dans laquelle il s'était enrôlé, et l'enrichit par ses compositions. Madeleine Béjart composait aussi des pièces ; c'est ainsi qu'en 1660 elle arrangea la pièce de *Don Quichotte* ou *les Enchantements de Merlin*. Lorsque la Fontaine écrivait cette lettre, Molière avait déjà commencé la réforme de la scène comique, et notre fabuliste non-seulement se montre ici bon juge de son mérite, mais semble prévoir encore les chefs-d'œuvre qu'il devait produire.

La Fontaine peint ensuite le feu d'artifice qui termina cette superbe fête :

> Figure-toi qu'en même temps
> On vit partir mille fusées,
> Qui par des routes embrasées
> Se firent toutes dans les airs
> Un chemin tout rempli d'éclairs,
> Chassant la nuit, brisant ses voiles [1].

vivant, il doit en bonne critique être préféré à tous les autres, d'autant plus qu'il n'est contredit par aucun ; mais de plus ce témoignage n'est pas unique. Dans la vie de Molière attribuée à la Fare, édition des *OEuvres de Molière* de 1735, à la Haye, t. I, il est dit, à propos du changement du nom de Poquelin en Molière : « Je remarquerai ici que M. Bayle dit que bien des gens lui avoient assuré un fait dont la première vie de Molière ne fait aucune mention, à savoir qu'il ne se fit comédien que pour être auprès d'une comédienne dont il était devenu amoureux. Je laisse, dit-il, à deviner, si l'on s'est tu parce que cela n'est pas véritable ou de peur de lui faire tort. »

[1] La Fontaine, *Lettres*, lettre 11, à M. de Maucroix, 22 août 1661.

Après le feu d'artifice il y eut un bal, et l'on dansa jusqu'à trois heures du matin ; ensuite on servit une collation magnifique : lorsqu'on se retira, des milliers de fusées volantes répandirent la plus brillante clarté au milieu de la nuit la plus obscure.

Non-seulement le roi, mais la reine-mère, Monsieur, Madame, tous les princes et les seigneurs de la cour de Louis XIV se trouvaient présents. Dans le commencement de cette soirée, Fouquet croyait avoir atteint le terme de ses désirs, et était comme enivré de son bonheur, lorsqu'il reçut tout à coup un billet de madame du Plessis-Bellière, sa confidente et son amie [1], qui lui annonçait que le roi avait eu le projet de le faire arrêter à Vaux, et que la reine-mère seule l'avait fait changer de résolution [2]. Ainsi, tandis que la foule jouissait avec délices de tous les plaisirs réunis dans cette superbe fête, la colère, la haine, la jalousie fermentaient dans le cœur du monarque auquel on la donnait ; et le maître de ces lieux enchanteurs, qui avait tout préparé, tout ordonné, qui présidait à tous ces jeux brillants, était frappé de crainte et forcé de déguiser sous un front serein, et par de continuels sourires, le noir chagrin dont il était obsédé.

Tout ce qui concerne Fouquet se trouve tellement lié avec la vie de notre poëte, dont ce ministre fut si longtemps le protecteur et l'ami, que nous ne pouvons nous dispenser d'exposer avec quelques détails les

---

[1] Choisy, *Mémoires*, p. 68.
[2] Choisy, *Mémoires*, édit. 1828, t. LXIII, p. 253, collection Petitot.

causes de la disgrâce de ce dernier surintendant des finances.

Après la mort du marquis de Vieuville, Nicolas Fouquet, déjà maître des requêtes et procureur général au parlement de Paris, fut, en février 1653, nommé surintendant, principalement par l'influence de l'abbé Fouquet, son frère, qui avait du crédit auprès de la reine mère et du premier ministre Mazarin [1]. Quoique Nicolas Fouquet ne fût pas le seul surintendant, et qu'il eût un collègue dans Servien, cependant sa grande habileté le fit bientôt considérer comme le principal administrateur des finances du royaume [2]. Quand il fut nommé, le trésor, ou l'épargne, comme on s'exprimait alors, était dénué d'argent. Fouquet fit face à tout par son seul crédit : il engagea ses biens, ceux de sa femme, emprunta sur sa signature des sommes considérables à Mazarin lui-même, et, trouvant des ressources pour subvenir à toutes les dépenses, il déguisa toujours la pénurie des finances [3]. Comme il les gouvernait seul, et qu'il en eut seul le secret, il amassa des sommes immenses, et osa exploiter à son profit certaines branches de revenu public, tandis que le premier ministre se fai-

---

[1] Fouquet, *Défenses*, 1665, in-18, t. II, p. 58, 67 ; Bussy-Rabutin, *Histoire abrégée du siècle de Louis-le-Grand*, 1699, in-12, p. 70 ; Monglat, *Mémoires*, t. IV, p. 206 ; *Mémoires pour servir à l'histoire du dix-septième siècle*, 1760, in-8°, t. I, p. 86 ; Voltaire, *Siècle de Louis XIV*, édit. de Kehl, t. XXIV, in-12, p. 18 et 22 ; Anquetil, *la Cour et le Régent*, t. I, p. 71, 89.

[2] Gourville, *Mémoires*, collection Petitot et Monmerqué, t. LII, p. 521.

[3] La Fare, *Mémoires*, 1750, p. 21, collection Petitot et Monmerqué, t. LXV, p. 147.

sait un patrimoine des places et des dignités, dont il trafiquait ouvertement. Mais Mazarin était avare, et Fouquet était généreux, et même prodigue. Le premier ministre n'amassait tant de millions que pour les renfermer dans ses coffres; le surintendant ne semblait en quelque sorte désirer les richesses que pour les dépenser et les répandre. Mazarin vendait toutes les grâces de la couronne [1]; l'argent de Fouquet allait trouver ceux qui en avaient besoin. Il avait à sa solde les poëtes, les artistes et tous les hommes de mérite de ce temps, et il donnait ainsi un noble exemple au jeune monarque, dont les vues sordides de Mazarin auraient pu rétrécir les idées. Il faisait des pensions à tous les hommes puissants de la cour qui voulaient s'attacher à ses intérêts; et un grand personnage de ce temps dit, dans ses Mémoires, que, pour être porté sur sa liste, il n'y avait qu'à le vouloir [2]. Fouquet, par une telle conduite, fit bientôt ombrage au premier ministre; il s'était aussi brouillé avec son frère qui, l'ayant porté par son crédit à la place qu'il occupait, avait cru pouvoir le gouverner. L'abbé Fouquet, homme débauché [3], imprévoyant,

---

[1] Voyez Monglat, *Mémoires*, t. III, p. 113; t. LI, collection Petitot. On y voit que la reine en était instruite.

[2] Bussy-Rabutin, *Mémoires*, 1769, in-12, p. 315, ou t. II, p. 107, éd. de 1721.

[3] Basile Fouquet, abbé de Barjeau, mourut en 1683. MADEMOISELLE, dans ses *Mémoires*, année 1658, t. III, p. 296, nous donne des détails très-curieux sur les intrigues de ce mauvais prêtre avec la duchesse de Châtillon. Voyez le cardinal de Retz, *Mémoires*, t. XLV de la collection, t. II, p. 54, et pour celles qu'il eut avec mademoiselle de Chevreuse, cardinal de Retz, *Mémoires*, t. III, p. 98, année 1652, t. XLVI de la collection Petitot. Choisy, dans ses *Mémoires* (collection Petitot, t. LXIII, p. 230), confirme

dans sa colère excita contre le surintendant plusieurs femmes qui avaient du crédit auprès de la reine-mère, entre autres la duchesse de Chevreuse, habile en intrigue. Il se forma donc à la cour deux partis, l'un pour renverser Fouquet, l'autre pour le maintenir. D'un côté étaient les vieux courtisans qui, refusant les grâces du surintendant, ne s'attachaient qu'au premier ministre; de l'autre les jeunes seigneurs qui ne songeaient qu'à se divertir et à jouir des bienfaits de Fouquet [1]. Mais son principal soutien était l'art de se rendre nécessaire : plus le désordre des finances était grand, plus il était difficile de le remplacer, surtout quand la mort de Servien, qui eut lieu en 1659 [2], l'eut laissé le maître de cette partie du gouvernement.

Lorsque Mazarin eut conclu la paix des Pyrénées, et marié le roi avec l'infante d'Espagne, il se crut assez puissant pour rétablir l'ordre dans les finances. Le premier pas à faire était de se débarrasser du surintendant. Il fit rédiger par Colbert un projet, d'après lequel une chambre de justice devait être instituée pour juger Fouquet et tous ceux qui avaient prévariqué sous lui. La minute même de ce projet, envoyée à Mazarin avant son retour de Fontarabie, fut interceptée à Bordeaux par le surintendant, au moyen d'un employé des postes

sur l'abbé Fouquet les récits qu'en fait MADEMOISELLE. Il paraîtrait qu'il avait échoué auprès de la duchesse de Châtillon.

[1] Choisy, *Mémoires*, p. 136; Motteville, *Mémoires*, t. V, p. 146, 213, 223, 235, 239.

[2] Servien mourut le 16 ou le 17 février 1659, voyez Fouquet, *Recueil des défenses*, in 18, t. II, p. 81 ; Monglat, *Mémoires*, t. IV, p. 206, ou édit. de 1826, t. III, p. 76, ou t. LI collection Petitot.

qui lui était dévoué. Après avoir pris copie du projet, on fit parvenir l'original à son adresse, de sorte que l'on ne soupçonna rien : Fouquet, alarmé, avait aussitôt appelé Gourville et lui avait révélé ce terrible secret. Gourville, qui, de simple valet de chambre du duc de la Rochefoucauld, était devenu un financier adroit et un habile négociateur, conjura l'orage [1]. Il alla trouver Mazarin, et, dissimulant ce qu'il savait de ses desseins, il fit seulement entendre au premier ministre que, dans le moment même où la conclusion de la paix occasionnait le plus de dépenses, les bruits qui couraient sur la disgrâce du surintendant nuisaient à son crédit; et que si Son Éminence ne prouvait pas, par des démonstrations publiques, que ces bruits n'avaient aucun fondement réel, il serait impossible à Fouquet et à ses amis de trouver l'argent dont on avait besoin et que les circonstances présentes rendaient nécessaire. Ces considérations empêchèrent Mazarin d'exécuter le projet qu'il avait conçu. D'ailleurs, naturellement timide, il n'osa pas attaquer de front un homme qui s'était fait de si puissants appuis. Lorsque Fouquet eut consenti à prêter un million, il eut à Saint-Jean de Luz une entrevue avec le premier ministre, dans laquelle il osa lui demander des explications sur le

---

[1] Gourville, *Mémoires*, 1724, t. I, p. 229 à 245 ; Gourville, *Mémoires*, année 1659, collection de Petitot et Monmerqué, t. LII, p. 323. Plus tard, nous voyons que Gourville passait dans l'esprit du roi Charles pour le français le plus habile et celui qui connaissait le mieux l'Angleterre. Le chevalier Temple, *Mémoires*, t. LXIV, p. 50 de la *Collection des Mémoires relatifs à l'histoire de France* ; La Fare, *OEuvres diverses*, 1750, p. 24 ; Saint-Simon, *OEuvres*, 1791, in-8°, t. IX, p. 274-302.

complot ourdi contre lui. Mazarin feignit l'étonnement et commença par nier la possibilité du fait. Fouquet lui en fournit des preuves par écrit. Alors Mazarin se répandit en plaintes contre Colbert, et rejeta tout sur ce commis, ajoutant cependant que, comme il lui avait confié la conduite de tous ses biens, il lui était impossible de se passer de ses services. Mais il promit de le forcer à donner toute satisfaction au surintendant, dès qu'il serait de retour à Paris. Si l'on en croit Fouquet[1], Colbert parut s'être repenti de ce qu'il avait fait contre lui, et donna les assurances les plus positives que, non-seulement il ne chercherait pas à lui nuire, mais qu'il le seconderait dans son administration. Toutefois Fouquet, averti du danger, le redoutait toujours : il avait eu l'imprudence de confier au maréchal de Villeroi, à le Tellier, et à plusieurs autres personnes, le projet formé contre lui par Mazarin et par Colbert. En se répandant ainsi en plaintes contre le ministre et son favori, et en les accusant d'ingratitude, il voulait animer contre eux ses nombreux amis, mais il avertissait en même temps les courtisans intéressés et pusillanimes qu'il s'était fait des ennemis redoutables. Jugeant mal sa position et les temps, Fouquet conçut, au milieu du tourbillon qui l'entraînait trop rapidement, des plans incohérents, en cas que le premier ministre voulût le mettre en jugement. Il acheta Belle-Isle, fortifia ce lieu, et eut des idées vagues de résistance. Il en parla à quelques-uns

---

[1] Fouquet, *Recueil des défenses*, t. I, p. 108 et 138; t. II, p. 30 et 92, et t. V, p. 286.

de ses intimes amis, il écrivit même sur ce sujet des notes où les rôles étaient distribués. Ces notes, trouvées depuis parmi ses papiers, furent fatales à ceux qu'il avait nommés, et faillirent lui coûter la vie [1].

Enfin Mazarin mourut [2], et Fouquet se trouva délivré de toutes ses craintes. Débarrassé d'un si puissant rival, il ne douta point qu'avec un roi âgé de vingt-trois ans, qui aimait les plaisirs, et qu'on avait toujours tenu éloigné des affaires, il ne devînt premier ministre [3] : il est certain qu'il en aurait eu en partie la puissance, et qu'il aurait acquis toute la confiance de Louis XIV s'il avait su le juger. Le roi, à qui Mazarin, en mourant, avait surtout conseillé de commencer par mettre l'ordre dans les finances de son royaume, et à qui il avait spécialement recommandé Colbert, ne demandait pas mieux cependant que de se servir des grands talents de Fouquet. Par les hommes de mérite dont il avait su s'entourer, par sa générosité et la grandeur de ses vues, la noblesse et l'élégance de ses manières, le surintendant convenait à Louis XIV plus que tout autre ; aussi fut-il appelé avec le Tellier et Lyonne dans le conseil privé [4]. Mais en même

[1] Fouquet, *Recueil de défenses ;* Madame de Sévigné ; Saint-Simon, etc. ; Gourville, *Mémoires*, dans la collection de Petitot, t. LII, p. 337 et 349.

[2] C'est dans les mémoires de Brienne le fils qu'on trouve les plus curieux détails sur la mort de Mazarin, ch. XIV, XV et XVI, t. II, p. 104, 128, 148. Cependant ils offrent quelques contradictions avec les *Mémoires* du maréchal de Grammont, t. II, ou LVII de la collection, p. 89. Grammont dit que ce fut Valot, premier médecin du roi, qui annonça au cardinal qu'il ne pouvait en revenir ; Brienne, au contraire, t. II, p. 113, dit que ce fut Guénaud.

[3] Motteville, *Mémoires*, 1723, in-12, t. V, p. 160 ; Saint-Simon, etc.

[4] Sur ce premier conseil, tenu à Vincennes, voyez Louis-Henri de

temps le jeune monarque fit entendre à Fouquet qu'il n'ignorait pas les abus qui avaient eu lieu ; il lui dit qu'il voulait connaître les finances de son royaume, comme la partie la plus importante de son gouvernement, et il l'engagea à lui présenter, sans déguisement, la situation des choses [1].

Fouquet consulta ses amis, qui lui conseillèrent unanimement de marcher droit avec le roi, et de ne lui rien cacher [2]. S'il eût suivi ce conseil, il obtenait la confiance de Louis XIV, et il s'associait à la gloire de ce beau règne. Mais il eût fallu pour cela qu'il renonçât à son luxe effréné, à son jeu scandaleux [3], à ses intrigues avec des femmes de la cour, du rang le plus élevé, aux créatures qu'il se faisait par le moyen de quatre millions de pensions distribuées annuellement [4] : il eût fallu enfin qu'il ne vît que le bien de l'État, qu'il se confiât au roi, et qu'il le regardât comme son unique appui. Le surintendant n'eut pas le courage de changer ses habitudes ;

Brienne, *Mémoires*, ch. XVII, t. II, p. 149 à 163. Brienne, qui, quoique fort jeune, était secrétaire d'État, fut présent à ce conseil. Sur ces trois ministres, voyez Gourville, *Mémoires*, collection Petitot, t. LII, p. 521 à 528.

[1] Choisy, *Mémoires*, p. 141, édit. 1828, t. LXIII, p. 222-235 ; Madame de la Fayette, *Histoire de Madame Henriette d'Angleterre*, t. LXIV, p. 380.

[2] Choisy, *ibid.*

[3] Gourville, *Mémoires*, t. I, p. 252 et 265, ou collection de Petitot et Monmerqué, t. LII, p. 335 et 341.

[4] Il paraît, d'après un roman qui peint les mœurs du temps, que la Feuillade fut au nombre des pensionnaires de Fouquet. (Voyez *Histoire du maréchal duc de la Feuillade, nouvelle galante et historique*, p. 75.) Sur la corruption que Fouquet exerçait dans le parlement, voyez les *Mémoires* de Gourville, collection de Petitot et Monmerqué, t. LII, p. 198.

d'ailleurs il crut que la volonté qu'avait manifestée Louis XIV, de gouverner par lui-même, était le résultat de l'ardeur première d'un jeune homme qui ignore que l'exercice du pouvoir entraîne après lui plus d'embarras que de douceurs. Il se flatta que le monarque se lasserait bientôt de fixer, pendant plusieurs heures de la journée, son attention sur des matières aussi arides que celles des finances, et il crut qu'après que ce premier feu serait calmé, Louis XIV reprendrait le train de vie qu'il menait du temps de Mazarin. Il osa lui présenter des états inexacts. Louis XIV les communiquait tous les soirs à Colbert. Celui-ci démontrait au roi comment Fouquet, en diminuant les recettes et en augmentant les dépenses, se réservait les moyens de continuer toujours son système de profusion. Louis XIV, qui déjà possédait l'art, si nécessaire pour celui qui est appelé à régner, de dissimuler ses pensées et ses intentions au milieu de tant d'hommes qui s'étudient à les pénétrer, dans l'unique but de les faire tourner à leur profit, ne faisait au surintendant que de légères observations; il voulait seulement lui montrer qu'il ne perdait pas de vue cet important objet de son gouvernement, et il essayait de le rendre sincère : mais l'ayant, pendant cinq mois, trouvé fidèle à son plan de déguisement, il résolut de s'en débarrasser et de se confier à l'austère probité de Colbert[1].

Cependant Fouquet était encore protégé par la reine

---

[1]. Louis XIV, *Mémoires historiques*, dans ses *Œuvres*, t. I, p. 53 ; Choisy, *Mémoires*, édit. 1828, t. LXIII de la collection Petitot, p. 212.

mère, et il est probable que Louis XIV se serait contenté d'écarter le surintendant, et que la punition de toutes ses prévarications se fût bornée à une éclatante disgrâce, sans une circonstance qui aggrava beaucoup ses torts dans l'esprit du monarque, et alluma contre lui sa colère.

Le goût de Fouquet pour les femmes semblait s'augmenter tous les jours, en proportion des facilités qu'il avait trouvées à le satisfaire au milieu d'une cour galante et corrompue [1]. Il était alors dans la force de l'âge, et se trouvait entraîné par son penchant pour le plaisir. Il y avait au nombre des filles d'honneur de MADAME, belle-sœur du roi, une jeune personne dont la beauté n'était pas, au premier abord, fort remarquable, mais qui cependant avait un teint d'une beauté éclatante, de beaux cheveux d'un blond argenté, des yeux bleus, et un regard si tendre, si doux, si modeste, qu'il gagnait le cœur et imprimait le respect. Elle avait peu d'esprit, quoiqu'elle aimât beaucoup la lecture; mais son sourire et le timbre de sa voix prêtaient à ses moindres paroles un charme inexprimable. Un léger vice de conformation rendait sa démarche un peu inégale et traînante, et lui donnait un air indolent qui plaisait, parce qu'il était en harmonie avec son maintien naïf et timide. Malgré ce défaut, c'était une des meilleures danseuses de la cour, et celle qui montait à cheval avec le plus de dextérité. Tous ses gestes étaient si naturellement gracieux, que

---

[1] Madame de la Fayette, *Histoire de madame Henriette d'Angleterre*, t. LXIV, p. 38 des *Mémoires relatifs à l'histoire de France*.

l'abbé de Choisy, qui avait été élevé avec elle, et qui nous fournit la plupart des traits dont nous la peignons, dit que la Fontaine semble avoir fait pour elle ce vers charmant :

Et la grâce plus belle encor que la beauté.

A ce portrait, tous mes lecteurs ont déjà reconnu la Vallière[1]. C'est elle dont Fouquet était épris ; la désirer, et chercher à la corrompre, était pour Fouquet la même chose.

---

[1] Choisy, *Mémoires*, p. 149 ; Madame de la Fayette, *Histoire de Madame Henriette*, p. 58 ; MADAME, *Fragments de lettres originales*, t. I, p. 114 et 115 ; Motteville, *Mémoires*, t. V, p. 217 ; Montpensier, *Mémoires*, t. VI, p. 353, 354 ; Loménie de Brienne, *Mémoires manuscrits*. La Beaumelle, dans ses *Mémoires pour servir à l'histoire de madame de Maintenon*, liv. II, ch. III, t. I, p. 230 à 279, quitte la plume de l'historien pour prendre celle du romancier. Aussi c'est dans cet ouvrage principalement que madame de Genlis a puisé ce qu'elle appelle les traits historiques du roman qu'elle a intitulé *Madame de la Vallière*. (Voyez Mademoiselle de Montpensier, *Mémoires*, t. IV, p. 97.) La chose devint publique avant la mort de la reine mère. Ce ne fut qu'en 1667 qu'on commença à la nommer la duchesse de la Vallière. MADEMOISELLE s'accorde avec l'abbé de Choisy dans ce qu'il dit de la Vallière ; Choisy, *Mémoires*, édit. de 1828, in-8°, t. VI, p. 240 et 524 des *Mémoires relatifs à l'histoire de France* ; madame de la Fayette, *Histoire de Madame Henriette d'Angleterre*, t. LXIV, p. 398 ; Monglat, *Mémoires* (année 1661), t. III, p. 119 (t. LI Petitot) ; Madame de Motteville, *Mémoires*, année 1661, part. v, t. V, p. 134, édit. de 1824, t. XIV de Petitot ; Mademoiselle de Montpensier, 4e partie (1674), t. IV ou t. XLIII de Petitot, p. 382, p. 9 (1661), p. 23 (1662), p. 76 (1664). Selon MADEMOISELLE, dans cette année fut le fort de la faveur de la Vallière. Nous avons lu la *Vie de la duchesse de la Vallière, où l'on voit une relation curieuse de ses amours et de sa pénitence*, par ***, Cologne, chez Jean de la Vérité, et nous n'avons pu trouver aucun fait nouveau ; seulement c'est, je crois, le plus ancien ouvrage qui attribue formellement (p. 303) à mademoiselle de la Vallière le livre imprimé en 1680 sous le titre de *Réflexions sur la miséricorde de Dieu*.

Il eut donc recours à son agent ordinaire pour ces sortes d'affaires, madame du Plessis-Bellière, veuve depuis sept ans d'un officier général [1], sa plus intime amie, la confidente de tous ses secrets, et qui lui rendait au besoin les mêmes genres de service que le duc de Saint-Aignan à Louis XIV [2]. Elle ignorait que la Vallière, re-

---

[1] Son nom était Suzanne de Bruc. Fouquet fut accusé de lui avoir donné deux cent mille francs pour doter sa fille qui fut mariée au maréchal de Créquy. Fouquet, *Défenses*, in-18, t. I, p. 195; t. XI, p. 55; et *Conclusion de ses défenses*, 1668, p. 224; Monglat, *Mémoires*, t. IV, p. 35; Motteville, *Mémoires*, t. V, p. 232; Montplaisir, *Poésies*, 1769, in-12, p. 5, 10, 71 et 154; Gourville, *Mémoires*, t. I, p. 236, 238 et 273. Madame Duplessis-Bellière mourut à Paris en mars 1705 (voyez *Nouveaux Mémoires de Dangeau*, sous la date du 26 mars 1705, édit. de Lemontey, p. 166); elle était liée avec de Pomponne. (Voyez l'abbé Arnauld, *Mémoires*, t. XXXIV, p. 337, collection Petitot, 2ᵉ série; MADEMOISELLE, dans ses *Mémoires* (1658, t. III, p. 368, édit. 1825, in-8°, t. XLII de la collection Petitot), donne de curieux détails sur une intrigue concertée avec Fouquet pour séduire, au moyen d'une de ses nièces nommée Treseson, le prince de Savoie. Voyez encore une lettre de Conrart dans ses *Mémoires inédits* publiés par M. de Monmerqué, t. XLVIII, p. 286 des *Mémoires sur l'histoire de France*, 1825, in-8°. Son mari, « homme de mérite et de grand service, » dit Monglat, fut tué à l'attaque de Naples, en 1654; Monglat, *Mémoires*, p. 452, t. II, ou LI de la collection Petitot. Choisy voyait beaucoup madame du Plessis-Bellière dans sa vieillesse, et a écrit une partie de ses Mémoires d'après ses récits. « Je laisse jaser la bonne du Plessis-Bellière qui ne radote pas, » dit-il, *Mémoires*, édit. de Monmerqué, 1828, in-8°, t. LXIII, p. 168.

[2] Voyez Choisy, *Mémoires*, t. LXIII de la Collection, p. 243; la Fayette, *Histoire d'Henriette d'Angleterre*, t. LXIV, p. 404. C'est dans la chambre du comte de Saint-Aignan que Louis XIV voyait la Vallière dans le premier temps de ses amours. M. Delort a publié dans son *Histoire de la détention des gens de lettres à la Bastille et à Vincennes*, t. I, p. 15, une lettre de madame du Plessis-Bellièvre, adressée à Fouquet, au sujet de l'offre de vingt mille pistoles. J'en suspecte l'authenticité; il ne dit pas d'où il l'a tirée. Dans tous les cas, il faut lire Bellière et non *Bellièvre*, et couronne *fermée* au lieu de couronne *formée* à la fin de la lettre (p. 16). M. Delort dit que Fouquet était laid et n'appuie cette assertion, que démentent tous les portraits de l'époque, d'aucune autorité.

nonçant à une haute fortune et à une brillante alliance pour se livrer aux doux penchants de son cœur, avait repoussé le jeune comte Loménie de Brienne, qui en était éperdument amoureux, et désirait lui offrir sa main. Dès sa première visite, madame du Plessis-Bellière osa dire à la Vallière que le surintendant avait 20,000 pistoles à son service. La Vallière repoussa cette offre avec indignation, et Fouquet, peu accoutumé à de semblables dédains, rechercha quel pouvait être le motif de celui-ci. Il découvrit bientôt un secret encore inconnu à toute la cour : c'était la liaison du roi avec mademoiselle de la Vallière, commencée pendant les fêtes de Fontainebleau, en 1661[1]. L'amour seul, et non l'ambition et l'intérêt, avait vaincu la Vallière, à qui la nature avait donné une trop grande sensibilité, mais dont l'âme était pure, élevée et portée à la vertu. Fouquet, qui n'avait pas mieux conçu son caractère que celui du roi, renonçant à ses prétentions sur elle, chercha à se faire un moyen utile à ses projets du secret qu'il avait découvert, et n'ayant pu devenir l'amant de la Vallière, il aspira à devenir son confident. Un jour qu'il la rencontra dans l'antichambre de MADAME, il l'entraîna à l'écart, et lui fit un pompeux

---

[1] Monglat, *Mémoires*, année 1661 p. 119, du t. III, ou LI de la collection Petitot; Brienne, *Mémoires*, ch. XVIII, t. II, p. 117. Brienne avait fait venir de Venise un artiste, nommé Lefebvre, pour peindre la Vallière. Ayant été surpris en tête à tête avec elle par Louis XIV, les questions du roi, la vivacité de son dialogue, lui révélèrent un secret qu'il ignorait; il se jeta aux genoux de Louis XIV et lui promit de ne plus parler à la Vallière. Brienne ajoute que Lefebvre peignit depuis la Vallière en Diane, mais qu'il mit un Actéon dans le tableau.

éloge du roi; il lui dit que c'était l'homme le mieux fait de son royaume, et en même temps le plus aimable. La Vallière, surprise, confuse et offensée des discours du surintendant, le quitta brusquement. Le soir elle instruisit le roi non-seulement des insinuations que Fouquet s'était permises dans la journée, mais des indignes propositions par lesquelles il avait osé tenter de la séduire[1]. On peut juger de la colère et du ressentiment que l'indiscrète audace du ministre dut allumer dans le cœur d'un monarque tel que Louis XIV. Dès ce moment, il résolut sa perte. On adopta le plan proposé par Colbert, sous Mazarin, et même, par le moyen de la duchesse de Chevreuse, mariée secrètement à du Laignes, ennemi du surintendant[2], on y fit consentir la reine mère[3].

Cependant, comme le gouvernement du jeune roi succédait à celui d'une régence durant laquelle les esprits s'étaient familiarisés avec les troubles et l'agitation, on crut qu'on devait user de dissimulation, et qu'il fallait quelques précautions pour rompre sans secousses

[1] Choisy, *Mémoires*, édit. 1828, t. LXIII, p. 249.
[2] La Fayette, *Histoire d'Henriette d'Angleterre*, t. LXIV, p. 402. Brienne, en parlant de cette intrigue, dit de madame de Chevreuse; « Ce fut la dernière action de sa vie, et je doute qu'on la canonise pour « cela. »
[3] Saint-Simon, *OEuvres*, t. II, p. 226 dans l'appendice; *Carte de la cour*, p. 71, t. III, par M. Guéret. La Vallière y est désignée sous le nom de Clarice. *Le tombeau des amours de Louis XIV et ses dernières galanteries*, 1695, in-18, p. 26-33; Dreux du Radier, *Mémoires critiques et anecdotiques des reines et régentes de France*, 1782, in-12, t. VI, p. 410. Loménie de Brienne, *Mémoires*, t. I, p. 318; Motteville, *Mémoires*, 1661, part. V, t. V, p. 138, édit. de Petitot, 1824, t. XL de la collection.

les chaînes d'or dont l'habile surintendant avait su entourer le gouvernement et tous les ressorts de l'administration.

Louis XIV accepta donc la fête de Vaux ; mais la surprise que lui causa le luxe du surintendant l'irrita encore plus contre lui. Les courtisans remarquèrent malignement que sur les frises des superbes appartements du château de Vaux on avait peint plusieurs fois la couleuvre qui appartenait aux armes de Colbert, et l'écureuil [1], avec cette devise orgueilleuse : *Quò non ascendam* (où ne monterai-je pas?), qui faisait partie des armes de Fouquet. Louis XIV ne put se contenir lorsqu'il aperçut un portrait de la Vallière dans le cabinet de l'imprudent ministre [2]. Il avait donné l'ordre de le faire arrêter sur-le-champ ; mais la reine mère lui fit sentir l'inconvenance de sévir contre un sujet, au milieu même d'une fête qu'il lui donnait. L'ordre fut révoqué. Madame du Plessis-Bellière, qui, sous les dehors d'un esprit léger, plein de grâce et d'enjouement, cachait une âme forte et capable de dévouement dans l'amitié, avertit Fouquet du danger qu'il avait couru. Le secret de la disgrâce du surintendant se trouvant presque à moitié découvert, le roi se vit obligé d'user encore d'une plus grande dissimulation. Avant de frapper ce coup

---

[1] Selon la remarque de la Monnoye, les Fouquets, originaires d'Angers, portaient un écureuil dans leurs armes, parce qu'un écureuil en Anjou s'appelle *Fouquet*.

[2] Choisy, *Mémoires*, p. 167 ; Saint-Simon, Œuvres, 1791, in-8°, t. II, p. 226 ; Voltaire, *Siècle de Louis XIV*, t. III, ou t. XXIV des Œuvres, p. 19, édit. de Kehl.

d'État, Louis XIV (il nous l'apprend lui-même)[1] voulait s'assurer la somme de 4 millions (près de 8 millions de notre monnaie actuelle), dont il prévoyait qu'il aurait besoin. Fouquet, naturellement vain et disposé à se flatter comme tout homme dont le succès a toujours couronné les entreprises, y fut trompé. Il crut faire plaisir au roi, en vendant sa charge de procureur général au Parlement[2]; afin de le déterminer, on lui fit concevoir l'espérance d'obtenir le cordon bleu, et le roi eut soin de lui emprunter 1 million sur la somme que lui versa du Harlai[3]; il ne s'aperçut pas qu'on ne l'y avait engagé que pour lui ravir l'appui d'un corps auquel, par cette résignation, il cessait d'appartenir. Fouquet se crut encore en faveur lorsque Louis XIV eut décidé de faire un voyage en Bretagne, province où Fouquet était né. Enfin, le 5 septembre 1661[4], il fut arrêté à Nantes, et conduit en prison; on mit les scellés sur tous ses papiers et sur ceux de madame du Plessis-Bellière, sa confidente, qui fut exilée. De honteux secrets furent révélés. Saint-Évremond et plusieurs autres seigneurs fu-

---

[1] Louis XIV, *Mémoires politiques* dans ses *Œuvres*, t. I, p. 103, et t. V, p. 50. Le roi ne confia son secret qu'à trois personnes : sa mère, le Tellier et Brienne le père. La duchesse de Chevreuse et Laigues connaissaient le projet, mais le moment de l'exécution leur était caché. Voyez Brienne fils, *Mémoires*, t. II, p. 182.

[2] Monglat, *Mémoires*, année 1661, t. III, p. 121, édit. 1825, t. LI de la collection.

[3] Louis-Henri Loménie de Brienne, *Mémoires*, t. II, p. 182 et suiv.

[4] « Artagnan l'a arrêté de ma part environ vers le midi. » Lettre de Louis XIV à sa mère, du 5 septembre 1661. *Œuvres*, t. V, p. 50; Choisy, *Mémoires*, t. LXIII, p. 260.

rent exilés ou forcés de s'enfuir du royaume [1]. On créa une commission pour juger le surintendant. Après trois ans d'une dure captivité et toutes les peines et les anxiétés qu'entraîne un procès criminel, ses amis le regardèrent comme heureux de n'avoir été condamné qu'à un bannissement perpétuel [2]. Mais Louis XIV, peu satisfait de cette vengeance, et ne voulant pas que Fouquet pût porter à l'étranger les secrets de l'État, le fit renfermer dans la forteresse de Pignerol, où il termina sa vie dans les sentiments de la plus sincère piété [3].

Les courtisans que le surintendant avait enrichis l'abandonnèrent dans son malheur; les gens de lettres qu'il

---

[1] Gourville, *Mémoires*, année 1663, t. LII, p. 363, collection de Petitot Monmerqué.

[2] Fouquet, *Conclusion de ses défenses*, 1668, in-18, p. 263, 266, 365; *Bastille dévoilée*, ou *Mémoire historique sur la Bastille*, 1789, in-8°, p. 26 à 70; Sévigné, *Lettres*, in-8°, t. I, p. 104; Pellisson, *OEuvres diverses* in-12, t. III; Saint-Simon, *OEuvres*, t. X, p. 136; J. Racine, *Fragments historiques*, t. V, p. 301 de l'édit. 1820, in-8°, t. VI, p. 53 de l'édit. de Geoffroy; Hénault, in-4°, t. II, p. 522; Bussy-Rabutin, *Mémoires*, édit. 1721, t. II, p. 294; l'abbé Arnauld, *Mémoires*, année 1661, t. XXXIV, p. 317, collection Petitot, 2e série; Gourville, *Mémoires*, t. LII, p. 351, collection Petitot; Madame de Motteville, *Mémoires*, année 1661, p. 5, t. V, p. 143, édit. 1824, t. XL de la collection. Madame du Plessis-Bellière fut d'abord exilée à Montbrison; mais cet exil fut commué et on lui permit de se retirer à Châlons. Voyez une lettre d'elle à madame de Pomponne, du 19 septembre 1661, publiée par Monmerqué dans les *Mémoires* de Conrart, t. XLVIII, p. 259 des *Mémoires relatifs à l'histoire de France*, 2e série; Maréchal du Plessis, t. LVII, p. 430 et 431 Petitot; Choisy, *Mémoires*, t. LXIII, p. 456, collection des *Mémoires sur l'histoire de France*.

[3] Choisy, *Mémoires*, p. 175 à 183; Motteville, *Mémoires*, t. V, p. 23 à 260; Bussy-Rabutin, *Histoire de Louis-le-Grand*, p. 149; Madame de Sévigné, *Lettres inédites*, édit. de Bossange, 1819, in-12, p. 53; *Lettres*, édit. de Monmerqué, in-8°, t. VI, p. 217.

avait aidés à vivre le défendirent tous. Pellisson surtout se couvrit de gloire par son héroïque dévouement [1]. De la Bastille où on l'avait enfermé, oubliant le soin de sa propre défense, il sut faire parvenir en faveur de Fouquet des plaidoyers dont Voltaire compare l'éloquence à celle des discours de Cicéron; ni les promesses ni les menaces ne purent le faire fléchir. Après avoir fait parler le langage des lois avec énergie afin de convaincre, il s'efforça de toucher le monarque, en prêtant à ses supplications et à ses nobles sentiments les couleurs de la poésie [2].

Mais personne ne contribua plus que la Fontaine à intéresser le public en faveur de Fouquet; personne ne fut plus profondément affligé de cette grande infortune. Nous possédons l'autographe d'un billet qu'il écrivit à son ami de Maucroix au moment même où il venait de recevoir la fatale nouvelle. Nous le transcrivons ici presque en entier, parce que le désordre même qui s'y trouve, peint l'âme aimable et sensible de notre poëte.

« Je ne puis te rien dire de ce que tu m'as écrit sur
« mes affaires, mon cher ami, elles ne me touchent pas
« tant que le malheur qui vient d'arriver au surinten-
« dant. Il est arrêté, et le roi est violent contre lui, au
« point qu'il dit avoir entre les mains des pièces qui le

---

[1] *Menagiana*, t. II, p. 19.
[2] Pellisson, *OEuvres diverses*, t. I, p. 194, et t. II, p. 1 à 199. Dans l'édition originale ses plaidoyers forment un in-4° de 68 pages, sans nom d'auteur ni d'imprimeur. Il y en a un exemplaire à la bibliothèque du roi dans le *Varia variorum* de Huet, t. VI, pièces 74 et 75; ainsi que des *Considérations sommaires*, 49 pages in-4°.

« feront pendre... Ah ! s'il le fait, il sera plus cruel que
« ses ennemis, d'autant qu'il n'a pas, comme eux, in-
« térêt d'être injuste.... Adieu, mon cher ami ; j'en di-
« rais davantage si j'avois l'esprit...

« Feriunt summos fulmina montes[1]. »

La Fontaine ne s'en tint pas à ces témoignages particuliers de sa douleur. Il composa son *Élégie aux Nymphes de Vaux*. Alors toute l'animosité qui existait contre le surintendant se calma. Les muses françaises n'avaient point encore fait entendre de sons aussi harmonieux et aussi touchants : on imprima cette élégie dans tous les recueils du temps ; les amateurs de poésie la récitaient tout entière, et l'on sut particulièrement gré au poëte d'avoir proposé Henri IV pour modèle au jeune roi, lorsque, en s'adressant aux Nymphes de Vaux, il les supplie d'intercéder pour celui qui avait embelli leur demeure :

> Si le long de vos bords Louis porte ses pas,
> Tâchez de l'adoucir, fléchissez son courage ;
> Il aime ses sujets, il est juste, il est sage ;
> Du titre de clément rendez-le ambitieux :
> C'est par là que les rois sont semblables aux dieux
> Du magnanime Henri qu'il contemple la vie ;
> Dès qu'il put se venger il en perdit l'envie.
> Inspirez à Louis cette même douceur :
> La plus belle victoire est de vaincre son cœur.
> Oronte est à présent un objet de clémence ;

---

[1] Les montagnes les plus élevées sont les plus exposées aux coups de la foudre. La Fontaine, *Lettres à divers*, lettre 12.

> S'il a cru les conseils d'une aveugle puissance,
> Il est assez puni par son sort rigoureux,
> Et c'est être innocent que d'être malheureux [1].

La Fontaine, dans une sorte d'épître à Ariste (qui est, je crois, Pellisson), auquel il adressait le *Songe de Vaux*, se glorifie avec raison du succès de son élégie. Ce n'était pas un poëte dont l'amour-propre jouissait d'une vaine renommée, mais un ami dont le cœur était satisfait d'avoir fait quelque chose d'utile pour un ami dans l'infortune :

> Je soupire en songeant au sujet de mes veilles ;
> Vous m'entendez, Ariste, et d'un cœur généreux
> Vous plaignez comme moi le sort d'un malheureux.
> Il déplut à son roi ; ses amis disparurent :
> Mille voix contre lui dans l'abord concoururent ;
> Malgré tout ce torrent je lui donnai des pleurs :
> J'accoutumai chacun à plaindre ses malheurs [2].

La Fontaine ne se contenta pas de son élégie ; il composa aussi plus tard une ode sur le même sujet, et la fit parvenir à Fouquet, afin d'avoir ses observations avant de la faire paraître [3]. La fierté et le courage du surintendant n'avaient point été abattus par un an et demi d'une

---

[1] La Fontaine, *Élégies*, 1, t. VI, p. 1, 4. On la trouve imprimée dans le *Recueil de quelques pièces nouvelles et galantes, tant en prose qu'en vers*, in-18, Cologne, 1667, t. II, p. 195, avec le titre : *Élégie pour le malheureux Oronte*. Il est probable que la Fontaine fit d'abord imprimer cette Élégie séparément et sur une feuille volante, comme il a fait pour beaucoup d'autres de ses ouvrages ; mais le premier recueil publié par lui, où elle ait paru est celui de 1671, p. 105 ; elle y est intitulée *Élégie pour M.F.*

[2] La Fontaine, *Songe de Vaux*, 2.

[3] La Fontaine, *Odes*, 4, et *Lettres à divers*, lettre 12.

dure captivité[1]; car dans une apostille à une des strophes de cette ode, il dit au poëte qu'il demandait trop bassement pour lui une chose que l'on doit mépriser, c'està-dire la vie. « Mais, lui répond la Fontaine, peut-être
« n'avez-vous pas considéré que c'est moi qui parle;
« moi qui demande une grâce qui nous est plus chère
« qu'à vous. Il n'y a point de termes si humbles, si pa« thétiques et si pressants que je ne m'en doive servir
« en cette rencontre : quand je vous introduirai sur la
« scène, je vous prêterai des paroles convenables à la
« grandeur de votre âme[2]. » Nous voyons aussi, par cette lettre de la Fontaine, que Fouquet, qui, deux ans auparavant, avait été un des régulateurs des destinées de la France, ne put rien comprendre à la strophe où le poëte invite le monarque à détourner sa colère d'un sujet déjà trop puni, pour la diriger contre Rome et Vienne qui osent le braver :

> Mais si les dieux à ton pouvoir
> Aucunes bornes n'ont prescrites,
> Moins ta grandeur a de limites,
> Plus ton courroux en doit avoir.
> Réserve-le pour des rebelles :
> Ou, si ton peuple t'est soumis,
> Fais-en voler les étincelles
> Chez tes superbes ennemis.
> Déjà Vienne est irritée
> De ta gloire aux astres montée;
> Ses monarques en sont jaloux :

---

[1] Voltaire, *Épître à Servien*, t. XIII, p. 9, édit. de Kehl, in-12.
[2] La Fontaine, *Lettres à divers*, lettre 12.

Et Rome t'ouvre une carrière
Où ton cœur trouvera matière
D'exercer ce noble courroux [1].

Fouquet avait vécu, pendant quelque temps, tellement séparé de tout commerce humain, qu'il prit cette allusion aux affaires d'Europe pour une déclamation téméraire et déplacée, et qu'il demandait la suppression de cette belle strophe. Ainsi le traité conclu entre la France, l'Angleterre et la Hollande, dans le dessein d'abaisser la maison d'Autriche, l'aventure des Corses, l'insulte faite au duc de Crequi [2], la saisie d'Avignon déjà ordonnée, étaient des événements qui n'existaient pas pour lui.

---

[1] La Fontaine, *Odes*, 4.
[2] En 1662 ; on peut en lire le récit détaillé dans l'ouvrage intitulé *Origine des cardinaux du Saint-Siége*, Cologne, 1670, in-12, p. 295 à 437.

LIVRE DEUXIÈME.

1661 — 1669.

Parmi ceux qu'une même inclination pour les lettres, et surtout pour la poésie, avait liés avec la Fontaine, se trouvait un jeune homme qui s'unit avec lui de la plus étroite amitié. Ce jeune homme n'avait encore composé que des vers d'assez mauvais goût; mais, quoiqu'il fût de plus de dix-huit ans moins âgé que la Fontaine, il avait fait des études plus profondes et plus complètes, il était plus que lui initié dans la connaissance des modèles de l'antiquité; la langue d'Homère lui était familière, et la Fontaine se faisait souvent expliquer par lui les œuvres de ce prince des poëtes. Ce jeune homme c'était Racine. Il était de la Ferté-Milon, pays de la femme de la Fontaine, ce qui leur procura des connaissances communes à tous deux, et des occasions plus fréquentes de se trouver ensemble; mais l'estime qu'ils conçurent l'un pour l'autre, la confiance mutuelle qui en fut la suite, les rapports sympathiques de deux cœurs susceptibles d'attachement, purent seuls donner à cette liaison ce degré de stabilité et de durée qui la rendit inaltérable [1].

---

[1] Louis Racine, *Mémoires sur la vie de J. Racine*, dans ses *Œuvres*, édit. 1820, in-8°, t. I, p. CXL, ou t. V, p. 156 de l'édit. de Geoffroy.

Pendant le procès de Fouquet, le jeune Racine se trouvait à Uzès, chez un de ses oncles, génovéfain, qui s'engageait à lui résigner tous ses bénéfices s'il embrassait l'état ecclésiastique. Racine s'était fait tonsurer, et étudiait la théologie par intérêt et par nécessité ; mais son goût l'entraînait vers la littérature, et il regrettait la capitale, les sociétés qu'il y avait laissées, les plaisirs qu'il y avait goûtés. Les lettres de la Fontaine qui lui rappelaient tout cela et le mettaient au courant de toutes les nouvelles du théâtre et du beau monde, étaient sa principale ressource contre l'ennui qui l'obsédait [1]. En effet, presque toutes les lettres qui nous restent de la Fontaine présentent un mélange d'esprit, de franchise et de bonhomie, qui leur donne un charme tout particulier. Il les entremêle presque toujours de vers, et passe heureusement, et avec facilité, du langage de la prose à celui de la poésie.

La première lettre que Racine écrivit dès qu'il fut arrivé en Languedoc fut adressée à la Fontaine, qui, ainsi que lui, avait eu la fièvre peu de temps auparavant : « Tout ce que j'ai vu, dit-il, ne m'a pas empêché de songer toujours autant à vous que je faisois lorsque nous nous voyions tous les jours,

> Avant qu'une fièvre importune
> Nous fît courir même fortune,
> Et nous mît chacun en danger
> De ne plus jamais voyager [2]. »

---

[1] Racine, *Lettres à quelques amis*, 18, t. VI, p. 120, édit. 1820, in-8°.
[2] Ib., *ibid.*, 1, t. VI, p. 141, édit. 1820.

Comme si alors tout dût être commun entre ces deux amis, ils se ressemblaient non-seulement par leur goût pour la poésie, mais aussi par leur inclination pour les femmes : la lettre dont nous venons de parler le prouve, et n'a pas été lue par ceux qui ont prétendu que c'était sous le beau ciel du Languedoc que Racine avait reçu les premières leçons d'amour [1]. « Je ne me saurois empêcher, écrit le jeune Racine, de vous dire un mot des beautés de cette province. On m'en avoit dit beaucoup de bien à Paris; mais, sans mentir, on ne m'en avoit encore rien dit au prix de ce qui en est, et pour le nombre et pour l'excellence. Il n'y a pas une villageoise, pas une savetière, qui ne disputât de beauté avec les Fouilloux et les Meneville...... Toutes les femmes y sont éclatantes, et s'y ajustent d'une façon qui leur est la plus naturelle du monde; et pour ce qui est de leur personne,

Color verus, corpus solidum et succi plenum [2].

Mais comme c'est la première chose dont on m'a dit de me donner de garde, je ne veux pas en parler davantage; aussi bien ce serait profaner une maison de bénéficier comme celle où je suis, que d'y faire de longs discours sur cette matière : *Domus mea, domus orationis* [3]. C'est pourquoi vous devez vous attendre que je ne vous en parlerai plus du tout. On m'a dit : Soyez

[1] Geoffroi, *Vie de Racine*, dans les *OEuvres de Racine*, t. I, p. 20.
[2] Un coloris frais, un corps ferme, la fleur de l'embonpoint et de la santé. Tér., *Eun.*, act. II, sc. v.
[3] Ma maison est une maison de prière.

aveugle. Si je ne le puis être tout à fait, il faut du moins que je sois muet : car, voyez-vous, il faut être régulier avec les réguliers, comme j'ai été loup avec vous et avec les autres loups vos compères. *Adiousias* [1]. »

Ce langage n'est certainement pas d'un novice. Mais disons quelles étaient ces beautés célèbres si bien connues de la Fontaine, auxquelles Racine comparait les femmes du Languedoc. Mademoiselle de Fouilloux et mademoiselle de Meneville étaient toutes deux filles d'honneur de la reine mère [2]. La première, nommée Bénigne de Meaux de Fouilloux, amie intime de mademoiselle de la Vallière, jouissait à ce titre de toute la faveur du roi [3], et reçut de lui 50,000 écus pour dot en épousant le marquis d'Alluye, fils du marquis de Sourdis; étroitement liée avec la duchesse de Bouillon et avec la comtesse de Soissons [4], sa sœur, elle fut impliquée avec cette dernière dans l'affaire des poisons, et elle sortit de France avec cette dernière en 1680 [5]. Élisabeth de Meneville, de la maison de Roncherolle, eut un sort encore moins heureux : lorsqu'on saisit les papiers de Fouquet, on trouva des lettres de dames de la cour qu'il

---

[1] Racine, *Lettres à la Fontaine*, lettre 1, t. VI, p. 144.

[2] Loret, *Muse historique*, lettre 36, en date du 11 septembre 1661, liv. XI, p. 142 ; Beauchâteau, *la Lyre du jeune Apollon*, 1657, in-4°, p. 146.

[3] Le nom de mademoiselle de Fouilloux est porté sur la liste que Louis XIV envoya à Colbert, en mai 1664, pour participer à une loterie de cour. Louis XIV, *OEuvres*, t. V, p. 184.

[4] Madame de Motteville, *Mémoires*, année 1661, part. V, t. V, p. 159, édit. de 1824, in-8°, t. XL de la collection Petitot.

[5] Madame Élisabeth-Charlotte, duchesse d'Orléans, *Mémoires sur la cour de Louis XIV*, 1823, in-8°, p. 93. Ce sont les fragments des lettres de cette princesse.

avait conservées. « Alors, dit la bonne madame de Motteville, on vit qu'il y avoit des femmes et des filles qui passoient pour sages et qui ne l'étoient pas. » Mademoiselle de Meneville fut une des plus compromises par cette enquête qui fut faite chez le surintendant. Il lui avait donné 50,000 écus, près de 300,000 francs de notre monnaie actuelle. Elle trompa pour lui le bon Guitaut, capitaine aux gardes de la reine mère. Madame du Plessis-Bellière fut encore la confidente de cette intrigue [1]. Mademoiselle de Meneville fut chassée, et forcée de se retirer dans un couvent. Madame de la Fayette assure que c'était une des plus belles personnes de ce temps. Le duc de Damville (auparavant comte de Brionne) en avait été amoureux, et avait voulu l'épouser [2].

Poignant, dont nous avons déjà parlé, l'ami commun de la Fontaine et de Racine, se trouve mêlé dans leur correspondance [3]. On voit que Racine écrivait à Poi-

---

[1] Louis Loménie de Brienne, *Mémoires inédits*, 1828, ch. XVIII, t. II, p. 172. Brienne ajoute qu'elle avait remis tout son argent à Fouquet pour le faire valoir et que tout fut perdu par sa disgrâce. Voyez aussi madame de la Fayette, *Histoire d'Henriette d'Angleterre*, t. LXIV, p. 404 des *Mémoires relatifs à l'histoire de France*.

[2] Madame de la Fayette, *Histoire d'Henriette d'Angleterre*, p. 72; t. LXIV, p. 404 de la collection Petitot; Motteville, *Mémoires*, t. V, p. 234 et 247, ou t. V, p. 147 (année 1661), édit. 1824, in-4°, t. XL, collection Petitot; Mademoiselle de Montpensier, *Mémoires*, année 1657, t. III, p. 200, édit. 1825, in-8°, t. XLII, collection Petitot. Ce fut madame la duchesse de Ventadour, mère du duc de Damville, qui empêcha ce mariage; et cependant le duc de Damville avait alors près de cinquante ans. Voyez aussi le cardinal de Retz, *Mémoires*, livre IV, année 1652, t. III, p. 22, édit. 1825, t. XLVI de la collection Petitot.

[3] Voyez les *Œuvres de Racine*, édit. de Geoffroy, t. VII, p. 156, 193 et 217.

gnant sans espoir de réponse; mais il n'en était pas de même à l'égard de la Fontaine. Dans une lettre à l'abbé le Vasseur Racine dit : «M. de la Fontaine m'a écrit, et me mande force nouvelles de poésie, et surtout des pièces de théâtre. Je m'étonne que vous ne m'en disiez pas un mot. N'est-ce point que ce charme étrange qui vous empêchoit d'écrire vous empêchoit aussi d'aller à la comédie[1]?» Racine ne fait pas à la Fontaine de semblables reproches; au contraire, il lui dit : «Votre lettre m'a fait un grand bien, et je passerois assez doucement mon temps si j'en recevois souvent de pareilles. Je ne sache rien qui me puisse mieux consoler de mon éloignement de Paris; je m'imagine même être au milieu du Parnasse, tant vous me décrivez agréablement tout ce qui s'y passe de plus mémorable[2].» Racine faisait tant de cas des lettres de notre poëte, qu'il les envoyait à Paris à son ami Vitart pour lui faire part du plaisir que cette lecture lui procurait; mais en même temps il recommandait qu'on eût soin de les lui renvoyer promptement. « J'envoie, écrivait-il à l'abbé le Vasseur, la lettre de la Fontaine décachetée à M. Vitart. S'il en fait retirer copie, ayez soin, je vous prie, que la lettre ne soit pas souillonnée et qu'on ne la retienne pas longtemps[3]. » Dans la lettre écrite à notre poëte dont nous avons cité les premieres lignes, Racine, après avoir re-

---

[1] Racine, *Lettres à quelques amis*, lettre 28, t. VII, p. 126 de l'édit. de 1820; t. VII, p. 154 de l'édit. de Geoffroy.

[2] Racine, *Lettres à la Fontaine*, lettre 2, en date du 6 juillet 1662, t. VI, p. 146, édit. 1820.

[3] Ibid., *Lettres à quelques amis*, lettre 28, t. VI, p. 126.

tracé en quatre stances les destinées des Muses, ajoute :

  Paris, le siége des Amours,
 Devient aussi celui des Filles de Mémoire ;
  Et l'on a grand sujet de croire
  Qu'elles y resteront toujours.

Puis il termine par une louange aussi fine que délicate pour son ami : « Quand je parle de Paris, j'y comprends les beaux pays d'alentour :

  Tantôt Fontainebleau les voit
  Le long de ses belles cascades ;
  Tantôt Vincennes les reçoit
  Au milieu de ses palissades.

  Elles vont souvent sur les eaux
  Ou de la Marne ou de la Seine ;
  Elles étoient toujours à Vaux,
  Et ne l'ont pas quitté sans peine. »

Nous voyons aussi dans cette même lettre que Racine allait souvent à Château-Thierry, et qu'il était fort connu de madame de la Fontaine et des beaux esprits de cette ville. « Renvoyez-moi, dit-il à celui-ci, cette bagatelle des *Bains de Vénus*, et me mandez ce qu'en pense votre académie de Château-Thierry, surtout mademoiselle de la Fontaine. Je ne lui demande aucune grâce pour mes vers ; qu'elle les traite rigoureusement[1]. »

---

[1] Racine, *Lettres à la Fontaine*, lettre 2, t. VI, p. 148, de l'édit. 1820 ; t. VII,

Bientôt après la Fontaine eut avec le fisc un procès qui lui causa un véritable chagrin. On se rappelle que nous avons remarqué en commençant que sa famille était une des plus anciennes de Château-Thierry, et avait quelques prétentions à la noblesse. Dans un acte d'arpentage d'un domaine dit de la Tueterie, ou de la Fontaine au renard [1], le grand-père de notre poëte, Charles de la Fontaine, maître particulier des eaux et forêts, et capitaine des chasses au duché de Château-Thierry, est qualifié d'écuyer. Dès le règne d'Henri IV il arrivait souvent que des roturiers, dans l'espoir de se soustraire au payement de la taille, prenaient le titre d'écuyer. Le roi en fit d'expresses prohibitions par un édit du mois de mars 1600. Louis XIII, au mois de janvier 1634, défendit également d'usurper la noblesse, et de prendre la qualité d'écuyer, à peine de 2,000 livres d'amende. De semblables déclarations furent rendues par Louis XIV, le 30 décembre 1656 et le 8 février

---

p. 157 de l'édit. de Geoffroy. Il est fâcheux que nous n'ayons pas les lettres de la Fontaine à Racine. Le petit-fils de la Fontaine, qui s'était rendu dans le comté de Foix pour gérer les biens du marquis du Bonnac, auquel il s'était attaché, écrivait en 1753 : « Croiriez-vous que j'eusse trouvé au « pied des Pyrénées des lettres de mon grand-père ? J'en ai sur ma table « quelques-unes en vers et en prose ; outre cela, j'ai environ cinq cents « lettres de Racine, quarante de madame de la Sablière, comparables à celles « de madame de Sévigné et plus intéressantes pour le cœur. Enfin des « lettres de tous les illustres du règne de Louis XIV depuis 1676 jusqu'en « 1716... Je projette une nouvelle édition des œuvres de mon grand-père, « et j'y joindrai une Vie aussi simple que lui-même. » Voyez Fréron, *Année littéraire*, 1758, t. II, lettre 1, p. 19. Malheureusement cette édition et cette Vie n'ont point paru, et aucune de ces lettres trouvées par le petit-fils de la Fontaine n'a été publiée.

[1] Voyez cet acte dans l'*Appendice*, à la fin du second volume.

1661 [1]. En vertu de ces dernières ordonnances, on fit de sévères perquisitions, et les agents du fisc produisirent des actes dans lesquels la Fontaine, à l'exemple de ses ancêtres, s'était qualifié d'écuyer [2]. Ils dirigèrent contre lui des poursuites, et, en son absence, un arrêt par défaut le condamna à 2,000 livres d'amende [3]. La Fontaine, dont les affaires étaient déjà dérangées, fut fort affligé de cette condamnation : il s'adressa dans cette extrémité au duc de Bouillon, et le pria de faire agir son crédit auprès de Colbert pour le faire décharger de cette amende. Le duc de Bouillon était depuis peu seigneur de la ville où notre poëte résidait, et lui devait en quelque sorte sa protection : en effet, l'année même dans laquelle la Fontaine lui écrivait, c'est-à-dire en 1662, le duc de Bouillon venait d'obtenir de nouvelles provisions de l'acte qui consommait l'échange de ce qui lui restait du duché de Bouillon contre le duché de Château-Thierry, celui d'Albret, et les comtés d'Auvergne et d'Évreux [4]. Comme si la langue poé-

---

[1] M. de Monmerqué, dans les *Mémoires de Coulanges*, p. 453 et 454; P. Clément, *Histoire de Colbert*, ch. v, p. 159.

[2] Id., dans les *Œuvres complètes de la Fontaine*, 1823, t. VI, p. 81, note 2.

[3] Boileau et Huet eurent aussi une attaque semblable à soutenir, mais ils en triomphèrent. Huet prétend que les agents du fisc, abusant de leurs pouvoirs, faisaient payer de grosses sommes à des familles à qui depuis longtemps personne ne contestait la noblesse, mais qui ne pouvaient représenter leurs titres, et en même temps à ceux qui, ayant usurpé, trouvaient par eux le moyen de faire légitimer leur usurpation. (*Petri Huetii commentarius de rebus ad eum pertinentibus*, 1718, p. 186.)

[4] D. Clément, *Art de vérifier les dates*, in-folio, t. II, p. 746; Rabutin, *Mémoires*, édit. 1769, in-12, t. I, p. 125; Hénault, *Abrégé chronologique*, 1768, in-4°, p. 501 et 602.

tique était la seule que la Fontaine connût, c'est en vers qu'il fit sa supplique au duc de Bouillon ; et malgré son badinage sur le procureur Thomas Bousseau, qui l'a poursuivi, le partisan la Vallée-Cornay, au nom duquel on agissait contre lui, la Fontaine décèle tout le chagrin de son âme. Cette affaire n'était pas en effet la seule qui alors le tourmentait. Fouquet, arrêté à Nantes le 5 septembre (la Fontaine dit le 7 par erreur), avait été transféré d'Amboise à Vincennes, et de là à la Bastille, où il était gardé à vue, ainsi que Guénégaud, trésorier de l'épargne, son ami, et diverses autres personnes enveloppées dans sa disgrâce. Madame Fouquet avait été exilée en Limousin, et un de ses parents, nommé Bailly, avocat général au grand conseil, avait eu ordre de se retirer à Château-Thierry[1]. Enfin, la chambre de l'Arsenal instruisait le procès du malheureux surintendant avec une partialité révoltante. C'est à tous ces événements que le poëte fait allusion :

> Prince, je ris, mais ce n'est qu'en ces vers :
> L'ennui me vient de mille endroits divers ;
> Du parlement, des aides, de la chambre,
> Du lieu fameux par le sept de septembre,
> De la Bastille et puis du Limousin ;
> Il me viendra des Indes à la fin.
> . . . .
> Je vous arrête à d'étranges propos :
> N'en accusez que ma raison troublée ;
> Sous le chagrin mon âme est accablée ;

---

[1] *Bastille dévoilée*, p. 50.

L'excès du mal m'ôte le jugement.
Que me sert-il de vivre innocemment,
D'être sans faste et cultiver les Muses?
Hélas! qu'un jour elles seront confuses,
Quand on viendra leur dire en soupirant :
« Le nourrisson que vous chérissiez tant,
« Moins pour ses vers que pour ses mœurs faciles,
« Qui préféroit à la pompe des villes
« Vos antres cois, vos chants simples et doux,
« Qui dès l'enfance a vécu parmi vous,
« A succombé sous une injuste peine [1]. »

Il était difficile de solliciter une faveur en vers plus touchants et plus gracieux. La Fontaine prie le duc, non-seulement d'intervenir en personne auprès du ministre, mais d'engager son épouse à joindre ses sollicitations aux siennes.

Si votre épouse étoit de même humeur
A dire encore un mot sur cette affaire;
Comme elle sait persuader et plaire,
Inspire un charme à tout ce qu'elle dit,
. . . .
Je suis certain qu'une double entremise
De cette amende obtiendroit la remise [2].

Ces derniers vers prouvent que cette épître est postérieure au 20 avril de l'année 1662, époque à laquelle Marie-Anne Mancini épousa le duc de Bouillon [3]. Parmi

---

[1] La Fontaine, *Épîtres*, 6.
[2] Ibid.
[3] Loret, *Gazette historique*, en date du 22 avril 1662, lettre 15, t. III,

les sept nièces que le cardinal de Mazarin avait fait venir successivement d'Italie, et qui toutes s'allièrent aux premières maisons du royaume, les deux plus célèbres par les agréments de leur figure et de leur esprit furent les deux dernières filles de Mancini. L'aînée des deux, Hortense Mancini, fut donnée au duc de la Meilleraie, qui prit le nom de Mazarin[1]; la plus jeune, Marie-Anne, n'épousa le duc de Bouillon qu'un an après la mort du

---

p. 58; Montpensier, *Mémoires*, t. V, p. 209; *l'Art de vérifier les dates*, 3ᵉ édit., in-folio, t. II, p. 749 ; *OEuvres complètes de la Fontaine*, in-8°, t. V, p. 6 et 327; t. VI, p. 515. Godefroy Maurice de la Tour, duc de Bouillon, naquit le 21 juin 1641 et mourut le 25 juillet 1721. Sa femme, Marie Anne de Mancini, fille de Laurent Mancini, gentilhomme romain, et de Hiéronyme Mazarini, nièce du cardinal Jules Mazarini, fut mariée au Louvre, le 20 avril 1662, mourut subitement à Clichy, le 21 juin 1714, âgée de soixante-huit ans, et fut enterrée aux Théatins. (Anselme, *Histoire généal. de la maison de France*, 3ᵉ édit., t. IV, p. 451.) Ce mariage, selon Choisy, avait été arrêté dès l'année 1653. (Voy. Choisy, *Mémoires*, édit. de Monmerqué, t. LXIII, p. 192 et 205.) Ceci ne paraît pas exact, car Gui Patin (*Lettres*, t. V, p. 128, lettre en date du 23 février 1657) écrivait : « On dit que le Mazarin va marier une autre de ses nièces, Marie-Anne, au fils aîné du prince François, auquel on rendra la Lorraine. »

[1] Choisy, *Mémoires*, 1747, in-12, p. 81 ; Montpensier, *Mémoires*, 1776, in-12, t. III, p. 127; t. V, p. 209 et 211 ; Motteville, *Mémoires*, 1723, in-12, t. V, p. 222 et p. 499, ou 1824, in-8°, t. IV, p. 395, t. XXXIX de la collection Petitot (année 1656). Madame de Motteville place en 1653 l'arrivée de madame Mancini et de ses filles. D'un autre côté, Monglat (*Mémoires*, t. II, p. 83, t. L de la collection) dit qu'à la fin de 1647 on vit paraître à la cour un fils et deux filles de Mancini et une fille de Martinozzi. Madame Mancini avait cinq filles ; il paraît donc évident qu'en 1647 elle n'amena que les plus âgées. Marie-Anne, qui depuis épousa le duc de Bouillon, n'étant alors qu'un enfant, resta à Rome et ne fut amenée en France qu'à l'âge de six ans, en 1656, avec ses deux autres sœurs. C'est ainsi que se concilient ces deux récits qui au premier abord semblent se contredire. Dans une lettre en date du 3 mai 1653, Gui Patin (*Lettres*, t. V, p. 85) rapporte qu'on dit qu'il arriva d'Italie deux autres nièces de Mazarin et un neveu. Anquetil, *Louis XIV, sa cour et le régent*, t. I, p. 5 et 43.

ministre, son oncle, sur lequel elle avait acquis un grand ascendant [1]. Nous voyons d'après les vers que nous venons de citer que, peu de temps après son mariage, la Fontaine lui fut présenté. Elle sortait à peine de l'enfance, et venait d'avoir seize ans [2], mais elle s'était montrée très-précoce en tout [3]. C'était une brune piquante, plus jolie que belle, vive, et même un peu emportée, aimant les plaisirs et animant la conversation

---

[1] Bouillon, *OEuvres*, 1663, p. 91. Voyez aussi les *OEuvres de Chaulieu* et celles de Saint-Évremond. Il est certain par Loret, *Muse historique*, t. VII, p. 18, du 29 janvier, que Marie-Anne Mancini ne vint en France qu'en 1656 et qu'elle était âgée de six ans. Loret allait au Louvre et a dû être bien informé.

« Chaque fois que je vais au Louvre,
« Dans la cour de notre monarque,
« Elle me connoit et remarque,
« J'en ai souvent quelque regard,
« Et me dit toujours : Dieu vous gard....
« Marie-Anne de Mancini,
« Fillette d'esprit infini,
« Cette nièce jeune et jolie,
« Qui vint l'autre jour d'Italie,
« Et qui des plus grands de la cour
« Est le cœur, la joie et l'amour,
« N'ayant pourtant atteint que l'âge
« De six ans et pas davantage,
« Eut la fièvre lundi, mardi. »

Madame Martinozzi retourna en Italie et ne revint pas en France. Ce fut madame de Noailles, qui avait été reconduire le duc et la duchesse de Modène, qui ramena à Paris Marie-Anne, la petite-nièce du cardinal, et son neveu Alphonse.

[2] C'est le plus qu'on lui puisse donner. La lettre de Loret que nous venons de citer et le témoignage de Brienne (*Mémoires inédits*, t. II, p. 11) sont positifs.

[3] Loménie de Brienne (fils) dit, en parlant des nièces de Mazarin, que Marie-Anne fut donnée pour femme au duc de Bouillon « quoiqu'elle ne fût encore qu'un enfant. » Il ajoute : « Elle a beaucoup d'esprit, mais peu de jugement. »

par une gaieté spirituelle et des saillies inattendues ; elle avait un goût décidé pour la poésie, et même elle faisait des vers [1]. Le désir de lui plaire et d'amuser son imagination libre et badine inspira, dit-on, à la Fontaine ses plus jolis contes, mais malheureusement aussi les plus licencieux. Il est probable qu'il obtint la remise de l'amende à laquelle il était condamné, et qu'il dut cette faveur à sa nouvelle protectrice, dont le crédit était sur ce point très-efficace, puisque son oncle avait été le premier auteur de la fortune de Colbert, de qui cette affaire dépendait ; du moins il ne nous reste aucune trace que la Fontaine se soit jamais plaint des rigueurs du fisc à son égard.

L'année suivante, Jannart fut exilé à Limoges : ami de Fouquet, il lui était resté fidèle dans son malheur. Il avait demandé à être le conseil de madame Fouquet, et il l'avait obtenu ; mais lorsque, d'après son avis, elle eut manifesté le dessein de faire informer sur les abus qui avaient été commis dans l'inventaire des papiers de son mari, Colbert obtint une lettre de cachet pour que Jannart fût conduit à Limoges, où madame Fouquet avait eu ordre de se rendre [2]. La Fontaine se décida aussitôt à suivre Jannart dans son exil. Dans plusieurs lettres à sa femme, il fait en prose, mêlée de vers, la description de ce voyage, qui, pour l'enjouement et

---

[1] De Saint-Marc a imprimé, dans ses *Remarques sur le Bolæana*, un rondeau de Marie-Anne Mancini, duchesse de Bouillon, qu'il a, dit-il, copié sur l'autographe même. (Œuvres de M. Boileau-Despréaux, t. V, p. 93.)

[2] Fouquet, *Conclusion de ses défenses*, 1668, in-18, p. 261.

l'agrément des détails, peut être comparé à celui de Chapelle et de Bachaumont. Nous y chercherons seulement les traits qui peuvent servir à mieux faire connaître le caractère de la Fontaine.

Il commence par des remontrances, qui, toutes justes qu'elles pouvaient être, ne devaient pas plaire, car enfin c'étaient des remontrances.

« Vous n'avez jamais voulu lire d'autre voyage que
« ceux de la Table Ronde : mais le nôtre mérite bien
« que vous le lisiez ; il pourra même arriver que si vous
« goûtez ce récit, vous en goûterez après de plus sé-
« rieux. Vous ne jouez, ni ne travaillez, ni ne vous sou-
« ciez du ménage, et, hors le temps que vos bonnes
« amies vous donnent par charité, il n'y a que les ro-
« mans qui vous divertissent. Considérez, je vous prie,
« l'utilité que ce vous seroit, si, en badinant, je vous
« avois accoutumée à l'histoire, soit des lieux, soit des
« personnes ; vous auriez de quoi vous désennuyer toute
« votre vie, pourvu que ce soit sans intention de rien
« retenir, moins encore de rien citer. Ce n'est pas une
« bonne qualité pour une femme d'être savante, et c'en
« est une très-mauvaise d'affecter de paroître telle. » Ces leçons étaient excellentes ; mais elles sont données d'une manière peu aimable, et qui montre peu d'affection. La fin de cette lettre nous prouve que du moins la Fontaine n'avait pas renoncé aux sentiments d'époux et de père. « Faites bien mes recommandations à notre mar-
« mot, et dites-lui que j'amènerai peut-être de ce pays
« quelque beau petit chaperon pour le faire jouer et

« pour lui tenir compagnie[1]. » Cet enfant, le seul qu'ait eu la Fontaine, fut tenu sur les fonts baptismaux par François de Maucroix, et reçut le nom de Charles; né le 8 octobre 1653, il avait alors dix ans[2].

Jannart fut obligé de s'arrêter à Clamart, et la Fontaine mande à sa femme de la manière suivante les motifs de ce retard : « Les occupations que nous eûmes à « Clamart, votre oncle et moi, furent différentes. Il ne « fit aucune chose digne de mémoire. Il s'amusa à des « expéditions, à des procès, à d'autres affaires. Il n'en « fut pas ainsi de moi. Je me promenai, je dormis, je « passai le temps avec les dames qui nous vinrent voir. » Se réjouir, se promener, dormir, passer le temps avec les femmes et faire des vers, telles furent, en effet, toujours les grandes affaires de la Fontaine et l'occupation de toute sa vie ; et c'est en ne songeant qu'à soigner son bonheur, et abandonné à ses goûts et à ses penchants, qu'il parvint à faire des choses dignes de mémoire.

Au Bourg-la-Reine, notre poëte se plaint de l'ennui que lui causa la nécessité où il fut d'entendre une messe paroissiale. « De bonne fortune pour nous, dit« il, le curé étoit ignorant, et ne prêcha point. » La naïveté avec laquelle la Fontaine faisait confidence à sa femme de ses penchants, qu'il aurait dû tenir secrets, ne devait pas contribuer à la paix du ménage. Il lui ra-

---

[1] La Fontaine, *Lettres à sa femme*, lettre 1.
[2] Voyez la généalogie de la Fontaine dans les *Pièces justificatives*, à la fin du second volume

conte qu'il avait trouvé heureusement trois femmes dans la diligence. « Parmi ces trois femmes, il y avoit « une Poitevine qui se qualifioit comtesse; elle parois- « soit assez jeune et de taille raisonnable, témoignoit « avoir de l'esprit, déguisoit son nom, et venoit plaider « en séparation contre son mari : toutes qualités d'un « bon augure, et j'y eusse trouvé matière de cajolerie « si la beauté s'y fût rencontrée; mais je vous défie de « me faire trouver un grain de sel dans une personne à « qui elle manque[1]. » Ce comique défi que la Fontaine porte à sa femme vient à l'appui de plusieurs autres passages de ses ouvrages qui nous apprennent que ce qu'il estimait le plus dans les femmes étaient les avantages dont elles tirent elles-mêmes le plus de vanité.

Dans une lettre suivante, il raconte une de ces distractions qui devinrent par la suite en lui si fréquentes, et qui donnèrent une teinte extraordinaire à ce caractère déjà si naturellement original. C'était à Cléry, près d'Orléans, dont il visita l'église. « Au sortir de cette « église, dit-il, je pris une autre hôtellerie pour la nô- « tre; il s'en fallut peu que je n'y commandasse à dî- « ner, et m'étant allé promener dans le jardin, je « m'attachai tellement à la lecture de Tite-Live, qu'il « se passa plus d'une bonne heure sans que je fisse ré- « flexion sur mon appétit. Un valet de ce logis m'ayant « averti de cette méprise, je courus au lieu où nous « étions descendus, et j'arrivai assez à temps pour

---

[1] La Fontaine, *Lettres à sa femme*, lettre 2.

« compter¹. » Quand il arriva à Blois, on lui apprit qu'il y avait un grand nombre de jolies personnes. Il ajoute sur-le-champ : « Je m'en fis nommer quelques-unes à « mon ordinaire². »

La Fontaine fait remarquer à sa femme combien, avec l'indolence de son caractère, elle doit lui avoir d'obligation d'être aussi exact à lui écrire. « Il ne s'en « faut pas un quart d'heure qu'il ne soit minuit; j'em-« ploie cependant les heures qui me sont les plus pré-« cieuses à vous faire des relations, moi qui suis enfant « du sommeil et de la paresse³. »

En passant par Amboise, où Fouquet avait été renfermé d'abord, la Fontaine voulut voir la chambre qu'avait habitée l'illustre prisonnier, et c'est dans le récit naïf de cette petite circonstance que se décèle tout entière la touchante sensibilité de cet excellent homme. « Je demandai, dit-il, à voir cette chambre : triste « plaisir, je vous le confesse ; mais enfin je le demandai. « Le soldat qui nous conduisoit n'avoit pas la clef ; au « défaut, je fus longtemps à considérer la porte, et me « fis conter la manière dont le prisonnier étoit gardé. « Je vous en ferois volontiers la description ; mais ce « souvenir est trop affligeant.

> Qu'est-il besoin que je retrace
> Une garde au soin nompareil,

---

[1] La Fontaine, *Lettres à sa femme*, lettre 3.
[2] Id.
[3] Id.

> Chambre murée, étroite place,
> Quelque peu d'air pour toute grâce,
> Jours sans soleil,
> Nuits sans sommeil,
> Trois portes en six pieds d'espace !
> Vous peindre un tel appartement,
> Ce seroit attirer vos larmes.
> Je l'ai fait insensiblement :
> Cette plainte a pour moi des charmes.

« Sans la nuit, on n'eût jamais pu m'arracher de cet « endroit[1]. »

Arrivé au Port-de-Pilles, notre poëte remarque que c'est un lieu passant où l'on trouve des commodités même incommodes, telles que de méchants chevaux,

> Encore mal ferrés et plus mal embouchés,
> Et très-mal enharnachés.

Mais il n'avait pas à choisir, il les fait mettre en état,

> Laisse le pire, et sur le meilleur monte[2].

Il arrive enfin à Richelieu, et décrit l'aspect de cette ville encore en projet, et qui consistait en une rue déserte.

> Ce sont des bâtiments fort hauts :
> Leur aspect vous plairoit sans faute;

---

[1] La Fontaine, *Lettres à sa femme*, lettre 4. Les instructions données depuis par Louis XIV à Saint-Mars pour la garde de Fouquet prouvent avec quelle rigueur le roi le fit surveiller, et combien il craignait qu'il ne vînt à s'échapper ou à communiquer au dehors. (Louis XIV, *Œuvres*, 1806, in-8°, t. VI, p. 71.)

[2] Vers de Clément Marot.

Les dedans ont quelques défauts,
Le plus grand est qu'ils manquent d'hôte.
La plupart sont inhabités,
Je ne vis personne en la rue,
Il m'en déplut : j'aime aux cités
Un peu de bruit et de cohue [1].

Dans l'avant-dernière des lettres qui nous restent de ce voyage, la Fontaine fait à sa femme une longue description du château de Richelieu, séjour alors magnifique, et aujourd'hui détruit; les chefs-d'œuvre qui s'y trouvaient, et que la Fontaine énumère longuement et en homme passionné pour les arts, font maintenant l'ornement de plusieurs des belles collections de l'Europe [2].

La dernière lettre, en date du 19 septembre 1663, contient quelques-uns de ces traits qui peignent notre fabuliste. Elle commence ainsi : « Ce seroit une belle « chose que de voyager, s'il ne falloit pas se lever si « matin. » Ainsi le plaisir même du voyage ne pouvait le faire renoncer sans peine à ses goûts paresseux.

Obligé, contre sa coutume, de sortir du lit, ainsi qu'il le dit lui-même, avant que l'aurore ne fût éveillée, notre poëte se disposait à prendre congé de la ville de Richelieu sans la voir; mais les portes de cette ville se trouvèrent

---

[1] La Fontaine, *Lettres à sa femme*, lettre 6.
[2] On trouvera dans la *Topographia Galliæ* de Gasparo Mariani, Francofurti, 1657, part. VI, p. 54, une vue de la ville de Richelieu et une vue du château, propres à éclaircir la description de la Fontaine. *Voyez* encore le plan gravé de Marot.

fermées par ordre du sénéchal. Le bruit courait que quelques gentilshommes de la province avaient fait le complot de sauver des prisonniers soupçonnés de l'assassinat du marquis de Fors. Ce marquis s'appelait du Vigean[1] ; il était frère de la duchesse de Richelieu et de cette demoiselle du Vigean qui alluma dans le cœur du grand Condé une passion violente, et mourut aux Grandes-Carmélites. Le marquis de Fors fut assassiné dans son propre pays, comme il allait dans son carrosse faire visite à un de ses amis. Ce que la Fontaine nous apprend ici des projets formés pour sauver les assassins, joint à la conduite de sa veuve, est bien propre à jeter du jour sur les causes de cet assassinat, qui, je crois, sont restées ignorées. Il est nécessaire de faire connaître l'histoire de cette veuve, non pas sans doute dans le but de justifier la conduite relâchée de notre poëte et les jeux trop libres de sa muse, mais afin d'adoucir la sévérité de nos lecteurs envers lui, en leur faisant connaître tout ce qui peut lui servir d'excuse, et quelles étaient, à l'époque où il écrivit ses premiers contes, les mœurs de la cour et du monde où il vivait.

La marquise de Fors[2], après l'assassinat de son mari, vint se fixer à Paris, et se mit dans un couvent où elle recevait bonne compagnie, et d'où elle sortait souvent,

---

[1] Tallemant des Réaux, *Historiettes*, t. IV, p. 259. Tallemant nous apprend que le fils aîné fut tué au siége d'Arras. « Il avoit, disait-il, bien du cœur et de l'esprit. »

[2] La Fontaine écrit Faure ; il paraît que ce n'est pas le véritable nom : le marquis se nommait Poussart, marquis de Fors, seigneur du Vigean.

sous prétexte de ses affaires. Bientôt elle eut un amant et se trouva enceinte. Cette circonstance la détermina à prendre pour époux un comte de l'Aubespin, gentilhomme de Franche-Comté, beaucoup plus âgé qu'elle et assez mal dans ses affaires. Le comte de Vaubecourt, père de la marquise de Fors, et qui lui devait encore la dot qu'il lui avait constituée, craignant que son nouveau mari ne le pressât de la payer pour se retirer ensuite dans son pays, se plaignit au roi. Le comte de l'Aubespin avait, disait-il, enlevé sa fille du couvent, où elle était renfermée par son ordre. A cette époque, la Franche-Comté appartenait à l'Espagne. L'ambassadeur d'Espagne intervint en faveur du comte de l'Aubespin, sujet de l'Espagne, et l'affaire fut arrangée, on ne dit pas comment, mais probablement, d'après ce qui va suivre, le comte de Vaubecourt se dispensa de payer la dot. L'Aubespin emmena sa femme dans une de ses terres, en Franche-Comté : celle-ci, après un séjour de six semaines, voyant avec frayeur le terme de sa grossesse s'avancer, détermina son mari à revenir à Paris; ils y arrivèrent tous deux, au mois de mars 1664. La comtesse de l'Aubespin savait que sa vie était en danger si un enfant, venu à terme au bout de quatre mois de mariage, révélait à son époux la déception qu'on avait exercée sur lui; elle ne doutait point qu'il ne se portât aux dernières violences, et crut devoir confier son secret à son père, à madame du Vigean, mère de son défunt mari, et à sa sœur, la duchesse de Richelieu. On résolut de mettre tout en usage pour sauver l'honneur de deux familles, et, dans ce but, le père de la comtesse écrivit à l'Aubespin une lettre pour l'engager à venir le trouver à sa terre de Vaubecourt, afin de se réconcilier avec lui et de terminer à l'amiable les affaires d'intérêt qui les divisaient depuis longtemps. La comtesse devait, pendant l'absence de son mari, faire ses couches à Paris. On aurait soustrait l'enfant et écrit au mari qu'elle avait malheureusement fait une fausse couche après quatre mois de grossesse.

Ce stratagème aurait réussi sans une circonstance qui le fit échouer, qui rendit la position de la comtesse beaucoup plus embarrassante, et mit aussi des entraves aux autres moyens qu'on pouvait employer pour l'en tirer. La comtesse de l'Aubespin avait une femme de chambre qui savait l'état où elle était; elle la chassa mal à propos et sans avoir de quoi la payer. Celle-ci était courtisée par le bâtard de Manicamp, ami intime du comte de l'Aubespin. Manicamp connut par la suivante toute la conduite de la maîtresse; il résolut d'en tirer parti, et voulut exiger d'elle deux mille pistoles, menaçant de tout faire connaître au mari si on ne les lui donnait pas. Les propositions furent refusées; alors, contrefaisant son écriture, il fit remettre à l'Aubespin, par un homme inconnu, un billet qui contenait ces mots : « Donnez-vous de garde d'aller à Vaubecourt, car on veut vous assassiner comme on a fait du marquis de Fors. » Par cet avis, l'Aubespin eut peur, ne se rendit pas à Vaubecourt, et l'on dut songer à un autre moyen pour le séparer de sa femme. Les plus violents paraissaient légitimes. En conséquence, on résolut de faire enlever la comtesse tandis que son mari irait à la messe, de la mettre en quelque lieu secret pour y faire ses couches, et de faire écrire par le comte de Vaubecourt à son gendre que son refus de déférer à la prière qu'il lui avait faite de se rendre près de lui, les soupçons qu'il avait témoignés et sa conduite envers sa femme, qu'il tenait prisonnière, l'avaient déterminé à la lui reprendre, et qu'il ne la lui rendrait que quand il aurait changé de conduite envers lui et envers elle. Mais ce moyen manqua encore, parce que l'Aubespin, averti par le bâtard de Manicamp, sut qu'on voulait lui ravir sa femme, et l'observa de près.

Cependant le temps s'avançait et, pour parvenir à l'éloigner, dans l'embarras où l'on se trouvait, une amie intime de la comtesse, qui était dans la confidence, résolut d'avoir recours à Lenet, conseiller au parlement de Dijon, bien connu par la part qu'il a eue dans les affaires de la Fronde et par ses *Mémoires* qui nous fournissent le récit de cette scandaleuse affaire.

« Cette dame, belle et bien faite, dit-il, vint le trouver un matin, et, sans le connoître et sur sa seule réputation de servir ceux qui avoient besoin de lui, elle lui révéla tout ce qui concernoit la comtesse de l'Aubespin, et le conjura de l'aider à sauver la vie de son amie. »

Lenet pensa qu'il n'y avait plus d'autre moyen que d'avoir recours à l'ambassadeur d'Espagne, le marquis de las Fuentes; mais, pour se fortifier auprès de lui, Lenet résolut de s'assurer l'appui et la coopération d'une des femmes les plus vertueuses de la cour, la célèbre Julie de Rambouillet, duchesse de Montausier et gouvernante du Dauphin. Mais ici le récit, que nous avons abrégé, perdrait trop si nous ne laissions parler lui-même l'historien de cette aventure.

« J'allai donc, dit Lenet, rendre visite à la duchesse de Montausier. Je lui racontai tout au long cette histoire, et, après plusieurs exclamations sur la conduite de cette comtesse et sur la rareté du fait, nous résolûmes d'en parler, à la première occasion, à l'ambassadeur d'Espagne. La duchesse me disoit qu'il falloit épargner la honte à la famille, un déplaisir sensible au mari, et la vie à la mère et à l'enfant. La chose pressoit; la cour étoit à Saint-Germain, et la reine devoit le lendemain venir dîner à Paris et voir M. le Dauphin. Nous crûmes bien que l'ambassadeur ne manqueroit pas de s'y rendre. Je m'y trouvai, et la duchesse m'ayant dit d'abord qu'elle ne savoit comment entamer ce propos, je m'en chargeai. Je fis signe à l'ambassadeur que nous voulions lui parler quand il auroit achevé avec la reine, qu'il entretenoit; Sa Majesté s'en aperçut et lui dit : « Marquis,
« on a là quelque chose à vous dire, » et demanda avec bonté si elle pouvoit être de la conversation. « Il n'y a
« rien au monde dont vous ne puissiez être, » lui répartit la duchesse de Montausier. « C'est, Madame, lui dis-
« je, que nous sommes, madame la duchesse et moi,
« sur une question pour la décision de laquelle nous
« voulons nous en rapporter à monsieur l'ambassadeur.
« Madame de Montausier soutient que les lois de l'ami-

« tié sont telles qu'un ami ne peut et ne doit rien céler
« à son ami de tout ce qui lui importe, de quelque na-
« ture que ce soit; et moi je dis qu'il y a des choses
« qu'on doit céler à ses amis, pour leur épargner de
« certains déplaisirs dont on ne peut jamais se consoler.
« Par exemple, ajoutai-je, si mon ami avoit été long-
« temps absent, et qu'une femme coquette qu'il auroit
« étoit devenue enceinte dans ce temps-là, serois-je
« obligé...? » La reine ne me laissa pas achever, et, me
coupant le discours : « Seigneur Dieu ! » dit-elle, « bien
« loin d'être obligé à le lui dire, vous le seriez de mettre
« tout en usage pour empêcher qu'un tel sujet de dé-
« plaisir ne vînt jamais à sa connoissance, parce que
« vous lui sauveriez une très-grande douleur, à sa
« femme et à son enfant innocent. »

La duchesse de Montausier et Lenet étant restés ensuite seuls avec l'ambassadeur, lui révélèrent ce dont il
était question et lui proposèrent de donner, au nom du
roi d'Espagne, une commission à l'Aubespin pour l'é-
loigner de la capitale. Mais l'ambassadeur répondit qu'il
qu'il y avait trois jours qu'il avait voulu donner au comte
de l'Aubespin une commission honorable et utile, et
qu'il lui avait dit qu'il avait des affaires à Paris d'une
telle nature, que rien au monde ne pourrait l'obliger à
en sortir : qu'il n'y avait pas d'apparence qu'il obéît à
de nouveaux ordres, et que par conséquent il fallait renoncer à ce moyen.

« Nous étions, dit Lenet, au bout de nos inventions;
enfin, après avoir bien songé, l'ambassadeur proposa de

mettre l'Aubespin en prison, et que pour cela il iroit le lendemain conter l'affaire au roi, qui, étant un prince galant, ne refuseroit jamais ce secours à une femme galante. Il le fit comme il l'avoit proposé. Le roi, après avoir bien ri de ce que l'ambassadeur lui avoit envoyé demander audience pour une chose aussi folle que celle-là, dit qu'il feroit fort volontiers ce que le marquis lui demandoit, mais qu'il vouloit en parler à la reine, sa mère, afin qu'elle lui en dît son sentiment, et lui apprendre cette nouvelle de la comtesse l'Aubespin qu'elle connoissoit et de qui il lui avoit vu souvent prendre la défense quand on disoit qu'elle étoit galante un peu plus que de raison. Le roi lui raconta cette histoire : cette bonne princesse, qui jugeoit toujours bien de tout le monde, ne pouvoit se résoudre à la croire véritable ; il fallut que l'ambassadeur l'en assurât. Elle dit après au roi qu'il étoit obligé, en conscience, de sauver la vie et l'honneur à cette dame. « Nous voilà bien forts, dit le « roi, puisque la reine ma mère est pour nous. » Et, ayant fait appeler un secrétaire d'État sans qu'il en rencontrât aucun, Sa Majesté écrivit elle-même l'ordre au prévôt de l'île de mener l'Aubespin à la Bastille ; le prévôt l'exécuta. Le pauvre mari, ne sachant quel crime il pouvoit avoir commis, crut que c'étoit pour quelque affaire d'État et se consoloit par l'espérance du bien que lui feroit un jour le roi son maître, pour le mal qu'il alloit souffrir pour lui ; il chargea sa femme de se retirer chez l'ambassadeur d'Espagne, pour l'avertir de l'outrage qu'on lui faisoit, afin d'en demander justice

au roi, outre qu'il croyoit qu'elle seroit à couvert de l'enlèvement que le bâtard de Manicamp lui avoit fait appréhender, dans une maison d'un tel respect et d'une telle sûreté. Elle y va, elle y accouche le soir même, et, quelques jours après, l'ambassadeur va rendre compte au roi de ce qui s'étoit passé. L'enfant mourut; elle manda à son mari prisonnier que la surprise et l'affliction que lui avoit causées son malheur l'avoient fait accoucher d'un fils mort. Le mari s'afflige, prie le marquis de las Fuentes de savoir du roi quel étoit son crime, et, s'il n'étoit pas des plus noirs et des plus atroces, de vouloir être sa caution envers Sa Majesté et lui faire commuer sa prison de la Bastille en son hôtel, d'où il lui promettoit de ne point sortir, et qu'il auroit du moins la liberté et la consolation de secourir sa chère femme. L'ambassadeur, qui eût voulu déjà être délivré de l'un et de l'autre, va à Saint-Germain, et, après avoir en particulier bien ri avec le roi de toute cette histoire et avoir concerté comment on la finiroit, Sa Majesté éleva la voix et lui dit : « Marquis, j'ai bien des excuses
« à vous faire : le prévôt de l'île a fait un quiproquo et,
« au lieu de mener à la Bastille le comte de L***, qui
« est un gentilhomme limousin qui a battu les officiers
« de mes gabelles, il y a conduit le comte de l'Aubespin,
« duquel vous me parlez. Je vais envoyer ordre pour le
« mettre en liberté; je lui enverrai faire mes excuses et
« je vous charge de mander à S. M. Catholique la chose
« tout au long, afin que, si elle va à ses oreilles, elle
« ne m'en impute rien. » L'ambassadeur promit au roi

de le faire, et mena, deux jours après, l'Aubespin remercier Sa Majesté, qui lui fit beaucoup d'excuses.

« J'ai cru, ajoute Lenet, devoir rapporter cette histoire, parce qu'elle a été sue de quelques-uns et altérée dans ses principales circonstances, et que c'est une chose extraordinaire qu'une affaire de cette nature ait été conduite et sue par deux rois, deux reines et deux ambassadeurs, et qu'un homme ait été trompé, prisonnier et content[1]. »

Nous ne nous permettrons aucune réflexion sur cette aventure, ni les termes mêmes qu'emploie pour en faire le récit un grave magistrat; les acteurs qui y figurent, son commencement, son issue, les conversations, les intrigues auxquelles elle donne lieu, tout peint l'époque, et il n'est pas inutile de remarquer qu'elle se passa dans l'année même où le conte de *Joconde* fut publié avec privilége du roi.

Nous continuerons à suivre dans son voyage notre bon la Fontaine. Il fut fort contrarié des ordres donnés par le sénéchal de ne laisser sortir personne de la ville. « Mon impatience ordinaire me fit maudire cette rencontre, je ne louai même que sobrement la prudence du sénéchal. Pour me contenter, M. de Châteauneuf lui parla et lui dit que nous portions le paquet du roi; aussi

---

[1] Lenet, *Mémoires*, t. LIV de la collection Petitot et Monmerqué, p. 73 à 81. Pendant les troubles de la Fronde, un M. de Faure (lisez Fors) était gouverneur de Montargis. (Montpensier, *Mémoires*, t. XLI, p. 202.) Anquetil mit le fait sur le compte d'un piqueur, parce qu'il était Franc-Comtois.

il donna ordre qu'on nous ouvrît, si bien que nous eûmes du temps de reste, et arrivâmes à Châtellerault qu'on nous croyoit encore à moitié chemin. »

La Fontaine trouve à Châtellerault un de ses parents, octogénaire, dont il trace un portrait piquant. « Je trou-
« vai à Châtellerault un Pidoux dont notre hôte avoit
« épousé la belle-sœur. Tous les Pidoux ont du nez, et
« abondamment[1]. » Remarquons, en passant, que cette singulière réflexion devient encore plus comique lorsqu'on songe que notre poëte l'a faite par un retour sur lui-même, car il était Pidoux par sa mère, et avait le nez long et aquilin ; et, justifiant la loi des contrastes de Bernardin de Saint-Pierre, il déclare ailleurs que dans les femmes il aime les nez petits, courts et même retroussés. Quoi qu'il en soit, il continue ainsi : « On nous
« assura de plus qu'ils vivoient longtemps, et que la
« mort, qui est un accident si commun chez les autres
« humains, passoit pour un prodige parmi ceux de cette
« lignée. Je serois merveilleusement curieux que la
« chose fût véritable. » Et elle était véritable. La famille des Pidoux était originaire de Châtellerault, et une des plus notables du Poitou[2] : les annales de cette province nous donnent les noms de trois Pidoux octogénaires dans un même siècle. Un des auteurs de cette famille, Jean Pidoux, avait été médecin de deux de nos rois, Henri III et Henri IV. Il a rendu son nom célèbre par la découverte des eaux de Pougues et par l'application de

---

[1] La Fontaine, *Lettres à sa femme*, lettre 6.
[2] Tabaraud, dans la *Biographie universelle*, t. XXXIV, p. 294.

la douche, inconnue avant lui. Son fils, François Pidoux, médecin comme lui, fut maire de la ville de Poitiers en 1631[1]. La parité des noms porte à penser qu'il était proche parent de Françoise Pidoux, mère de notre poëte. Ce que nous savons de lui s'accorde bien avec ce que la Fontaine nous apprend du Pidoux qu'il rencontra à Châtellerault. François Pidoux se trouva engagé dans une controverse avec Gabriel Duval, avocat à Poitiers, au sujet des religieuses de Loudun, et, comme le Pidoux de Châtellerault, il a publié des livres de controverse. Cependant, si les dates sont exactes, ce sont deux personnages différents, quoique de la même famille et ayant entre eux une conformité singulière dans leurs destinées. François Pidoux, maire de Poitiers, mourut, dit-on, en 1662, à l'âge de soixante-dix-huit ans, ce qui ne peut s'accorder avec le Pidoux que la Fontaine vit à Châtellerault, qui poussa plus loin sa carrière, et qui existait encore en 1663. Voici comme notre poëte continue le portrait qu'il en a tracé : « Quoi que
« c'en soit, mon parent de Châtellerault demeure onze
« heures à cheval sans s'incommoder, bien qu'il passe
« quatre-vingts ans. Ce qu'il a de particulier, et que ses
« parents de Château-Thierry n'ont pas, il aime la chasse
« et la paume, sait l'Écriture et compose des livres de
« controverse : au reste l'homme le plus gai que vous
« ayez vu, et qui songe le moins aux affaires, excepté
« celles de son plaisir. Je crois qu'il s'est marié plus

---

[1] Thibaudeau, *Abrégé de l'histoire du Poitou*, t. V, p. 417.

« d'une fois ; la femme qu'il a maintenant est bien faite
« et a certainement du mérite ; je lui sais bon gré d'une
« chose, c'est qu'elle cajole son mari, et vit avec lui
« comme si c'étoit son galant, et je sais bon gré d'une
« chose à son mari, c'est qu'il lui fait encore des en-
« fants. Il y a ainsi d'heureuses vieillesses, à qui les
« Plaisirs, l'Amour et les Grâces tiennent compagnie
« jusqu'au bout : il n'y en a guère, mais il y en a, et
« celle-ci en est une. De vous dire quelle est la famille
« de ce parent, et quel nombre d'enfants il a, c'est ce
« que je n'ai pas remarqué, mon humeur n'étant nulle-
« ment de m'arrêter à ce petit peuple. Trop bien me
« fit-on voir une grande fille que je considérai volon-
« tiers, et à qui la petite vérole a laissé des grâces et
« en a ôté. C'est dommage, car on dit que jamais fille
« n'a eu de plus belles espérances que celle-là.

>   Quelles imprécations
> Ne mérites-tu point, cruelle maladie,
>   Qui ne peux voir qu'avec envie
>   Le sujet de nos passions !
> Sans ton venin, cause de tant de larmes,
> Ma parente m'auroit fait moitié plus d'honneur ;
>   Encore est-ce un grand bonheur
>   Qu'elle ait eu tel nombre de charmes :
> Tu n'as pas tout détruit ; sa bouche en est témoin,
>   Ses yeux, ses traits, et d'autres belles choses.
> Tu lui laissas les lis, si tu lui pris les roses ;
>   Et, comme elle est ma parente de loin,
>   On peut penser qu'à le lui dire
>   J'aurois pris un fort grand plaisir ;

J'en eus la volonté, mais non pas le loisir :
Cet aveu lui pourra suffire[1]. »

Il ajoute sur cette parente : « Si nous eussions fait un
« plus long séjour à Châtellerault, j'étois résolu de la
« tourner de tant de côtés que j'aurois découvert ce
« qu'elle a dans l'âme, et si elle est capable d'une pas-
« sion secrète : je ne vous en saurois apprendre autre
« chose, sinon qu'elle aime fort les romans; c'est à vous,
« qui les aimez fort aussi, de juger quelle conséquence
« on en peut tirer. »

La Fontaine parle ensuite de Poitiers, où il avait un
cousin : « Ville mal pavée, dit-il, pleine d'écoliers,
« abondante en prêtres et en moines. Il y a en récom-
« pense nombre de belles, et l'on y fait l'amour aussi
« volontiers qu'en lieu de la terre ; c'est de la comtesse
« que je le sais. J'eus quelques regrets de n'y point pas-
« ser; vous pourriez aisément en deviner la cause[2]. »

Toujours le même excès de franchise dans ses aveux.
Notre poëte passe à Bellac, et se plaint de la malpro-
preté des habitants de cette ville, puis il ajoute :
« Dispensez-moi, vous qui êtes propre, de vous en rien
« dire. » C'est la seule chose agréable que la Fontaine
adresse à sa femme dans toute cette correspondance,
et, par cette raison, tout insignifiante qu'elle est, nous
n'avons pas dû l'omettre. « Rien ne m'auroit plu à Bel-
« lac, continue-t-il, sans la fille du logis, jeune personne

---

[1] La Fontaine, *Lettres à sa femme*, lettre 6.
[2] Id.

« assez jolie. Je la cajolai sur sa coiffure ; c'étoit une
« espèce de cale à oreilles, des plus mignonnes, et bor-
« dée d'un galon d'or large de trois doigts. La pauvre
« fille, croyant bien faire, alla quérir aussitôt sa cale
« de cérémonie pour me la montrer. Passé Chavigny on
« ne parle quasi plus françois ; cependant cette per-
« sonne m'entendit sans beaucoup de peine ; les fleu-
« rettes s'entendent par tout pays, et ont cela de com-
« mode qu'elles portent avec elles leur truchement.
« Tout méchant qu'étoit notre gîte, je ne laissai pas d'y
« avoir une nuit fort douce ; mon sommeil ne fut nulle-
« ment bigarré de songes, comme il a coutume de l'être :
« si pourtant Morphée m'eût amené la fille de l'hôte, je
« pense que je ne l'aurois pas renvoyée ; mais il ne le fit
« pas, et je m'en passai[1]. » Il fallait que la Fontaine fût
bien certain de la vertu de sa femme, pour se livrer
aussi souvent à des aveux aussi naïfs et aussi singuliers,
ou qu'il fût bien indifférent sur les suites.

Il arrive enfin à Limoges : il trouve que le peuple y
est fin et poli, que les hommes y ont de l'esprit ; mais
les femmes ne lui plaisent point, quoiqu'elles aient de
la blancheur. En conséquence, il renferme le jugement
qu'il porte de cette ville dans ces jolis vers :

> Ce n'est pas un plaisant séjour ;
> J'y trouve aux mystères d'amour
> Peu de savants, force profanes,
> Peu de Philis, beaucoup de Jeannes ;

---

[1] La Fontaine, *Lettres à sa femme*, lettre 6. Voyez ci-dessus, p. 55.

Peu de muscat de Saint-Mesmin,
Force boisson peu salutaire ;
Beaucoup d'ail, et peu de jasmin :
Jugez si c'est là mon affaire[1] !

Après son voyage de Limoges, la Fontaine retourna à Château-Thierry, où se trouvait la duchesse de Bouillon. Son mari s'était joint à ces jeunes Français qui, impatients d'acquérir la gloire militaire, étaient allés en 1664 exercer sous Montecuculli leur valeur contre les Turcs[2]; et la duchesse, pendant son absence, avait eu ordre de se retirer à Château-Thierry, ou dans le chef-lieu des domaines de la maison de Bouillon. La duchesse de Bouillon accueillit la Fontaine, qui fut d'autant plus sensible aux prévenances de la *Dame* des lieux qui l'avaient vu naître, qu'elle était jeune, jolie et spirituelle. Notre poëte, par les charmes de son esprit et de son talent, s'efforça donc de dissiper l'ennui que la duchesse devait éprouver en se trouvant exilée dans une petite ville de province, loin de la pompe et des plaisirs de la cour auxquels elle était accoutumée. Il y réussit : et lorsque la duchesse quitta Château-Thierry, elle l'emmena avec elle à Paris[3], et l'admit dans sa société, qui se composait de ce que la capitale offrait de plus aimable et de plus illustre[4]. Elle le fit connaître

---

[1] La Fontaine, *Lettres à sa femme*, lettre 6.

[2] D. Clément, l'*Art de vérifier les dates*, 3ᵉ édit., in-folio, t. II, p. 749.

[3] La duchesse de Bouillon était venue à Paris pour faire ses couches ; elle mit au monde un fils en janvier 1664. (Voyez Loret, *Muse historique*, p. 10.)

[4] Voyez les *Œuvres de Saint-Evremond* et celles de *Chaulieu*. Bouillon, *Œuvres*, in-12, Paris, 1663, p. 92.

particulièrement de la duchesse Mazarin sa sœur, du duc de Bouillon son mari, de l'abbé de Bouillon son beau-frère, qui tous chérirent en lui la bonhomie de son caractère, et surent apprécier les grâces inimitables de ses légères productions.

Il en avait fait imprimer quelques-unes séparément; c'est ainsi que *Joconde* avait paru en 1664 : mais enfin il en donna un premier recueil en 1665, d'abord avec une très-petite préface et avec les initiales seules de son nom; puis, enhardi par le succès, il fit réimprimer le même recueil, dans la même année, avec une préface plus longue et avec son nom en toutes lettres. Il était déjà âgé de près de quarante-quatre ans, et ce volume, intitulé *Contes et Nouvelles en vers,* quoiqu'il n'eût pas plus de 92 pages petit in-12, dont il se fit trois ou quatre éditions presque simultanément [1], fait époque dans la littérature française [2]. Pour bien apprécier l'influence de la

---

[1] Toutes trois avec la date 1665 : la première fut imprimée en Hollande avec la première préface et l'histoire de la *Matrone d'Éphèse* par Saint-Évremond ; la seconde édition, édition originale sans cette histoire, parut chez Claude Barbin ; la troisième fut la réimpression de celle-ci en Hollande.

[2] La Fontaine, *Contes,* t. III, p. 11 de la préface de l'éditeur. Ce volume renferme *Joconde, Richard Minutolo, le Cocu battu et content, le Mari confesseur, Conte d'une chose arrivée à C. (Château-Thierry), Conte tiré d'Athénée,* autre *Conte tiré d'Athénée, Conte de **** (c'est celui de *Sœur Jeanne), Conte du juge Mesle, Conte du paysan qui a offensé son seigneur, Imitation d'un livre intitulé* les Arrêts d'amour, les *Amours de Mars et de Vénus,* ballade (c'est un fragment du *Songe de Vaux).* Mais la Fontaine lui-même nous prouve, dans sa préface, que la plupart de ces contes étaient déjà connus, puisqu'il dit : « Quelques personnes m'ont « conseillé de donner dès à présent ce qui me reste de ces bagatelles, afin « de ne pas laisser refroidir la curiosité de les avoir qui est encore dans son « premier feu. »

Fontaine sur cette littérature, et la place que l'on doit lui assigner, il est, ce me semble, nécessaire de rappeler en peu de mots les révolutions qu'elle éprouva jusqu'à lui.

Les guerres et les désordres produits en Europe, dans le moyen âge, par une multitude de petits souverains subordonnés les uns aux autres, et cependant indépendants ; la forme particulière que prirent les différents États qui succédèrent à la chute de l'empire romain ; l'abolition de l'esclavage personnel et l'introduction de celui de la glèbe ; la naissance des castes privilégiées ; les idées mystiques et l'extrême crédulité qu'avaient fait naître dans les esprits les fausses interprétations des dogmes du christianisme ; la multiplicité des ordres monastiques ; les richesses et la puissance toujours croissantes des prêtres ; toutes ces causes réunies produisirent des habitudes et des mœurs entièrement différentes de celles de l'antiquité, et donnèrent à la littérature grossière de nos ancêtres un caractère tout particulier. Ce n'étaient plus ces réunions de plusieurs peuples rivaux et alliés, qui, sous un beau ciel et sous de délicieux ombrages, considéraient avec enthousiasme la course rapide des chars ou la lutte des athlètes, ou qui écoutaient avec délices un Homère célébrant les héros des temps passés, un Pindare chantant la gloire des vainqueurs aux jeux Olympiques, un Hérodote racontant en prose simple, mais élégante et harmonieuse, les révolutions des États et les merveilles des contrées lointaines qu'il avait parcourues. Les citoyens d'une ville entière ne se réunissaient plus dans de vastes amphithéâtres, pour applaudir aux compositions dramatiques d'un Eschyle, d'un Sophocle et d'un Euripide. Les villes d'Europe, dans le moyen âge, n'étaient peuplées que de serfs et de misérables prolétaires qui se trouvaient dans la dépendance absolue des seigneurs. Ceux-ci, uniquement occupés de chasse et de guerre, vivaient retirés dans leurs châteaux, où les rigueurs de la saison les forçaient de se renfermer une grande partie de l'année.

De là naquit le goût pour les contes et les récits propres à émouvoir l'imagination et à tromper l'ennui d'une longue et solitaire oisiveté. D'abord, ces récits prirent la teinte dévote et mystique de ces temps : on falsifia toutes les annales des siècles passés, pour les accommoder à la croyance religieuse; on chargea l'histoire des martyrs de la religion chrétienne de circonstances miraculeuses, afin d'émouvoir davantage l'imagination des lecteurs, et les tristes et sombres légendes des saints furent les premières productions de la littérature de tous les peuples modernes de l'Europe. Le goût des pèlerinages, qui allait toujours en augmentant, mêla quelques fictions orientales à ces pieux récits; et les périls auxquels tant de voyageurs avaient échappé en visitant des contrées lointaines, les aventures extraordinaires qui leur étaient arrivées, donnaient une sorte de vraisemblance aux fictions les plus étranges, et augmentaient la facilité que l'on avait à croire tout ce qui était surnaturel et merveilleux. D'un autre côté, l'inégalité des rangs, des richesses et du pouvoir, si fortement prononcée, la vie retirée des châteaux, la solitude forcée des cloîtres, rendirent les communications entre les deux sexes plus difficiles et plus mystérieuses, et donnèrent au sentiment de l'amour une délicatesse et un raffinement que les anciens n'avaient pas connus.

Mais les désordres causés par l'abus de la force, de la part de tant de petits souverains retranchés dans leurs inexpugnables forteresses, s'étaient augmentés de manière à menacer l'existence même de toute civilisation. Toujours ceux qui cherchent à remédier aux grands maux qui tourmentent l'ordre social s'acquièrent, par une juste réciprocité, la reconnaissance des peuples. Si, dans les premiers âges de la Grèce, on mit les Hercule et les Thésée au rang des demi-dieux, pour avoir terrassé les bêtes féroces, la religion aussi prodigua tous les trésors de ses indulgences envers ceux qui, dans les temps désastreux du moyen âge, au lieu d'abuser du droit de la force, se dévouèrent au secours des faibles et des opprimés. On vit alors des guerriers inspirés par un noble enthousiasme exposer leur vie uniquement pour soustraire aux coups de l'injustice les êtres les moins capables de résistance, c'est-à-dire les prêtres et les femmes. En se consacrant ainsi à la défense de ce qu'il y avait de plus vénéré et de plus sacré, et aussi de plus aimable et de plus intéressant, ces guerriers acquirent une renommée qui fut pour eux une source de considération et même de pouvoir. Bientôt tous ceux qui avaient l'âme assez élevée pour aspirer à une honorable réputation s'empressèrent de suivre leur exemple, et ambitionnèrent le prix obtenu par leur noble courage. Comme tous recevaient des ministres de Dieu des bénédictions et des prières en récompense des périls qu'ils avaient affrontés pour la défense de l'Église, il était naturel aussi que le beau sexe exprimât de diverses manières sa reconnaissance envers des héros qui s'exposaient, pour sa défense, à tant de fatigues et de dangers. Il fut donc permis à la beauté d'animer leur zèle par des faveurs et par des priviléges réservés pour eux seuls. Ainsi naquit la chevalerie, qui eut pour soutien et pour véhicule la religion et la galanterie, et dont les premiers préceptes et les premiers devoirs étaient l'amour de Dieu et des dames. Les croisades furent un des grands résultats de cette institution, et achevèrent d'en exalter tous les principes; mais ces sanglantes et lointaines expéditions produisirent des désordres encore plus grands que ceux dont la chevalerie avait entrepris la réforme. Une extrême licence dans les mœurs qu'amènent toujours la vie des camps et les violences de l'état de guerre, s'allia avec la piété la plus fervente et avec l'enthousiasme religieux, qui portaient à affronter la mort, non-seulement sans crainte, mais encore avec plaisir. Tant il est vrai que l'homme, composé bizarre de vices et de vertus, réunit souvent les extrêmes les plus opposés et les contrastes les plus inexplicables! Le goût pour les récits merveilleux s'accrut encore par le contact et la fréquentation forcée des croisés avec les Arabes, dont l'imagination, continuellement en mouvement, ne peut jamais s'arrêter dans l'enceinte d'un monde réel. Alors, les légendes

des saints, malgré les fictions dont on les avait surchargées, parurent sombres, uniformes et ennuyeuses. On enfanta des productions plus conformes aux mœurs du temps et aux grands événements dont on était les témoins et les acteurs. On vit naître les grands romans de chevalerie, comme chez les anciens on avait vu paraître plusieurs poëmes épiques, après la guerre de Troie, qui était une croisade de tous les peuples de la Grèce contre ceux d'Asie. Avec ces grandes compositions, si pleines de récits merveilleux, parurent aussi les chansons, les tensons, les rondeaux, les ballades, les romances des *troubadours* et des *trouvères*, ainsi que les lais, les nouvelles et les fabliaux des *jongléours*, des *contéours* et des *fabléours*, qui, presque toujours, avaient pour sujet des aventures d'amour, et qui réjouissaient le paladin forcé de rester oisif sous sa tente, ou trompaient l'ennui et le désœuvrement des dames et des seigneurs dans leurs châteaux. Les anciens ne pouvaient avoir eu aucune idée de ces sortes de productions, parce qu'elles étaient le résultat de mœurs différentes des leurs, d'une organisation sociale qui leur était inconnue, des formes particulières aux langues modernes, et surtout de l'introduction de la rime.

Ainsi la littérature du moyen âge prit un caractère particulier et distinct, et, quoique encore irrégulière et grossière, elle renfermait le germe de beautés différentes de celles qu'avaient pu produire les grands écrivains de l'antiquité. Sans doute le génie est essentiellement créateur et l'excellence de sa nature est de mettre au jour des combinaisons de pensées, de sentiments et d'images, qui n'ont auparavant été ni conçues, ni senties, ni aussi bien exprimées ; cependant le génie même reçoit, malgré lui, l'empreinte des habitudes, des mœurs et des idées dominantes du siècle qui le voit naître ; et, bien loin de chercher à s'y soustraire, son instinct de gloire l'engage à en revêtir toutes ses productions : car, s'il aspire à conquérir les suffrages de la postérité, il veut aussi jouir de ceux de ses contemporains, et il sait que pour cela il est nécessaire qu'il leur parle un langage qu'ils puisssent entendre, et qu'il se mette en rapport avec les idées de son siècle et le monde dans lequel il vit. Aussi voyons-nous que les traits caractéristiques de la littérature du moyen âge se retrouvent tous dans les littératures qui, chez les peuples modernes de l'Europe, s'épurèrent et se perfectionnèrent les premières. Pour le prouver, il suffit de rappeler aux lecteurs les immortelles productions de Lope de Véga, de Caldéron, du Dante, de Boccace, de Pétrarque, de l'Arioste et du Tasse, qui toutes nous reportent aux siècles de la féodalité, de la féerie, des enchantements, de la dévotion et de la galanterie chevaleresque.

En France, où cependant avaient fleuri avec le plus d'éclat les troubadours, les trouvères, les romanciers et les conteurs, la littérature, quand elle tendit à son perfectionnement, s'éloigna presque entièrement de cette littérature primitive commune à tous les peuples de l'Europe, dont on retrouve encore tous les caractères dans les créations des beaux génies de l'Italie et de l'Espagne. Il est facile d'assigner les causes de cette différence remarquable.

Le partage de la monarchie française entre un certain nombre de grands vassaux, dont plusieurs étaient aussi puissants et souvent plus puissants que le monarque, avait enfanté de longues et sanglantes guerres intestines, et retardé les progrès de la civilisation, avec ceux du commerce, des arts, des sciences et de la littérature. Les grands génies qui devaient illustrer la France ne parurent que longtemps après ceux de l'Italie et de l'Espagne; mais alors l'invention de l'imprimerie avait fait connaître et avait placé dans toutes les mains les chefs-d'œuvre des grands écrivains de la Grèce et de Rome; les travaux des érudits en avaient rendu l'intelligence plus facile. L'admiration pour les anciens développa dans tous les esprits des règles de goût et des idées du beau toutes différentes de celles qu'on avait eues dans les siècles précédents. Richelieu parut et termina la longue lutte de l'autorité royale contre les grands vassaux de la couronne. Son despotisme anéantit jusqu'aux traces de la féodalité et de la chevalerie, et la révolution qui s'était accomplie dans le gouvernement amena de grands changements dans les mœurs et les habitudes. Influencée par toutes ces causes, la littérature française, qui commença peu après à jeter un grand éclat, fit d'abord quelques emprunts aux Italiens et aux Espagnols; mais bientôt, dans les chefs-d'œuvre de Corneille, de Molière, de Boileau et de Racine, elle se modela sur l'antiquité, et considéra comme les seules règles du bon goût celles qu'avaient pratiquées les auteurs des siècles classiques. La Fontaine fut le seul de nos poëtes qui, par la nature même de ses productions, par la naïveté expressive et la familiarité piquante de son style, nous reproduisit nos anciens troubadours et nos premiers fabliers. Seul il nous ramena en quelque sorte au berceau même de notre poésie [1] ; mais il le couvrit de fleurs, et nous le montra paré de tout l'éclat et de toutes les grâces de la nouveauté.

Dans le volume des *Contes et Nouvelles* dont nous avons parlé, une petite pièce, ayant pour titre *Imitation d'un livre intitulé Arrêts d'Amour* [2], nous rappelle une des institutions les plus extraordinaires de la chevalerie ; je veux parler des Cours d'Amour. Les mœurs et les habitudes, plus puissantes que les lois, faisaient respecter les décisions de ces singuliers tribunaux chargés de prononcer en dernier ressort sur les questions controversées par les poëtes dans les tensons, les jeux partis et les jeux mi-partis. Ces arrêts étaient sacrés comme les lois de l'honneur même, et toute personne tenant à sa réputation n'eût pas plus osé les enfreindre que les usages relatifs aux duels consacrés par le temps, quoiqu'ils ne fussent écrits nulle part. Un ecclésiastique du douzième siècle, maître André, chapelain de la cour de

---

[1] Roquefort, dans son *Essai sur l'état de la poésie française dans les douzième et treizième siècles*, p. 192 et 193, indique, avec son érudition ordinaire, les différents contes de la Fontaine qui se retrouvent dans nos anciens fabliers.

[2] *Nouvelles en vers*, par M. D. L. F., 1665, 1re édit., p. 85 ; la Fontaine, *Poésies diverses*, 1.

France¹, recueillit dans un livre le Code d'Amour, en trente et un articles, ainsi que les décisions et la jurisprudence de ces tribunaux ordinairement composés de dames, et présidés par les reines et par les femmes des plus grands feudataires de la couronne. Cet ouvrage a donné l'idée à un jurisconsulte du quinzième siècle, lorsque les institutions de la chevalerie et les Cours d'Amour n'existaient plus que par tradition, de composer un recueil de pure imagination, intitulé *Arrêts d'Amour*². C'est dans ce livre de Martial d'Auvergne que la Fontaine a puisé l'idée de la petite pièce dont nous parlons ; et notre poëte ne se doutait probablement pas que la cause qu'il exposait en vers avait été réellement plaidée au tribunal de la reine Éléonore, et que la décision n'avait pas été conforme à l'arrêt qu'il rapporte, mais à celui qu'il nous apprend qu'il aurait lui-même rendu. La reine Éléonore avait dit, en d'autres termes, avant la Fontaine, *qui prend se vend*.

« La Fontaine, dit la Harpe³, prétend que Dieu mit au monde Adam *le nomenclateur*, en lui disant, *Te voilà : nomme*. On pourrait dire aussi que Dieu mit au monde la Fontaine *le conteur*, en lui disant, *Te voilà : conte*. » Aussi Chaulieu, en parlant de lui, de son vivant, l'appelle quelque part le *conteur*⁴, bien certain qu'aucun

---

[1] Raynouard, *Poésies des Troubadours*, t. II, p. XXXI.

[2] La meilleure édition est celle d'Amsterdam, 1731, deux volumes in-12.

[3] La Harpe, *Lycée ou cours de littérature*, éd. in-8°, an VII, t. VI, p. 332.

[4] Chaulieu, dans le *Voyage de l'Amour*, t. II, p. 64 de l'édit. 1774, in-8°, ou t. II, p. 22 de l'édit. de Saint-Marc, in-12, ou t. II, p. 66 de l'édit. in-12 de Cazin.

de ses lecteurs ne se méprendrait sur celui qu'il nommait ainsi : par la même raison madame de Bouillon le désignait souvent par le nom de *fablier*[1].

Dans la fable, la Fontaine s'est élevé au-dessus de tous les modèles; dans le conte, l'Arioste lui est supérieur par le génie de l'invention, par une élégance plus soutenue, par une plus grande variété de tons, par une touche plus énergique et un coloris plus vigoureux : mais le poëte de Ferrare n'a pas, dans le style naïf, ni ces traits délicats, ni cette simplicité pleine de finesse, qui nous charment dans la Fontaine. Celui-ci a peut-être aussi surpassé ses modèles dans l'art de préparer, comme sans dessein, les incidents, de ménager des surprises amusantes, de s'entretenir avec son lecteur, de plaisanter sur les objections et les invraisemblances de son sujet, d'animer ses récits par la gaieté du style et par les grâces d'une poésie légère et facile. Nul n'a eu à un plus haut degré le talent de placer à propos des réflexions toujours heureuses, souvent spirituelles et malignes, souvent aussi pleines de sens et de raison. On ne saurait trop le louer d'avoir usé sobrement et avec goût du langage piquant de Rabelais et de Marot; d'avoir passé avec adresse à côté des écueils que présentaient les sujets qu'il traitait, et d'avoir su presque toujours échapper au danger sans cesse imminent des obscénités.

---

[1] D'Olivet, *Histoire de l'Académie françoise*, t. II, p. 331; Titon du Tillet, *Parnasse françois*, in-fol., p. 362, attribue ce mot à madame de Cornuel; d'autres à madame de la Sablière.

Un auteur qui, par son caractère et quelques-unes de ses productions, a beaucoup d'analogie avec la Fontaine, a su aussi très-bien apprécier le genre de mérite qui le distingue de tous les auteurs. C'est Ducis qui, en faisant l'éloge de Voltaire, auquel il succéda à l'Académie française, établit entre ce brillant génie et notre poëte le parallèle suivant, relativement aux contes que tous deux ont composés. « Si l'on voulait les comparer il serait plus facile de saisir ce qui les distingue que ce qui les rapproche. La Fontaine conte avec une sorte d'ingénuité aimable qui s'empare doucement de votre attention; M. de Voltaire, avec une finesse piquante et qui réveille l'esprit à chaque instant. L'un, dans sa marche, se repose, s'arrête, mais vous aimez à vous arrêter avec lui : son repos a autant de charme que son mouvement; l'imagination rapide de l'autre vous entraîne : la Fontaine semble conter pour lui-même, M. de Voltaire n'oublie jamais qu'il conte pour les autres. Tous deux sont peintres dans leurs récits, mais les traits de l'un ont plus de naïveté et ceux de l'autre plus de force. Souvent la Fontaine indique le tableau, M. de Voltaire le compose. Leur gaieté ne se ressemble pas, leur grâce même est différente. Celle de la Fontaine a plus d'abandon, et pour ainsi dire plus d'oubli d'elle-même; c'est celle de l'enfance et de la beauté qui s'ignore. La grâce chez M. de Voltaire a plus de physionomie, et son charme, quoique naturel, semble plus fin; on voit qu'elle a reçu l'éducation de la société et des cours. Enfin, quoique tous deux aient de la négligence, cette négligence n'est pas la même. Dans la Fontaine elle tient au caractère de son esprit comme de son âme, à une mollesse aimable qui ne veut pas acheter une perfection au prix d'un effort; dans M. de Voltaire elle semble fixée par la chaleur de son imagination qui ne lui permet pas de s'arrêter, peint toujours du premier mouvement, et n'achève pas pour créer encore [1]. »

La Harpe a dit que, du côté des mœurs, la plupart des contes de la Fontaine étaient plutôt libres que licencieux : ce qui n'empêche pas, ajoute-t-il, qu'on ait eu raison d'y voir un mal et un danger qu'il n'y apercevait pas [2]. C'est user d'indulgence envers notre poëte : un trop grand nombre de ses contes sont malheureusement licencieux, et nous sommes forcé d'avouer que l'ensemble de sa conduite prouve qu'il était fort insouciant sur l'espèce de danger qui pouvait résulter de leur publication. La manière badine avec laquelle il se défend sur ce point, dans sa préface, suffirait seule pour le prouver.

On a dit, pour l'excuser, que jamais il ne consentit à réciter aucun de ses contes en société, quoiqu'il y fût plusieurs fois excité : mais c'était par une suite de l'indolence qui lui était naturelle, et non par l'effet d'aucun scrupule; car il menait souvent avec lui un de ses amis, nommé Gaches, et quand on le priait de vouloir réciter un de ses contes ou une de ses fables, il répon-

---

[1] Ducis, *Discours à l'Académie française*, t. I, p. 37 de ses Œuvres, 1819, in-8°.
[2] La Harpe, *Lycée*, t. VI, p. 364.

dait qu'il n'en savait pas, mais que Gaches en pouvait dire; et Gaches en récitait à la satisfaction de tous les auditeurs enchantés, tandis que la Fontaine, à l'écart, rêvait à toute autre chose¹.

Une excuse plus vraie qu'on doit alléguer en faveur de notre poëte, c'est que les mœurs de son siècle s'effarouchaient moins que celles du nôtre de la liberté dans les discours et dans les écrits. Non seulement on permettait à la licence d'égayer les conversations privées et les lectures solitaires, mais elle se produisait avec audace sur le théâtre, et y excitait le rire. Les auteurs dans lesquels la Fontaine a puisé les sujets de ses récits étaient d'ailleurs entre les mains de tout le monde. C'était l'Arioste, qui, par son *Roland le Furieux*, avait mérité la réputation de premier poëte de l'Italie ; c'était Boccace, un des hommes les plus savants de son siècle, qui avait cherché et acquis dans la composition du *Décameron* une gloire populaire ; c'était Marguerite, reine de Navarre, dont la réputation n'avait reçu aucune atteinte par la publication de l'*Heptaméron* ; c'était enfin le Pogge, qui, malgré ses *facéties* graveleuses, obtint la confiance et fut le secrétaire intime d'un des papes les plus vertueux qui aient occupé la chaire de saint Pierre. Si de tels personnages n'avaient rien perdu de leur considération en s'abandonnant aux caprices folâtres de leur imagination, à plus forte raison la Fontaine, qui s'était montré plus réservé que ses modèles, ne de-

---

¹ Titon du Tillet, *Parnasse françois*, in-fol, p. 462.

vait-il pas craindre d'être blâmé. Aussi ne le fut-il pas, et les plus honnêtes gens ne se firent aucun scrupule de s'amuser de ses joyeuses productions. Pendant longtemps tous les contes qu'il publia parurent avec le sceau de l'autorité, et sous l'égide des priviléges.

Joconde, publié séparément au commencement de l'année 1664 [1], avait donné lieu à une contestation qui augmenta la célébrité de ce petit ouvrage. En 1663, on avait mis au jour les œuvres poétiques et posthumes d'un M. de Bouillon, secrétaire du duc d'Orléans, dans lesquelles se trouvait cette histoire de Joconde, traduite de l'Arioste d'une manière plate et ennuyeuse. Cependant l'envie et le mauvais goût opposèrent cette insipide production à celle de notre poëte. Les partisans de Bouillon lui faisaient un mérite d'avoir traduit l'Arioste littéralement, et soutenaient que le conte de *Joconde*, dans la Fontaine, était défiguré par les changements qu'il y avait faits. Les admirateurs de la Fontaine prétendaient, au contraire, que le conte était devenu plus agréable par ces changements mêmes. Beaucoup de personnes prirent parti dans cette contestation, et elle s'échauffa tellement qu'il se fit des gageures considérables en faveur de l'un et de l'autre poëte [2]. Molière fut pris pour juge; mais, comme chef de la troupe des comédiens de *Monsieur*, il avait eu probablement plus d'une obligation à Bouillon, et, par égard

---

[1] Il y a une édition, ou plutôt contrefaçon de Hollande, avec la date de 1673.

[2] *Journal des savants*, t. I, p. 28, sous la date du 26 janvier 1665.

pour sa mémoire, il refusa de prononcer[1]. Boileau écrivit sur *Joconde* une dissertation en forme, afin de donner gain de cause à un de ses amis qui avait parié mille francs pour la supériorité du *Joconde* de la Fontaine[2]. Le sévère critique analyse l'une et l'autre production, et les compare entre elles et avec l'Arioste, l'original de toutes deux. Non-seulement Boileau établit la grande supériorité de la Fontaine sur Bouillon, mais il donne même à la Fontaine l'avantage sur l'Arioste. Voltaire a pris le parti du poëte italien[3]; « mais il me semble, dit la Harpe, que dans tous les endroits où Despréaux rapproche et compare les deux poëtes, il est difficile de n'être pas de son avis, et de ne pas convenir que la Fontaine l'emporte par ces traits de naturel et de naïveté, par ces grâces propres au conte, qui étoient en lui un présent de la nature. »

C'est vers cette époque que se forma, entre Boileau, Racine, la Fontaine et Molière, cette étroite liaison qui eut pendant quelque temps l'influence d'un quatuorvirat littéraire[4]. L'antiquité nous montre l'exemple de

[1] De Bret, *Supplément à la vie de Molière* dans les *OEuvres de Molière*, t. I, p. 57, édit. 1778 des libraires associés.

[2] On a dit que Boileau avait fait cette dissertation pour l'abbé le Vayer de Boutigny ou pour François la Mothe de Boutigny, son frère, qui avait gagé pour la Fontaine contre un nommé Saint-Gilles, qui, dit-on, est l'original du Timante du *Misanthrope*, et qui tenait pour Bouillon. M. Daunou et M. Saint-Marc fixent en 1662 la date de la composition par Boileau de cette dissertation, mais ils se trompent, puisque les *OEuvres de M. de Bouillon* ne parurent qu'en 1663. Je crois que cette gageure ne fut faite qu'en 1665, après l'impression du *Joconde* de la Fontaine, qui eut lieu en 1664.

[3] Voyez à ce sujet Guinguené, *Histoire littéraire d'Italie*, t. IV, p. 431.

[4] La liaison de Racine et de la Fontaine a précédé celle de Racine et de

l'amitié qui unissait Horace et Virgile, nos temps modernes celle de Pope et de Swift ; mais peut-être aucun siècle et aucun pays ne peuvent offrir une intimité semblable à celle de quatre poëtes d'un aussi grand génie et d'une nature si diverse. Jamais l'on ne vit réunis quatre auteurs aussi éminents dans des genres si différents, et quatre hommes qui présentassent plus de contrastes dans leurs caractères et dans leurs manières. Boileau, bruyant, brusque, tranchant, mais loyal et franc ; Racine d'une gaieté douce et tranquille, mais malin et railleur ; Molière, naturellement attentif, mélancolique et rêveur ; la Fontaine, souvent distrait, mais quelquefois follement jovial, et réjouissant par ses saillies, ses naïvetés spirituelles et sa simplicité pleine de finesse. N'oublions pas Chapelle, qu'ils avaient aussi admis dans leur réunion, Chapelle qui, dès qu'il paraissait, inspirait la joie à tous les autres ; il n'eut pas le génie de ses quatre amis, mais il leur fut supérieur comme homme de société. « Jamais, dit le célèbre Bernier, qui a vécu avec lui [1] ; jamais la nature ne fit une imagination plus vive, un esprit plus pénétrant, plus fin, plus délicat, plus enjoué, plus agréable. Les Muses et les Grâces ne l'abandonnèrent jamais ; elles le sui-

---

Boileau. Voyez Racine, *Lettres à divers*, 33, t. VI, p. 139, note 2, édition de Lefèvre, 1820, in-8°, ou lettre 30, édit. 1808, in-8°, p. 173, note 1; Louis Racine, *Mémoires sur la vie de Racine* dans l'édit. des Œuvres de J. Racine, édit. 1820, in-8°, t. I, p. XL, Œuvres de Louis Racine, t. V, p. 27, 47, 74.

[1] *Extraits de diverses pièces envoyées pour étrennes, par M. Bernier, à madame de la Sablière*, dans le *Journal des savants*, 1688, lundi 14 juin, p. 35 et 36.

voient chez les Crenets et les Boucingauts [1], où elles savoient attirer tout l'esprit de Paris. Les faux plaisants n'avoient garde de s'y trouver; à l'ombre seule il connoissoit le fat, et le tournoit en ridicule. »

Despréaux loua, pendant quelque temps, un petit appartement au faubourg Saint-Germain, dans la rue du Vieux-Colombier [2], où ces amis se réunissaient deux ou trois fois la semaine, pour souper ensemble et se communiquer leurs ouvrages. Si on excepte Molière, dont la réputation était déjà établie, tous les autres, quoique d'âges différents, prenaient place, en quelque sorte en même temps, sur le Parnasse français; et il est remarquable que la publication de *la Thébaïde* et de *l'Alexandre* de Racine, des *Contes* de la Fontaine, du *Voyage* de Chapelle, et des premières *Satires* de Boileau, date des années 1663 et 1665.[3]

---

[1] Traiteurs et cabarets célèbres. Chapelle, *OEuvres*, p. 104, édit. 1755; Boileau, *Satire* III, vers 22 à 74, t. I, p. 52 et 57, édit. de Saint-Marc, 1747, in-8°.

[2] Titon du Tillet, *Parnasse françois*, in-fol., p. 412; Saint-Marc, *Vie de Chapelle*, p. LXII, en tête des *OEuvres de Chapelle*; Louis Racine, *Mémoires sur la vie de J. Racine*, dans les *OEuvres de L. Racine*, t. V, p. 34 et 74; dans les *OEuvres de J. Racine*, t. I, p. XXIX et LXVI. Puisque *Alexandre* fut donné en 1665, les réunions de la rue du Vieux-Colombier doivent avoir eu lieu en 1663 ou 1664; celles de la *Croix de Lorraine*, en 1665.

[3] Louis Racine, *Mémoires sur la vie de J. Racine*, dans les *OEuvres de Louis Racine*, t. V, p. 75, ou t. I, p. LXVII, dans les *OEuvres de J. Racine*, édit. de Lefèvre, 1820, in-8°; *Voyage de Chapelle et Bachaumont* dans le *Recueil de plusieurs pièces diverses et galantes de ce temps*, 1663, in-18, Cologne, p. 38 à 76, et dans une autre édition de Paris de 1665, p. 77 à 128. Le Recueil de 1663 de Cologne fut réimprimé page pour page, en 1667, par les Elzévirs. La meilleure édition du *Voyage de Chapelle* est celle de 1732, in-12; la Haye. La plus savante est celle de Saint-Marc; la Haye, 1755, in-12:

La Fontaine a lui-même dépeint au commencement de sa *Psyché*, avec des couleurs séduisantes, mais vraies, ces douces réunions qui eurent plus d'influence qu'on ne pense sur les chefs-d'œuvre de la littérature française.

« Quatre amis, dont la connoissance avoit commencé
« par le Parnasse, tinrent une espèce de société que
« j'appellerois académie si leur nombre eût été plus
« grand, et qu'ils eussent autant regardé les Muses que
« le plaisir. La première chose qu'ils firent, ce fut de
« bannir d'entre eux les conversations réglées, et tout
« ce qui sent la conférence académique. Quand ils se
« trouvoient ensemble et qu'ils avoient bien parlé de
« leurs divertissements, si le hasard les faisoit tomber
« sur quelque point de science ou de belles-lettres, ils
« profitoient de l'occasion : c'étoit, toutefois, sans
« s'arrêter trop longtemps à une même matière, volti-
« geant de propos en autre, comme des abeilles qui ren-
« contreroient en leur chemin diverses sortes de fleurs.
« L'envie, la malignité, ni la cabale, n'avoient de voix
« parmi eux. Ils adoroient les ouvrages des anciens,
« ne refusoient point à ceux des modernes les louanges
« qui leur sont dues, parloient des leurs avec modestie,
« et se donnoient des avis sincères, lorsque quelqu'un
« d'eux tomboit dans la maladie du siècle, et faisoit un
« livre, ce qui arrivoit rarement [1]. »

C'est dans la préface de celle de 1732, que se trouve le conte de *Chapelle et un duc et pair*.

[1] La Fontaine, *Psyché*, 1.

Quoique la Fontaine, dans son roman, ne se soit pas astreint à prêter à ses interlocuteurs le caractère des modèles qu'il avait en vue, et qu'il ait, au contraire, cherché à donner un peu le change à ses lecteurs, il est cependant facile de reconnaître notre inconstant et insouciant fabuliste dans Polyphile, Boileau dans le poëte Acanthe, Racine dans Ariste qui défend la tragédie, et Molière dans Gélaste, qui soutient avec ardeur les intérêts de la comédie et les avantages du rire sur le pleurer [1].

Souvent ces joyeux convives s'amusaient des distractions de la Fontaine, et faisaient contre lui d'innocentes conspirations; ils l'avaient tous surnommé le *bon homme*. — Plusieurs anecdotes, relatives à ce qui se passait alors dans leur intimité, nous ont été conservées par eux-mêmes, ou transmises par d'Olivet et Louis Racine, à qui ils les avaient racontées : il en est une qui prouve jusqu'à quel point le mérite, en apparence si humble, de la Fontaine, était apprécié par ces hommes supérieurs.

Un jour Molière soupait avec Racine, Boileau, la Fontaine et Descoteaux, fameux joueur de flûte. La Fontaine était ce jour-là, encore plus qu'à son ordinaire, plongé dans ses distractions. Racine et Boileau, pour le retirer de sa léthargie, se mirent à le railler si vivement, qu'à la fin Molière trouva que c'était passer les bornes. Au sortir de table il poussa Descoteaux

---

[1] La Fontaine, *Psyché*, 1.

dans l'embrasure d'une fenêtre, et, lui parlant d'abondance de cœur, il lui dit : « Nos beaux esprits ont « beau se trémousser, ils n'effaceront pas le bon « homme [1]. »

Rabelais, ainsi que nous l'avons déjà dit, était un des auteurs favoris de la Fontaine, qui l'admirait follement. Dans une réunion qui eut lieu chez Boileau, et où se trouvaient Racine, Valincourt et un frère de Boileau, docteur en Sorbonne, celui-ci se mit à disserter sur saint Augustin, et en fit un pompeux éloge. La Fontaine, plongé dans ses rêveries habituelles, écoutait sans entendre; enfin cependant il se réveilla comme d'un profond sommeil. Pour prouver qu'il avait bien saisi le sujet de la conversation, il demanda d'un grand sérieux au docteur, s'il croyait que saint Augustin eût plus d'esprit que Rabelais. Le docteur, surpris, le regarda depuis la tête jusqu'aux pieds, et pour toute réponse : « Prenez garde, lui dit-il, monsieur de la Fontaine, vous avez mis un de vos bas à l'envers. » Ce qui était vrai [2].

---

[1] D'Olivet, *Histoire de l'Académie*, p. 309; Louis Racine, *Mémoires sur la vie de J. Racine*, dans les *OEuvres de Louis Racine*, t. V, p. 75, et dans les *OEuvres de J. Racine*, édit. 1820, in-8°, t. I, p. LXVII. M. Auger, dans la *Vie de Molière*, p. CXXXVIII, préfère la version de Racine qui fait dire à Molière : « Ne nous moquons pas du bon homme, il vivra peut-être plus « que nous tous; » et M. Auger développe le motif de cette préférence; mais il n'a pas fait attention que d'Olivet est une aussi bonne autorité que Louis Racine, qu'il avait aussi vu Boileau, et qu'enfin il raconte cette anecdote avec des détails qui paraissent avoir été ignorés de Louis Racine.

[2] D'Olivet, *Histoire de l'Académie*, p. 306; Brossette, dans les *OEuvres de Boileau*, édit. de 1716; Genève, in-4°, p. 317; Louis Racine, dans les *Mémoires sur la vie de J. Racine*, t. I, p. LXVII des *OEuvres de J. Racine*,

Quand la Fontaine était animé par la discussion, il était tout aussi difficile d'interrompre le fil de ses idées que de le tirer de sa léthargie apparente lorsqu'il était plongé dans ses méditations. Dans l'un et dans l'autre cas, il était insensible au bruit et aux discours qui avaient lieu autour de lui. Pendant un dîner qu'il fit avec Molière et Despréaux, on se mit à discuter sur le genre dramatique. La Fontaine condamna les *à parte*. « Rien, disait-il, n'est plus contraire au bon sens. Quoi! le parterre entendra ce qu'un acteur n'entend pas, quoiqu'il soit à côté de celui qui parle! » Comme il s'échauffait en soutenant son sentiment, de façon qu'il n'était pas possible de l'interrompre et de lui faire comprendre un seul mot : « Il faut, disait Despréaux à haute voix, tandis qu'il parlait, il faut que la Fontaine soit un grand coquin, un grand maraud! » Despréaux répétait continuellement les mêmes paroles sans que la Fontaine cessât de disserter. Enfin l'on éclata de rire; sur quoi, la Fontaine revenant à lui comme d'un rêve interrompu : « De quoi riez-vous donc? » demanda-t-il. « Comment, lui dit Despréaux, je m'épuise à vous injurier fort haut, et vous ne m'entendez point, quoique je sois si près de vous, que je vous touche; et vous êtes surpris qu'un acteur sur le théâtre n'entende point un *à parte*, qu'un autre acteur dit à côté de lui [1]? »

édit. 1820, ou t. V, p. 75 des *Œuvres de Louis Racine*, et t. II, p. 507, dans les *Réflexions sur la poésie*.

[1] Montenault, *Vie de la Fontaine* dans l'édit. in-fol. des *Fables de la*

Cependant on a étrangement exagéré ces distractions et ces rêveries de la Fontaine, et on a cru à tort, d'après une anecdote mal interprétée, qu'elles le plongeaient dans une sorte d'insensibilité physique. La duchesse de Bouillon, allant à Versailles, rencontra le matin la Fontaine, qui rêvait seul sous un arbre du Cours, et le soir, en revenant, elle le trouva dans le même endroit et dans la même attitude, quoiqu'il eût plu toute la journée. Ce fait prouve seulement que la Fontaine aimait mieux travailler en plein air que dans l'enceinte d'une chambre, et qu'il préférait se mettre à couvert sous un dais de verdure plutôt que de se renfermer sous un toit sombre et triste. On ne peut supposer qu'il fût resté dans la même position depuis la première fois que la duchesse l'avait rencontré. Il s'était bien trouvé le matin dans ce lieu solitaire, et il y était retourné le soir [1]. En effet, tous les endroits lui étaient bons pour travailler; il n'eut jamais de cabinet particulier, ni de bibliothèque : mais il se plaisait davantage dans la solitude des champs; et il nous apprend qu'il aimait surtout les frais ombrages, les verts tapis des prés et le doux bruit des ruisseaux.

Cependant il est certain que la Fontaine, de son vivant, était renommé pour ses distractions. Dans un livre intitulé *Apologie de M. de la Bruyère*, p. 258, l'auteur ayant à justifier la Bruyère des traits de distraction dont

---

Fontaine, avec les figures d'Oudry, t. I, p. xix; Mervezin, *Histoire de la poésie française*, 1706, in-12, p. 267.

[1] Montenault, *Vie de la Fontaine*, t. I, p. xix.

il a chargé le portrait de Menalque, dit : « Il est arrivé à feu M. de la Fontaine, ce poëte célèbre, d'aller à l'enterrement d'un de ses amis, et, quelques jours après, de venir le voir comme s'il étoit encore de ce monde. » Nous ignorons si cet anonyme n'a pas chargé ici le portrait de la Fontaine comme la Bruyère ; mais, comme son livre a été publié en 1701, et qu'il a pu connaître la Fontaine, nous n'avons pas dû taire cette anecdote, souvent répétée sans qu'on en ait indiqué la source [1].

La Fontaine allait tous les ans, en automne, à Château-Thierry, pour l'arrangement ou plutôt le dérangement de ses affaires : ses dépenses excédaient ses revenus ; il établissait la balance, ainsi que nous l'avons dit, en vendant régulièrement une portion de son patrimoine. L'exercice de sa charge le contraignait aussi à ces voyages annuels. Nous avons vu une lettre qui lui fut adressée en l'année 1666 par Colbert. Ce ministre lui mandait que le roi avait appris avec peine que les officiers de la maîtrise des eaux et forêts de Château-Thierry s'étaient réservé pour leur usage plus de bois qu'il ne leur en revenait d'après les statuts, et qu'il lui enjoignait d'en dresser le compte, afin que le montant pût être retenu sur les offices de ceux qui se trouveraient dans ce cas. Au mois d'août de cette même année 1666, la Fontaine se trouvait à Reims chez son ami de Maucroix, et il se vit obligé d'écrire [2] à M. Ba-

---

[1] L'indication de cet anonyme ne se trouve pas dans Barbier ; je la crois de Brillon. Cela me paraît d'autant plus certain qu'on en fait mention dans l'avis au libraire.

[2] M. Dulort, auteur de divers ouvrages, m'a montré la copie de ces deux

froy, intendant des affaires de Mgr le duc de Bouillon, afin de faire lever l'opposition que celui-ci mettait à l'exécution des arrêts de la maîtrise de Château-Thierry pour faire abattre des bois, ce qui empêchait notre poëte et les autres membres de la maîtrise de toucher les appointements de leurs charges. Pendant ces absences forcées, les réunions dont nous avons parlé se trouvaient interrompues, parce que le plus souvent la Fontaine emmenait avec lui Boileau et Racine. Molière était trop occupé pour céder à ses instances; et Chapelle, qui d'ailleurs quittait difficilement la capitale, eût été, par les habitudes qu'il avait contractées, un compagnon de voyage fort incommode.

C'est à Château-Thierry que Boileau conçut l'idée de sa satire sur le festin, et qu'il trouva une partie des originaux qu'il a mis en scène [1], entre autres celui qui dit :

> Ma foi, le jugement sert bien dans la lecture.
> A mon gré le Corneille est joli quelquefois.

A leur retour de Château-Thierry, les réunions de la rue du Vieux-Colombier recommençaient plus fréquentes qu'auparavant, et parmi les plaisanteries qui

---

lettres, dont les originaux se trouvent dans la collection de madame de Castellane, et qui sont imprimées dans les *OEuvres de la Fontaine*, p. XIV et XV.

[1] Louis Racine, *OEuvres*, édit. in-8°, t. V, p. 30, dans les *Mémoires sur la vie de J. Racine*; *OEuvres de J. Racine*, édit. 1820, in-8°, t. I, p. XXVI; *OEuvres de Boileau*, édit. de Saint-Marc, 1747, t. I, p. 69, note sur le vers 188.

égayaient le repas, une des plus bouffonnes, sans contredit, était d'avoir toujours ouvert sur une table le poëme de *la Pucelle* de Chapelain, pour servir à la punition de celui qui avait commis quelque faute. Selon les statuts de la société, pour une faute grave on devait lire vingt vers de ce poëme; l'arrêt qui condamnait à lire la page entière était assimilé à un arrêt de mort[1].

Ces vrais amis ne se contentaient pas de se faire respectivement sur leurs ouvrages de salutaires critiques, ils cherchaient aussi à se corriger mutuellement des défauts qu'ils observaient en eux; mais cela était plus difficile. Tous faisaient de continuelles réprimandes à Chapelle sur sa passion pour le vin. Boileau, le rencontrant un jour dans la rue, lui en voulut parler. « Vous avez raison, dit Chapelle, je me corrigerai; mais entrons ici, nous en causerons plus à notre aise. » Ils entrèrent tous deux dans un cabaret, et Chapelle demanda une bouteille qui fut bientôt suivie d'une autre, puis celle-ci d'une troisième; Chapelle, écoutant avec attention et d'un air repentant, remplissait le verre de Boileau, qui, s'animant dans son discours, buvait toujours sans s'en apercevoir, jusqu'à ce qu'enfin le prédicateur et le nouveau converti s'enivrèrent[2]. Depuis

---

[1] Louis Racine, *Mémoires sur la vie de J. Racine*, t. I, p. XL de l'édit. 1820, in-8°, des *Œuvres de J. Racine*, ou t. V, p. 47 des *Œuvres de Louis Racine*, édit. 1808, in-8°.

[2] Louis Racine, *Mémoires sur la vie de J. Racine*, t. I, p. XXIX des *Œuvres de J. Racine*, édit. 1820, in-8°, ou t. V, p. 34 des *Œuvres de Louis Racine*, 1808, in-8°; le Gallois de Grimarest, *Vie de Molière*, 1705, in-12, p. 246 et 247.

lors, Boileau se promit de renoncer à corriger Chapelle de son inclination pour le vin.

De même les quatre amis échouèrent contre l'invincible antipathie de la Fontaine, lorsqu'ils entreprirent de le raccommoder avec sa femme. Madame de la Fontaine était restée assez longtemps à Paris avec son mari, mais ensuite, mécontente de lui, elle l'avait quitté, et s'était retirée à Château-Thierry. On fit comprendre à la Fontaine que cette séparation ne lui faisait point honneur, et on l'engagea à faire un voyage à Château-Thierry, pour se réconcilier avec sa femme. Boileau et Racine l'exhortèrent avec tant d'instances, qu'il se décida, et partit dans la voiture publique. Arrivé chez sa femme, il trouva une domestique qui ne le connaissait pas, et qui lui dit que madame était au salut. La Fontaine se rendit alors chez un de ses amis qui lui donna à souper et à coucher, et le garda pendant deux jours. Soit que, durant cet intervalle de temps, il y ait eu par des personnes intermédiaires des explications qui aigrirent encore davantage les deux époux l'un contre l'autre, soit qu'enfin la Fontaine, n'étant plus poussé par les instances et les conseils de ses amis, n'ait pu vaincre la répugnance que lui causait cette réconciliation, il retourna à Paris par la voiture publique, sans avoir vu sa femme.

Quand ses amis le revirent et lui demandèrent s'il était réconcilié avec elle, honteux, confus, et voulant, pour s'épargner les remontrances, taire la raison de son retour, il leur dit : « J'ai été pour la voir, mais je ne

« l'ai pas trouvée; elle étoit au salut[1]. » Comme les enfants qui craignent de déplaire en laissant entrevoir la vérité, et qui cependant ne peuvent la dissimuler, de même la Fontaine aimait mieux faire une réponse quelconque que d'entrer en explication sur un sujet qui lui déplaisait; peu lui importait que cette réponse fût ou ridicule ou absurde, pourvu qu'il échappât à ce qui l'importunait. Mais il est singulier que ceux qui ont eu à parler de lui aient attribué à une distraction du bon homme la résolution d'éviter toute entrevue avec sa femme. Depuis cette époque, il chercha même à oublier qu'il était marié, et les sociétés qu'il fréquentait n'avaient aucune envie de le lui rappeler.

Cependant, malgré le relâchement de ses mœurs, la Fontaine respecta toujours la religion; il désapprouvait ceux qui se targuaient de leur impiété. Il s'abandonnait sur ce sujet, comme sur beaucoup d'autres, à son insouciance; mais, lorsque ses idées s'y portaient sérieusement, il était plutôt enclin, du moins en théorie, au rigorisme qu'à l'indulgence. Quoiqu'il n'ait pris aucune part aux disputes religieuses qui alors agitaient la société, et même ébranlaient l'État, cependant il résuma en quelque sorte toutes les railleries du janséniste Pascal sur les jésuites dans sa jolie *Ballade sur Escobar*[2], et dans cette épigramme en dialogue, que

---

[1] Louis Racine, *Mémoires sur la vie de J. Racine*, t. I, p. CXLIII des *OEuvres de J. Racine*, édit. 1820, et t. V, p. 159 des *OEuvres de Louis Racine*, édit. 1808, in-8°.

[2] *Ballade sur Escobar*, par M. de la Fontaine, à la suite de la *Satire* XII de

nous avons tirée des manuscrits où elle était ensevelie :

> Souper le soir et jeûner à dîner,
> Cela me cause un léger mal de tête.
> — Ne jeûnez point. — Arnauld me fait jeûner.
> — Escobar dit qu'Arnauld n'est qu'une bête.
> Fi des auteurs qu'on crut au temps jadis !
> Qu'ont-ils d'égal aux maximes du nôtre ?
> Ils promettoient au plus un paradis :
> En voici deux, pour ce monde et pour l'autre [1].

Les assemblées de la rue du Vieux-Colombier devinrent plus rares lorsque Racine eut désobligé Molière, en lui retirant sa pièce d'*Alexandre* pour la faire exclusivement jouer à l'hôtel de Bourgogne, et en lui enlevant pour ce dernier théâtre la du Parc, une de ses meilleures actrices [2]. Chapelle, d'un autre côté, emporté par le tourbillon du grand monde, ne se prêta plus à ses amis aussi souvent qu'ils l'auraient souhaité. Enfin les réunions cessèrent. La Fontaine resta toujours l'intime ami de Racine et de Molière, mais il fréquenta

---

Boileau Despréaux sur les équivoques, sans indication de lieu ni d'imprimeur. Dans les *OEuvres posthumes de Boileau Despréaux*, Rotterdam, 1722, p. 36, n° VII. Voyez encore le *Journal de Paris*, 21 avril 1811; le *Nouvel almanach des Muses*, 1812, p, 43; la Fontaine, *Ballades*, 6.

[1] Tirée du *Recueil des pièces de Tallemant des Réaux* appartenant à M. de Monmerqué.

[2] *Bolœana*, p. 104, et dans les *OEuvres de Boileau*, édit. de Saint-Marc, t. V, p. 82, 83; Louis Racine, *Mémoires sur la vie de J. Racine*, t. I, p. xxx des *OEuvres de J. Racine*, édit. 1820, et t. I, p. 35 des *OEuvres de Louis Racine*, édit. 1808, in-8°. Voyez la *Gazette de Robinet* du 20 septembre 1665. Nous avons concilié son récit avec celui du Bolœana, qui ne la contredit pas autant que le pensent les frères Parfaict. (*Hist. du Théâtre-François*, t. IX, p. 288.)

moins Boileau, dont l'humeur austère et le caractère peu indulgent lui convenaient moins. Quant à Chapelle, dont les excès augmentaient avec les années, la Fontaine cessa de le voir. Le bon homme s'entendait trop bien en plaisirs pour ne pas détester la débauche.

Notre poëte[1] avait acquis ou accepté la charge de gentilhomme servant de Marguerite de Lorraine, duchesse douairière d'Orléans. On ne peut douter qu'il ne fût honoré des bontés de cette princesse et familièrement admis dans la société du Luxembourg. Nous avons entre nos mains le brevet signé de Marguerite de Lorraine, contre-signé par Desprez, son chevalier d'honneur, et daté du 8 juillet 1664, pour la charge qu'il possédait auprès d'elle. Nous apprenons par cet acte que le prédécesseur de la Fontaine avait dû, pour lui faire place, donner sa démission, et avait été dédommagé d'une autre manière. La Fontaine prêta serment, avant d'entrer en fonctions, entre les mains du comte de Saint-Mesme, lieutenant général, le 14 juillet 1664. C'est ce que prouvent suffisamment trois petites pièces qu'il publia dans un recueil en 1671[2], mais qui ont dû être com-

---

[1] M. Ronsin, juge de paix de Château-Thierry, nous a fait parvenir le brevet de cette charge, accordé à la Fontaine, et toutes les pièces qui en dépendent. Il les a trouvés dans les titres du domaine de la Tuéterie, dont il a fait l'acquisition, et qui proviennent de la famille de la Fontaine. La Fontaine succéda dans la charge de gentilhomme servant à un nommé Curault. Avant nous, tous les auteurs de notices sur la Fontaine ont confondu la duchesse douairière d'Orléans, ou Marguerite de Lorraine, avec Henriette d'Angleterre, duchesse d'Orléans.

[2] *Fables et nouvelles poésies* par M. de la Fontaine, 1671, in-12, p. 113 à 118.

posées dans les années 1665 et 1666. Ces pièces sont l'*Épître pour Mignon*, chien de S. A. R. madame la duchesse douairière d'Orléans, et deux *sonnets*, l'un pour *mademoiselle d'Alençon*, l'autre pour *mademoiselle de Poussé*[1]. Tâchons de faire revivre les grâces et la finesse de ces petites poésies, aujourd'hui perdues pour la plupart des lecteurs, peu au fait des circonstances qui les ont fait naître. En les rappelant, nous ferons connaître des particularités qui ont une sorte d'importance historique, quoique les historiens aient négligé de s'en occuper.

Gaston, duc d'Orléans, frère de Louis XIII et oncle de Louis XIV, avait, l'an 1626, épousé en premières noces mademoiselle Bourbon de Montpensier, qui mourut l'année suivante, laissant de ce mariage mademoiselle de Montpensier, héritière de ses grands biens. Gaston se remaria en 1633, sans le consentement du roi son frère, et épousa Marguerite, sœur de Charles duc de Lorraine. Gaston étant mort en 1660, Philippe, frère unique du roi, commença la nouvelle branche d'Orléans; sa femme, la princesse Henriette d'Angleterre, devint la duchesse d'Orléans, et Marguerite fut la duchesse douairière d'Orléans. Celle-ci avait eu trois filles de Gaston : mademoiselle d'Orléans, l'aînée de toutes; mademoiselle d'Alençon et mademoiselle de Valois. La première épousa le grand-duc de Toscane, la seconde le duc de Guise, et la troisième le duc de Sa-

---

[1] La Fontaine, *Épîtres*, 10; *Sonnets*, 1 et 2.

voie[1]. Il avait été question pendant la Fronde de faire épouser mademoiselle de Valois au petit duc d'Enghien, fils du grand Condé, lorsqu'il serait en âge[2]; mais ces trois princesses se trouvaient héritières de Gaston conjointement avec mademoiselle de Montpensier : de là les démêlés et les procès qui eurent lieu entre la belle-mère et la belle-fille, qui jamais, même avant ce temps, n'avaient pu s'accorder ensemble : leur inimitié fut poussée si loin, qu'habitant toutes les deux le palais du Luxembourg, elles partagèrent le jardin afin de ne pas se rencontrer à la promenade[3]. Comme mademoiselle de Montpensier était orgueilleuse et sévère, la Fontaine, qui n'avait pas l'honneur de l'approcher, dit dans son épître :

> Petit chien, qu'as-tu? dis-le-moi :
> N'es-tu pas plus aise qu'un roi?
> Trois ou quatre jeunes fillettes

---

[1] Hénault, *Abrégé chronologique*, édit. in-4°, t. II, p. 526, 537, 544 et 618; D. Calmet, *Histoire de Lorraine*, t. III, p. 163 et 295; Madame de Montpensier, *Mémoires*, t. I, p. 37, 38 et 94, et dans l'édit. 1825, in-8°, t. IV, p. 9, année 1661, t. XLIII de la collection. *Ibid.*, p. 56, année 1663. La dernière des trois filles du duc d'Orléans, du second lit, la duchesse de Savoie, mourut en 1664, après un an de mariage. *Voyez* Monglat, *Mémoires* (1604), t. III, p. 133, ou t. LI de la collection.

[2] *Voyez* le *Secret, ou les Véritables causes de la détention et de l'éloignement de MM. les princes de Condé et de Conti, et duc de Longueville*.

[3] Montpensier, *Mémoires*, t. V, p. 293, 296; t. VII, p. 142; Hénault, *Abrégé chronologique*, t. II, p. 700, année 1694; *Biographie universelle*, t. XIX, p. 199; Montpensier, *Mémoires*, année 1659, t. III, p. 424 et 472, édit. de 1825, in-8°, t. XLII de la collection, années 1659 et 1660, p. 522 et 523, année 1660; t. IV, p. 55, année 1663, t. XLIII de la collection; *ibid.*, 1665, p. 80, 88, 89.

> Dans leurs manchons aux peaux douillettes
> Tout l'hiver te tiennent placé :
> Puis de madame de Crissé
> N'as-tu pas maint dévot sourire?
> D'où vient donc que ton cœur soupire?
> Que te faut-il? Un peu d'amour.
> Dans un côté du Luxembourg,
> Je t'apprends qu'Amour craint le suisse;
> Même on lui rend mauvais office
> Auprès de la divinité
> Qui fait ouvrir l'autre côté.

Nous apprenons encore par-là que la comtesse de Crissé [1], qui est l'original de la comtesse de Pimbêche dans les *Plaideurs* de Racine, avait une charge chez la duchesse douairière d'Orléans; elle devait se plaire infiniment dans une maison si pleine de noises et de dissensions. A ce discours du poëte, Mignon répond :

> Cela vous est facile à dire,
> Vous qui courez partout, beau sire ;
> Mais moi.... — Parle bas, petit chien ;
> Si l'évêque de Bethléem
> Nous entendoit, Dieu sait la vie !

Ces vers confirment ce que nous apprend madame de Motteville sur la duchesse douairière d'Orléans [2] : qu'elle était d'une dévotion ridicule, et qu'elle consultait son confesseur sur les moindres bagatelles. Ce confesseur,

---

[1] Boileau, *Œuvres*, édit. de Saint-Marc, 1747, in-8°, t. I, p. 60.
[2] Madame de Motteville, *Mémoires*, t. II, p. 232, édit. 1824, in-8°, t. XXXVII, *Mémoires sur l'histoire de France*, seconde série de la collection Petitot.

dont la Fontaine parait redouter si fort la censure, était François de Batailler, évêque de Bethléem; sorti de l'ordre des capucins, il avait été nommé évêque le 25 juin 1664[1]. Ce singulier évêché de Bethléem ne donnait que mille livres de revenu, et son territoire se réduisait au faubourg de Panthenor-lez-Clamecy, ou Bethléem, sur la rive droite de l'Yonne, rivière qui le séparait de la ville de Clamecy, dans l'intendance d'Orléans[2]. Batailler devait à l'influence de la duchesse d'Orléans d'avoir été fait évêque. Il vécut jusqu'à l'âge de quatre-vingt-quatre ans, étant mort le 22 juin 1701.

Mais le passage le plus important à expliquer dans l'*Epître pour Mignon*, est le commencement :

> Petit chien, que les destinées
> T'ont filé d'heureuses années !
> Tu sors des mains dont les appas
> De tous les sceptres d'ici-bas
> Ont pensé porter le plus riche.
> Les mains de la maison d'Autriche
> Nous ont ravi ce doux espoir.

Quel est ce sceptre? quelle est cette importante personne qui a été sur le point de monter sur un des premiers trônes de l'univers? Divers passages des Mémoires de mademoiselle de Montpensier et de l'abbé de Choisy, de Bussy, de madame de Motteville, de ma-

---

[1] *Gallia Christiana*, t. XII, p. 697.
[2] Expilly, *Dictionn. géograph. de la France*, t. I, p. 621, au mot *Bethléem*. L'église de l'évêché de Bethléem a été vendue, et en 1825 elle était convertie en grange.

dame la duchesse d'Orléans et de Lenet[1], nous apprennent que Marguerite-Louise d'Orléans avait à peine six ans lorsque la reine mère et le cardinal de Mazarin manifestèrent l'intention de la marier à Louis XIV, alors seulement âgé de treize ans; et comme la princesse, en grandissant, était devenue fort belle, et réunissait toutes les qualités propres à fixer en sa faveur l'affection du jeune monarque, elle se flatta longtemps de l'espoir de voir réussir ce grand projet; mais elle fut obligée d'y renoncer quand la reine mère et le roi préférèrent avec raison l'alliance de la maison d'Autriche.

Ce fut par ce motif, et afin de ménager sa sensibilité, qu'on dispensa mademoiselle d'Orléans de figurer[2], comme ses deux sœurs, au mariage de Louis XIV. Elle aimait le prince Charles de Lorraine; par les intrigues de sa sœur, mademoiselle de Montpensier, elle fut forcée de céder à la volonté de Louis XIV, et d'épouser le fils du grand-duc de Toscane[3]. Louis XIV la dota, et la fit

---

[1] Pierre Lenet, *Mémoires*, année 1750, t. I, ou LIII, p. 475 de la collection de MM. Petitot et Monmerqué, et t. II ou LIV de la collection, p. 203 et 203. MADEMOISELLE, qui aurait voulu être préférée à sa sœur, avait alors vingt-quatre ans.

[2] Choisy, *Mémoires*, t. LXIII, p. 237, collect. Petitot; Bussy, *Mémoires*, t. II, p. 57; Montpensier, *Mémoires*, t. V, p. 184; MADAME, *Fragments de lettres*, etc., 1788, 2 vol. in-12, t. II, p. 251; l'*Art de vérifier les dates*, 3e édit., in-fol., t. III, p. 761; Madame de Motteville, *Mémoires*, année 1658, p. IV, t. IV, p. 440, édit. de Petitot, 1824, t. XXXIX de la collect.; Montpensier, *Mémoires*, t. III, p. 153, année 1657, édit. 1825, in-8°, t. XLII de la 2e collect. de Petitot, année 1657; *ibid.*, t. III, p. 423, année 1659; *ibid.*, p. 489, année 1660; Monglat, *Mémoires*, année 1660, t. III, p. 101 et 105, t. LI de la collection.

[3] Le mariage eut lieu le 19 avril 1661; la demande avait été faite l'année

conduire à ses dépens dans les États de son beau-père[1].

Ce mariage ne fut pas heureux, et le roi fut obligé d'écrire de fréquentes lettres à la princesse pour l'engager à bien vivre avec son mari, devenu grand-duc de Toscane par la mort de son père, tandis qu'il donnait sans cesse des instructions à ses ambassadeurs près du grand-duc pour qu'ils lui insinuassent de traiter avec bienveillance sa femme. La jeune duchesse ne put jamais s'accoutumer à l'étiquette gênante établie par la duchesse douairière, non plus qu'au crédit que celle-ci avait pris sur l'esprit de son fils. Elle revint en France en 1675[2]. Louis XIV avait jugé convenable, lors de son retour en France, de lui fixer pour résidence l'abbaye de Montmartre[3]. Il l'y maintint, et elle y mourut en 1721, à l'âge de soixante-seize ans.

C'est elle qui avait donné à sa mère, la duchesse d'Orléans, Mignon, dont toute la petite personne, dit la Fontaine,

---

précédente; Monglat, *Mémoires*, t. III, p. 108; Mademoiselle de Montpensier, t. IV, p. 13, 15, 17, année 1661.

[1] Louis XIV, *Mémoires historiques*, t. I de ses *OEuvres*, p. 61.

[2] On lit dans une lettre de madame de Sévigné, en date du 16 juin 1675 : « Nous craignons bien que vous n'ayez tout du long madame la grande-« duchesse ; on lui prépare une prison à Montmartre, dont elle seroit fort « effrayée si elle n'espéroit pas la faire changer. C'est à quoi elle sera « attrapée. Ils sont ravis en France d'en être défaits. » *Ibid.*, 3 juillet 1675.

[3] *OEuvres* de Louis XIV, t. V, p. 172, 333, 458, 518, 540. Plusieurs de ces lettres ont été écrites en 1664. (Montpensier, *Mémoires*, t. IV, p. 486 à 489, édit. 1825.) Ce passage se rapporte à l'année 1675, quoiqu'il soit sous l'année 1685. *Voy.* même volume, p. 36, année 1663, t. XLIII collect. Petitot, et pour d'autres détails sur la grande-duchesse de Toscane, Mademoiselle de Montpensier, *Mémoires*, t. IV, p. 394, année 1686.

Plaît aux Iris des petits chiens
Ainsi qu'à celles des chrétiens.

Nous voilà bien éclaircis sur tout ce qui concerne cette épître, qui est d'ailleurs charmante d'un bout à l'autre, et digne de la Fontaine.

Parlons actuellement du sonnet adressé à mademoiselle d'Alençon. Louis XIV, après la mort de son beau-père Philippe IV, se disposait, en 1666, à faire valoir, par la force des armes, les droits qu'il prétendait avoir sur le Brabant par son mariage avec l'infante d'Espagne. Il paraît qu'il négociait alors, dans l'intérêt de son ambition, un mariage entre un souverain étranger et Élisabeth d'Orléans, duchesse d'Alençon, par le moyen duquel on espérait que la paix serait maintenue, car la Fontaine dit dans son sonnet :

> Opposez-vous, Olympe, à la fureur des armes;
> Faites parler l'amour, et ne permettez pas
> Qu'on décide sans lui du sort de tant d'États;
> Souffrez que votre hymen interpose ses charmes.
> ....
> Je sais qu'il nous faudra vous perdre en récompense.
> Un souverain bonheur pour l'empire françois,
> Ce seroit cette paix avec votre présence,
> Mais le ciel ne fait pas tous les dons à la fois [1].

Déjà, en 1663, mademoiselle d'Alençon avait été promise au fils du roi de Danemark, qui vint à Paris inco-

---

[1] La Fontaine, *Sonnets*, 1.

gnito pour voir cette jeune princesse¹. Ce mariage ne réussit pas. Celui pour lequel Louis XIV négociait lorsque la Fontaine écrivait son sonnet n'eut pas plus de succès, et la guerre fut déclarée. Mademoiselle d'Alençon épousa, le 15 mai 1667, Joseph-Louis de Lorraine, duc de Guise. Ce mariage fut célébré dans la chapelle de Saint-Germain en Laye, en présence du roi, de la reine et de toute la cour. Le lendemain Louis XIV partit pour ouvrir la campagne contre l'Espagne et conquérir le Brabant².

---

¹ Loret, *Muse historique*, liv. XIII, p. 98, lettre 25, en date du 1ᵉʳ juillet 1662. On eut, pendant la Fronde, l'intention de marier Mademoiselle d'Alençon à M. le duc de Retz, *Mémoires*, t. XLV, p. 191; mademoiselle de Montpensier, *Mémoires*, t. IV, p. 34, année 1663. MADEMOISELLE dit : « Elle n'étoit pas bien faite, il n'en voulut pas. » Saint-Simon, *Mémoires*, édit. 1829, t. I, p. 346, dit : « Bossue, contrefaite à l'excès, elle avoit mieux aimé épouser le dernier duc de Guise que de ne pas se marier. » Ce qu'il dit de son orgueil et de l'étiquette qu'elle observait est singulier : « Tous les jours, à dîner, il lui donnoit sa serviette, et quand elle étoit dans un fauteuil et qu'elle avoit déployé sa serviette, M. de Guise debout, elle ordonnoit qu'on lui apportât un couvert qui étoit toujours prêt au buffet. Ce couvert étoit au bout de la table, elle lui disoit de s'y mettre, et il s'y mettoit sur un pliant. »

² Dalicourt, *la Campagne royale*, etc., 1668, in-12, p. 4; D. Calmet, *Histoire de Lorraine*, t. III, p. 295; Dubois, *Histoire d'Alençon*, 1805, in-8°, chap. XXVII, p. 889; l'*Art de vérifier les dates*, t. II, p. 889; Expilly, *Dictionnaire des Gaules et de la France*, t. I, p. 99; *Dictionnaire de la noblesse*, 2ᵉ éd., t. VIII, p. 580 ; Mademoiselle de Montpensier, *Mémoires*, t. IV, p. 106, année 1657, t. XLIII collect. Petitot. Sur ce qui concerne la duchesse de Guise, on peut encore consulter Loret, *Muse historique*, liv. XV, p. 81; lettre 21, en date du 31 mai 1664, p. 92; lettre 23, en date du 14 juin 1664, liv. XVI, p. 7; lettre 2, en date du 10 janvier 1665, p. 23; lettre 6, en date du 7 février 1665, p. 30; lettre 8, en date du 21 février 1665; Sévigné, *Lettres*, t. X, p. 195 à 198, édit. de M. de Monmerqué, lettre en date du 19 mars 1696; le *Journal de Dangeau*, t. II, p. 38, sous les dates des 17 et 18 mars 1696.

Après avoir fait connaître les détails nécessaires à l'intelligence du sonnet adressé à S. A. R. mademoiselle d'Alençon, il ne nous reste plus qu'à nous occuper de mademoiselle de Poussé, dont la Fontaine se déclare amoureux, et à laquelle il dit qu'un seul de ses regards ferait la fortune d'un roi : ici l'obscurité de la personne semble la dérober aux recherches, ou plutôt il devient difficile d'exprimer convenablement ce qu'elles nous apprennent : essayons cependant si nous ne pourrions pas donner à nos lecteurs une idée précise de ce qu'était mademoiselle de Poussé.

Le goût excessif de Louis XIV pour les femmes s'était manifesté de bonne heure. Dans son enfance, son inclination pour la belle duchesse de Châtillon avait inspiré à Benserade un joli couplet de chanson[1]. La Beauvais[2], femme de chambre et favorite de la reine sa mère, quoique déjà âgée et privée d'un œil, avait, par sa propre expérience, révélé le secret des fougueux penchants du monarque[3]. Il paraît que, plus avide que délicat, il

---

[1] *Voy.* Louis-Henri-Loménie de Brienne, *Mémoires*, t. II, p. 306.

[2] Choisy fait allusion à ces premiers amours de Louis XIV pour Cathau (c'est ainsi que la reine mère nommait la Beauvais), *Collect. des mémoires relatifs à l'histoire de France*, t. LIII, p. 223, note.

[3] Catherine-Henriette Bellier, femme de Pierre Beauvais, était appelée par la reine *Cathau*. La reine lui donna les pierres destinées à bâtir le Louvre. *Voy.* Brienne, *Mémoires*, t. II, p. 47 ; Madame de Motteville, t. III, p. 403. « Madame de Beauvais, dit Saint-Simon, passoit pour avoir eu le pucelage du roi et avoit conservé du crédit sur lui. » Monglat est celui qui donne le mieux le détail de cette intrigue. Il nous apprend que madame de Beauvais fut exilée dans sa maison de Gentilly. « Elle n'étoit pas, dit-il, ennemie de nature, et avoit toujours mené une vie de plaisir. » *Mémoires*, t. II, p. 202-203, t. IV de la collect. *Voy.* encore la Fare, *Mémoires* de la collection,

descendit d'abord jusqu'aux amours les plus vulgaires, et qu'il les variait sans cesse '. Sorti de l'adolescence, et plus jaloux de sa dignité, il y mit plus de choix, mais non plus de mesure : à Olympe Mancini², depuis comtesse de Soissons³, succéda mademoiselle la Motte d'Argencourt⁴, et ensuite Marie Mancini⁵. Henriette d'Angleterre, dont l'époux, par ses goûts honteux⁶,

t. LXXV, p. 147 et suiv.; id., *OEuvres diverses*, 1750, in-12, p. 37; Bussy-Rabutin, *Supplément aux Mémoires et lettres*, t. II, p. 67; Dreux du Radier, *Mémoires historiques et critiques des reines et régentes de France*, t. VI, p. 365, édit. 1782, in-12.

¹ MADAME, *Fragments de lettres*, t. I, p. 92 et 93; la Baumelle, *Mémoires pour servir à l'histoire de madame de Maintenon*, liv. III, chap. I, t. I, p. 217, édit. 1755; *Recueil de chansons critiques et historiques*, manuscrit, t. II, p. 223, et t. III, pages 232 et 252.

² Le roi eut même, dit madame de la Fayette, *Hist. de Madame Henriette d'Angleterre*, t. LXIV, p. 386, une liaison assez suivie avec Hortense Mancini, sœur d'Olympe Mancini. Voy. madame de la Fayette, *Hist.*, etc., t. LXIV, p. 374, *Mémoires relatifs à l'histoire de France;* Madame de Motteville, *Mémoires*, années 1655 et 1656, édit. 1824, in 8°, t. IV, p. 370 et 371, t. XXXIX collect. Petitot.

³ Madame de la Fayette, t. LXIV, p. 381 ; la comtesse de Soissons eut en même temps que le roi Villequier, duc d'Aumont, et ensuite du Bec-Crépin, marquis de Vardes, capitaine des cent-suisses.

⁴ Sur la Motte d'Argencourt, *voy.* la Fare, collect. Petitot et Monm., t. LXV, p. 157, et Dreux du Radier, *Mémoires sur les reines régentes*, t. VI, p. 259, édit. de 1808. Dans cet endroit des *Mémoires* de la Fare, on lisait autrefois à tort : La Motte Houdancourt. Le désir qu'eut le roi de posséder la Motte Houdancourt n'eut lieu qu'en 1662, et occasionna la disgrâce de madame la duchesse de Navailles. (*Voy.* madame de Motteville, t. XL, p. 68, édit. 1824, t. IV, p. 401 à 404) L'auteur donne sur la Motte d'Argencourt des détails curieux et pleins d'intérêt. *Voy.* aussi Mademoiselle de Montpensier, *Mémoires*, année 1658, t. III, p. 272 à 274, t. XLII de la collection. Elle parle de la Motte Houdancourt, mais il faut lire la Motte d'Argencourt. *Voy.* encore Mademoiselle de Montpensier, t. LI, p. 344, 348, 384, et t. III, p. 441.

⁵ Madame de la Fayette, *Hist. d'Henriette d'Angleterre*, t. LXIV, p. 374 et 382.

⁶ Nul ne s'est exprimé plus librement sur l'intrigue de MONSIEUR avec le

était indigne d'une princesse aussi aimable et aussi sensible, fut aussi pendant quelque temps l'objet des attentions particulières du roi, son beau-frère [1]. A ce penchant si fortement prononcé pour l'amour, qui déjà est auprès des femmes une si puissante recommandation, Louis XIV joignait une belle figure, toutes les grâces de la jeunesse, toute l'amabilité de la galanterie la plus raffinée ; et enfin, lorsqu'il commença à régner, tout le prestige et l'éclat que prête à ces brillantes qualités la splendeur d'une couronne environnée de gloire. Aussi jamais homme peut-être ne fut plus dangereux pour les femmes. Celles que ni les richesses ni les dignités n'auraient pu tenter cédaient malgré elles aux hommages flatteurs et aux attraits irrésistibles d'un si puissant séducteur. Ainsi la vertu, dans la Vallière, vaincue par l'amour, ne put que soupirer des regrets, et faire expier ensuite à l'infortunée victime, par un long repentir et les rigueurs du cloître, l'outrage fait à ses saintes lois. Montespan elle-même, qui supporta depuis, avec une si altière impudence, l'opprobre d'un double adultère,

---

* chevalier de Lorraine, *fait comme on peint les anges*, que l'abbé de Choisy, *Mémoires*, t. LXIII des *Mémoires relatifs à l'histoire de France*. MONSIEUR devint aussi amoureux de Henri-Louis Loménie de Brienne. (Voyez ses *Mémoires*, année 1828, in-8°, t. II, p. 298.) Madame de la Fayette, t. LXIV, p. 378 et 392, s'exprime très-clairement. Voyez aussi Mademoiselle de Montpensier, *Mémoires*, t. III, p. 329 à 389, année 1658, et *passim*. Voyez encore Saint-Simon et les autres *Mémoires* du temps.

[1] Madame de la Fayette, *Histoire d'Henriette d'Angleterre*, p. 52 et 53 ; *Longuerurana*, édit. 1754, p. 25. Voyez t. LXIV, p. 396 et 397 des *Mémoires relatifs à l'histoire de France ;* Choisy, *Mémoires*, même collection, t. LXIII, p. 391 ; madame de Motteville, *Mémoires*, année 1661, 5ᵉ partie, t. V, p. 123 et 124, édit. Petitot, année 1824.

voulait rester fidèle à l'honneur. Elle fut d'abord plus effrayée que flattée des premières attentions du roi à son égard; elle en avertit son mari, et le supplia de l'emmener loin de la cour. L'imprudent époux, qui voyait la Vallière au sommet de la faveur, crut que sa femme était trompée par les illusions de la vanité; et bientôt après, la fière Montespan prouva qu'il est des dangers qu'on peut fuir, mais dont on ne peut triompher [1]. Durant le règne de ces beautés, il en était d'autres nées avec des sentiments moins élevés, qui, ne pouvant inspirer au monarque un attachement durable, parvinrent à le rendre passagèrement infidèle, et qui spéculaient sur son goût trop connu pour la variété dans les plaisirs : telles furent les de Pons [2], les Chemerault, les la Mothe Houdancourt [3], les Lude, les Soubise [4], les Monaco [5], les Roquelaure, et plusieurs au-

[1] Saint-Simon, *Œuvres*, t. II, p. 6 ; MADAME, *Fragments de lettres*, t. I, p. 107 et 117; Mademoiselle de Montpensier, *Mémoires*, t. IV, p. 109, année 1667, p. 113, 114, 115 et 116 (l'intrigue de madame de Montespan commença en 1667) et 121, année 1668.

[2] Voyez madame de Motteville, *Mémoires*, part. v, année 1661, t. V, p. 135, ou t. XL collect. Petitot.

[3] Anne-Lucie. Elle fut depuis duchesse de la Vieuville; elle était nièce du maréchal qui avait figuré dans la Fronde. *Voy.* madame de Motteville, vᵉ part. t. V, p. 168, t. XL collect. Petitot. La Motte Houdancourt fut mise en avant par la comtesse de Soissons et la duchesse d'Orléans, MADAME, dans l'espoir d'arracher le roi à la Vallière. Vardes, l'amant de la comtesse de Soissons, entra dans cette intrigue. Voyez encore madame de la Fayette, *Mémoires*, t. LXIV, p. 422, *Collect. de mémoires relatifs à l'histoire de France.*

[4] La duchesse de Soubise est placée au nombre des plus jolies femmes dans la *Carte de la cour*, par Guéret, année 1663, in-12, p. 77.

[5] Choisy, *Mémoires*, t. LXIII, p. 390 de la *Collection des mémoires relatifs à l'histoire de France.*

tres[1]. De là ce grand nombre de femmes charmantes, que l'ambition, ou le désir de contrebalancer l'influence de la

---

[1] La Fare, *Mémoires*, chap. IV, p. 38 des *Œuvres diverses*; Caylus *Souvenirs*, édit. in-12, Paris, 1806, p. 108; MADAME, *Fragments de lettres originales*, 1788, in-12, t. I, p. 95; Saint-Simon, *Œuvres*, édit. 1791, t. XII, p. 50 à 56; Anquetil, *Louis XIV, sa cour et le régent*, t. I, p. 243 à 251; *Notice sur le comte de Grammont* dans les *Œuvres d'Hamilton*, 1812, in-8°, t. I, p. 17; *le Tombeau des amours de Louis XIV et ses dernières galanteries*, Cologne, 1695, in-18, p. 23; *Recueil de chansons historiques et critiques*, manuscrit, t. I, p. 172; Mazière de Monville, *Vie de Mignard*, p. 136; Dreux du Radier, *Mémoires historiques, critiques et anecdotiques des reines et régentes*, t. VI, p. 329; Mlle de Montpensier, *Mémoires*, t. IV, p. 402, année 1680, édit. 1825, in-8°, t. XLIII de la collect. La dame désignée dans ce passage est madame de Soubise. Voyez encore la Fare, *Mémoires*, chap. IV, p. 38 des *Œuvres diverses*; Anquetil, *Louis XIV, sa cour et le régent*, t. I, p. 243 à 251; Caylus, *Souvenirs*, édit. in-12; Paris, 1806, p. 108 *Fragments de lettres originales de Madame*, in-12, année 1788, p. 95. Madame de Montespan supportait impatiemment ces infidélités, et le roi était obligé de dissimuler avec soin. Les femmes de la cour appelaient cela *croquer le roi*. Dans son intrigue avec madame de Soubise, Louis XIV avait deux personnes à tromper : son orgueilleuse maîtresse et M. de Soubise, homme plein d'honneur et qui n'aurait pu prendre son parti sur un pareil affront. Malgré l'adresse et le secret qu'il mit dans cette intrigue, madame de Montespan la découvrit ; elle s'aperçut que madame de Soubise portait souvent des pendants d'oreilles en émeraudes, mais que toutes les fois qu'elle les mettait, M. de Soubise allait à Paris. Madame de Montespan se douta que c'était un signal : elle observa le roi, le fit suivre, et elle s'assura qu'en effet ces boucles d'oreilles d'émeraudes étaient le signal du rendez-vous. Saint-Simon (t. XII, p. 50-56, édit. 1791) a fait connaître en détail tout le parti qu'a tiré Mme de Soubise de ces *croquades* avec le roi. «On a toujours soupçonné, dit MADAME (*Fragments*, t. I, p. 96), la duchesse de Roquelaure d'avoir eu quelque envie de *croquer le roi*. » L'anonyme désignée par l'initiale S***, dans ces *Fragments*, est évidemment madame de Soubise. C'est parmi ces belles femmes de la cour que Mignard prenait ses modèles. Madame de Ludri, mademoiselle de Théobon, depuis marquise de Beuvron, ne dédaignèrent point de poser pour les peintures que Mignard exécuta à Saint-Cloud. Quand il peignit le petit appartement du roi, ce furent madame de Monaco et mademoiselle d'Armagnac qui posèrent ; et même la fille du roi et de madame de la Vallière, la princesse de Conti, servit pour peindre Minerve, et la fille du peintre, qui depuis fut mariée au comte de Feuquière, a été le modèle de la figure de Pandore. (*Vie de Pierre Mignard*, p. 136.)

maîtresse en titre, faisait introduire à la cour, pour les offrir aux regards de Louis XIV et provoquer son inconstance. Mademoiselle de Poussé [1] nous paraît y avoir été conduite dans ce but. Sa mère, la marquise de Poussé, était dame d'honneur de madame la duchesse de Guise, sœur de mademoiselle de Montpensier. La marquise de Poussé fit sortir du couvent sa fille, mademoiselle de Poussé, nièce de Ragiver de Poussé, curé de Saint-Sulpice, qui était destinée à être religieuse ; on la mena avec elle à la cour : alors une nouvelle beauté y devenait sur-le-champ l'objet de l'attention générale. Mademoiselle de Poussé eut aussitôt ses partisans et ses détracteurs [2]. Mademoiselle de Montpensier avertit un jour le roi, qui ne l'avait pas vue encore, qu'elle allait passer avec la duchesse de Guise. « Je vous remercie, lui dit le roi, de m'avoir prévenu. J'aurai soin de m'appuyer contre la muraille ; car on m'a persuadé qu'il me seroit impossible de voir cette surprenante beauté sans m'évanouir. » « Cette manière de raillerie, dit Mademoiselle, me fit connoître qu'on lui avoit parlé de cette fille chez la Vallière, chez laquelle madame de Montespan

---

[1] Je crois qu'il faut écrire de Poussé ; elle était nièce du curé de Saint-Sulpice, et dans les *Mémoires* de Blache (Taschereau, *Revue rétrospective*, t. I, p. 12) il est fort question de M. de Poussé, curé de Saint-Sulpice en 1670. *Ibid.* p. 34, il est fait mention de la marquise de Poussé, comme belle-sœur du curé de Saint-Sulpice, et de plus comme dame d'honneur de MADAME, douairière d'Orléans. Voyez encore mademoiselle de Montpensier, *Mémoires*, t. III, p. 78, année 1664. Mademoiselle de Montpensier écrit toujours *Poussé*, et la Fontaine *Poussay*.

[2] Montpensier, *Mémoires*, t. V, p. 308 ; *Recueil de chansons historiques et critiques*, manuscrit, t. III, p. 221.

commençoit à aller¹.» Mademoiselle de Guise, qui gouvernait son frère, craignant qu'il ne devînt amoureux de mademoiselle de Poussé, contraignit la mère de cette jeune beauté, dame d'honneur de la duchesse de Guise, à se retirer avec sa fille, au Luxembourg, auprès de madame la duchesse douairière d'Orléans, dont elle était aussi dame d'atours². C'est alors seulement que la Fontaine vit mademoiselle de Poussé, et c'est pourquoi il dit dans son sonnet :

> J'étois libre, et vivois content et sans amour....
> Quand du milieu d'un cloître Amarante est sortie.
> Que de grâces, bons dieux! Tout rit dans Luxembourg³.

Ce sonnet est fort médiocre; mais il rappelle des circonstances qui ne sont pas sans intérêt pour l'histoire de ces temps et pour la connaissance des sociétés dans lesquelles notre poëte était admis.

Il fallait bien que, malgré ses distractions et ses bizarreries, la Fontaine fût agréable aux grands, car ils le recherchaient. Mauricette Fébronie de la Tour, sœur du duc de Bouillon, avait épousé, à Château-Thierry, le prince Maximilien de Bavière⁴, en avril 1668. Lors-

---

¹ Montpensier, *Mémoires*, t. V, p. 308, édit. 1746, ou t. IV, p. 97 et 98, édit. 1825, in-8°, t. XLIII collection Petitot, année 1666.

² Montpensier, *Mémoires*, t. VI, p. 12, édit. 1646, ou t. IV, p. 128 et suiv., année 1669, édit. in-8°, année 1825, t. XLIII de la collect. Petitot. Madame de Poussé fut remplacée auprès de la duchesse de Guise par madame du Deffant.

³ La Fontaine, *Sonnets*, 2.

⁴ Baluze, *Histoire généalogique de la maison d'Auvergne*, 1708, in-fol., t. I, p. 456 et 825; Bussy-Rabutin, *Lettres*, 1727, in-12, t. V, p. 51; Madame

qu'elle fut partie, elle voulut que la Fontaine lui écrivît les nouvelles du temps : il s'en acquitta en homme répandu dans le grand monde, et parfaitement bien instruit de tout ce qui s'y passait : ce qui le prouve, c'est une lettre en vers qu'il adressa à la jeune princesse en juillet 1669[1] : pour être bien comprise, cette lettre a besoin de quelques éclaircissements.

Jean Casimir, roi de Pologne, venait de renouveler l'exemple de la reine Christine : fatigué des embarras du gouvernement, il avait abdiqué la couronne à Varsovie le 16 septembre 1668[2], et en descendant du trône il prédit à une noblesse ingrate et factieuse le partage futur de sa patrie. Il quitta la Pologne et se retira à Paris, où Louis XIV lui donna l'abbaye de Saint-Germain des Prés. Toute l'Europe était en rumeur pour l'élection d'un roi de Pologne : chaque puissance cherchait à en faire un, et répandait de l'argent à cet effet. C'était ce que Louis XIV s'était promis en favorisant cette abdication et en produisant, par les intrigues qui en étaient la suite, une diversion utile à ses conquêtes des Pays Bas[3].

> . . . . Les esprits
> Font tantôt accorder le prix
> Au Lorrain, puis au Moscovite,

---

de Montmorency, *Lettres*, 1806, in-12, p. 80; Mathieu Marais, *Vie de la Fontaine*, p. 49, édit. in-12, ou p. 53 de l'édit. in-18.

[1] La Fontaine, *Épîtres*, 7.
[2] *Art de vérifier les dates*, t. II, p. 77.
[3] Louis XIV, *Instruction au Dauphin*, t. II, p. 350.

Condé, Neubourg ; car le mérite
De tous côtés fait embarras.

Nos historiens nous disent bien que le duc de Neubourg, le prince Charles de Lorraine, et le prince de Condé, étaient des concurrents pour cette couronne ; mais la lettre de la Fontaine, d'accord avec les mémoires du temps, nous apprend aussi que le czar de Russie s'agitait pour l'obtenir[1], et que les raisonneurs en politique voulaient qu'il fût exclus. Notre poëte avoue en même temps qu'il était du nombre de ces oiseux et innocents diplomates qui arrangent à leur gré le sort des États :

> Ceux qui des affaires publiques
> Parlent toujours en politiques,
> Réglant ceci, jugeant cela
> (Et je suis de ce nombre-là) ;
> Les raisonneurs, dis-je, prétendent
> Qu'au Lorrain plusieurs princes tendent.
> Quant à Moscou, nous l'excluons ;
> Voici sur quoi nous nous fondons :
> Le schisme y règne, et puis son prince
> Mettroit la Pologne en province.

Louis XIV favorisait les prétentions de Philippe-Guillaume, duc de Neubourg[2], dans l'espérance que pour

---

[1] *Mémoires de M. de ***, pour servir à l'histoire du dix-septième siècle*, t. II, p. 337 et 347.

[2] « Le duc de Neubourg me fit prier de favoriser ses prétentions ; je « promis au duc ce qu'il me demandoit. » Louis XIV, *Mémoires historiques*, t. II, p. 330 ; Choisy, *Mémoires*, t. LXIII, p. 470. *Collection de mémoires relatifs à l'histoire de France.*

prix des appuis et des subsides qu'il lui payerait, celui-ci céderait à la France le duché de Juliers, limitrophe des États de la Hollande, de la Lorraine, et de l'archevêché de Cologne [1]. Aussi le prince Charles, le gouvernement des Provinces-Unies, et divers souverains d'Allemagne, qui avaient le plus à redouter de l'ambition du grand monarque, intriguèrent-ils pour lui trouver des ennemis. Ils réussirent, puisque ce fut peu de temps après que se forma la triple alliance entre l'empereur, l'Espagne et la Hollande, pour la conservation des Pays-Bas [2]. Ceci explique cette partie de l'épître de notre poëte :

> Neubourg nous accommoderoit :
> Au roi de France il donneroit
> Quelque fleuron pour sa couronne,
> Moyennant tant, comme l'on donne,
> Et point autrement ici-bas.
> Nous serions voisins des États,
> Ils en ont l'alarme et font brigue.
> Contre Louis chacun se ligue.
> Cela lui fait beaucoup d'honneur,
> Et ne lui donne point de peur.

Mais, avant de terminer sa lettre, la Fontaine apprend que

---

[1] Le grand Leibniz, alors âgé de vingt-trois ans, publia un écrit en faveur des prétentions du duc de Neubourg, et ce fut un de ses premiers ouvrages, si ce n'est pas le premier.

[2] D. Calmet, *Histoire de Lorraine*, t. II, p. 660 ; Reboulet, *Histoire du règne de Louis XIV*, in-4°, t. II, p. 17 ; *Fastes des rois de la maison d'Orléans et de celle de Bourbon*, p. 205 ; *l'Art de vérifier les dates*, t. III, p. 334.

> Ces messieurs du Nord font la nique
> A toute notre politique,

et qu'ils ont choisi un roi dont le nom est en *ski :* c'était Michel Koribut Wiesnowieski, qui fut élu le 19 juin 1669. La Fontaine, regrettant avec raison l'argent qu'on a dépensé pour cet objet, ajoute avec beaucoup de bon sens :

> .... Je crois qu'en paix
> Dans la Pologne désormais
> On pourra s'élire des princes ;
> Et que l'argent de nos provinces
> Ne sera pas une autre fois
> Si friand de faire des rois.

La Fontaine donne aussi à la princesse des nouvelles de tous ses frères; elle en avait cinq, et il n'en oublie aucun. Mais, pour bien comprendre ce qu'il dit à ce sujet, il faut se rappeler qu'alors, pour nous servir des expressions mêmes de la Fontaine, Mahomet était en guerre avec Saint-Marc. Les Turcs, après avoir bloqué Candie pendant huit ans, l'assiégeaient avec une armée de trente mille hommes. L'île de Candie, qui appartenait aux Vénitiens, était considérée comme le boulevard de la chrétienté : le secours que la France y porta, le dévouement de M. de la Feuillade, qui, rappelant l'exemple des beaux temps de la chevalerie, y mena cinq cents gentilshommes à ses dépens, tout cela ne put retarder que de trois mois la prise de cette ville, qui eut lieu le 16 septembre 1669 : mais, lorsque la Fontaine écrivait à la princesse, la ville de Candie n'était pas encore au pouvoir des Turcs[1]. Morosini, ambassadeur de la république de Venise à la cour de France, était parvenu à exciter la générosité de Louis XIV, qui avait envoyé six mille hommes de troupes au secours des Candiotes, sous la conduite du duc de Navailles; ce qui n'empêcha pas le Grand Seigneur de faire rendre au marquis de Nointel, ambassadeur de France à la Porte, de grands honneurs à son entrée à Constantinople, et d'envoyer une pompeuse ambassade au roi de France; voilà pourquoi notre poëte dit en parlant du roi :

> Que craindroit-il, lui dont les armes
> Vont aux Turcs causer des alarmes?
> Nous attendons du Grand Seigneur
> Un bel et bon ambassadeur :
> Il vient avec grande cohorte ;
> Le nôtre est flatté par la Porte.
> Tout ceci la paix nous promet
> Entre Saint-Marc et Mahomet.

Après s'être ainsi livré aux conjectures de la politique pour l'avenir, la Fontaine revient aux événements de la guerre qui intéressaient particulièrement la princesse à laquelle il écrivait, puisque ses frères se trouvaient avec

---

[1] Reboulet, *Histoire de Louis XIV*, in-4°, t. II, p. 15; Hénault, *Abrégé chronologique*, édit. 1768, in-4°, t. II, p. 636; Voltaire, *Siècle de Louis XIV*, t. XXIII des *Œuvres*, p. 77; l'*Art de vérifier les dates*, 3ᵉ édit., t. III, p. 727; Choisy, *Mémoires*, p. 30; Choisy, *Mémoires*, t. LXIII, p. 485, *Collect. de Mémoires pour l'histoire de France*; Bussy-Rabutin, *Histoire abrégée du siècle de Louis le Grand*, p. 169; Daru, *Histoire de Venise*, liv. XXXIII, t. IV, p. 608-610.

les d'Aubusson, les Beauveau, les Langeron, les Créqui, les Tavannes, les Fénelon, les Saint-Pol, dans la troupe de la Feuillade, avec le fils de madame de Sévigné[1]; il lui dit :

> Pendant que je suis sur la guerre
> Que Saint-Marc souffre dans sa terre,
> Deux de vos frères sur les flots
> Vont secourir les Candiots.

C'étaient les deux plus jeunes, Constantin-Ignace, et Henri-Maurice, tous deux chevaliers de Malte, et qui, tous deux, après avoir échappé aux dangers de la guerre, périrent peu d'années après en duel. Jamais prince n'a donné de plus belles espérances que Constantin-Ignace de la Tour, l'aîné de ces deux frères. Aucun surtout n'a été dans son enfance aussi précoce. Il n'avait pas six ans lorsque les ducs de la Rochefoucauld et de Bouillon le firent un jour monter à cheval et le lancèrent seul au milieu du peuple mutiné de la ville de Bordeaux qui avait méconnu leur autorité, et qu'ils ne savaient comment apaiser. La foule, étonnée de la hardiesse, des grâces et des discours de cet enfant, se calma aussitôt et fit ce qu'il ordonna [2].

---

[1] Madame de Sévigné, *Lettre* en date du 2 juillet 1668, t. I, p. 91, édit. stéréot. d'Herhan.

[2] *Art de vérifier les dates*, t. II, p. 749; Baluze, *Histoire généalogique de la maison d'Auvergne*, 1708, in-fol., t. II, p. 456. Choisy rapporte le même fait, et dit que ce jeune prince avait alors douze ans, et qu'on l'appelait le prince de Raucourt. (Voyez t. LXIII, p. 444, de la *collect. de Mém. pour l'histoire de France*.) On parviendrait aisément à éclaircir ce doute

La Fontaine continue ainsi :

> Puisqu'en parlant de ces matières
> Me voici tombé sur vos frères,
> Vous saurez que le chambellan
> A couru cent cerfs en un an.

Le chambellan était Godefroy Maurice de la Tour, duc de Bouillon, l'aîné de tous les Bouillons, le mari de Marianne Mancini, protectrice de notre poëte; il avait été revêtu de la charge de grand chambellan : après avoir accompagné le roi, en 1668, à la conquête de la Franche-Comté[1], il s'était retiré dans ses terres, où il s'amusait à la chasse.

La paix d'Aix-la-Chapelle avait été conclue le 2 mai de cette même année, et voilà pourquoi la Fontaine, qui espérait qu'elle serait durable, fait sur Godefroy de Bouillon les réflexions suivantes :

> Courir des hommes, je le gage,
> Lui plairoit beaucoup davantage,
> Mais de longtemps il n'en courra :
> Son ardeur se contentera,
> S'il lui plaît, d'une ombre de guerre.

Passant ensuite au quatrième frère, la Fontaine ajoute:

> D'Auvergne s'est dans notre terre
> Rompu le bras; il est guéri.

en comparant la date de naissance du prince et l'époque de la révolte de Bordeaux.

[1] *Art de vérifier les dates*, t. II, p. 749.

> Ce prince a dans Château-Thierri
> Passé deux mois et davantage.

C'est de Frédéric Maurice de la Tour, comte d'Auvergne, qu'il est ici question, le second des Bouillons par rang d'âge, et qui fut colonel général de la cavalerie légère [1].

Ensuite la Fontaine fait un pompeux éloge du troisième, Emmanuel Théodose, avec lequel il était lié, et qui était connu sous le nom de duc d'Albret :

> Son bel esprit, ses mœurs honnêtes
> L'élèveront à tel degré,
> Qu'enfin je m'en contenterai.
> Veuille le ciel à tous ses frères
> Rendre toutes choses prospères ;
> Et leur donner autant de nom,
> Autant d'éclat et de renom,
> Autant de lauriers et de gloire,
> Que par les mains de la Victoire
> L'oncle en reçoit depuis longtemps !

Cet oncle était le grand Turenne, qui aimait notre poëte, et qui, ainsi que nous le verrons, fournit à sa muse d'heureuses inspirations. Le duc d'Albret, dans le moment même où la Fontaine écrivait, se servait avantageusement et très-habilement du crédit de son oncle pour obtenir le cardinalat. La Fontaine, qui probablement avait quelque connaissance de ces intrigues, prédit assez clairement au duc d'Albret, dans les vers précédents, qu'il obtiendrait cette haute dignité. Le duc

---

[1] Baluze, *Histoire généalogique de la maison d'Auvergne*, t. 1, p. 455; Choisy, *Mémoires*, t. LXIII, p. 486, *collect. pour l'histoire de France.*

d'Albret reçut en effet le chapeau de cardinal, le 4 août 1669 : il y avait peu d'exemples qu'un homme aussi jeune qu'Emmanuel Théodose de la Tour d'Auvergne eût été investi de la pourpre ecclésiastique, et comme sa figure le faisait paraître encore plus jeune qu'il n'était réellement, on le surnomma dans le monde l'*enfant rouge* [1]. Notre poëte, dans les six vers qu'il lui adressa à ce sujet, le félicita en prophète qui a le droit de ne pas s'étonner des événements prévus et annoncés d'avance :

> Je n'ai pas attendu pour vous un moindre prix ;
> De votre dignité je ne suis point surpris :
> S'il m'en souvient, seigneur, je crois l'avoir prédite.
> Vous voilà deux fois prince, et ce rang glorieux
> Est en vous désormais la marque du mérite,
> Aussi bien qu'il l'étoit de la faveur des cieux [2].

Cependant la Fontaine avait fait paraître un nouveau recueil de contes en 1667, ou 1666 [3], en promettant dans sa préface « que ce seroient les derniers ouvrages de cette nature qui partiroient de ses mains ; » promesse qu'il a toujours renouvelée depuis toutes les fois qu'il la trahissait. Le succès de ce nouveau recueil surpassa

---

[1] Choisy, *Mémoires*, Utrecht, 1747 in-12, p. 28-30 ; *Curiosités historiques, ou Recueil de pièces relatives à l'histoire de France, et qui n'ont jamais paru*, t. I, p. 140, édit. 1828 ; t. LXIII, p. 156 et 454, 456, 473, *Mémoires pour l'histoire de France*. Cette édition des *Mémoires* de Choisy, éditée sur les manuscrits, est excellente ; nous la citerons concurremment avec l'autre. D'après Choisy, le cardinal de Bouillon était né le 24 août 1643 ; il n'avait donc que vingt-six ans ; Louis XIV, *Œuvres*, 1806, in-8°, t. V, p. 424, *Lettre au pape*, du 31 janvier 1669.
[2] La Fontaine, *Sixains*, 2.
[3] Id., *Contes*, liv. II.

encore celui du premier ; on le réimprima l'année d'après en Hollande, en y ajoutant la *dissertation sur Joconde*, et une partie du conte de *la Coupe enchantée*, que les éditeurs s'étaient procuré en manuscrit, et qui n'était point terminé : ceci força la Fontaine de publier encore une nouvelle édition de ses *Contes* ; il y inséra, outre trois nouveaux contes, la dissertation sur Joconde et le conte imparfait de cette coupe enchantée qu'il a depuis fini tout autrement que dans cette édition [1] ; et comme dans une note de cette même édition il prenait l'engagement de terminer ce conte, on voit par là que les promesses qu'il avait faites de renoncer à ce genre de composition s'étaient promptement effacées de sa mémoire.

Mais déjà, et dès l'année 1668, la Fontaine avait donné ses *Fables choisies, mises en vers*, en un volume in-4° imprimé avec luxe et accompagné de figures dessinées et gravées par Chauveau [2]. Ce recueil de fables, qui contenait six livres, est dédié au Dauphin, et on voit, par le commencement de la préface, que plusieurs des apologues qu'il renferme, ainsi que nous l'avons déjà remarqué pour les contes, avaient été publiés séparément avant qu'on en formât un volume.

---

[1] *OEuvres de la Fontaine*, édit. 1820, in-8°, t. III, *Préface de l'éditeur sur les contes* ; mais l'éditeur a oublié de parler dans cette préface d'une contrefaçon de cette édition de 1669, qui est in-12, et contient 155 pages : elle est sans date, ni nom d'imprimeur ; l'éditeur y a intercalé quatre mauvais contes, qui ne sont pas de notre poëte, ils sont intitulés *le Miaulement des chats, l'Enfant Colin, l'Espagnol, Il vaut mieux manger du lard que de mourir de faim*.

[2] *OEuvres de la Fontaine*, édit. 1820, t. I. Voyez *Préface de l'éditeur sur les Fables*, pages CXXVII à CXLIII, et aussi t. VI, p. 205, note 1, où il est fait mention de l'édition de Paris, de 1715.

Il est nécessaire de nous arrêter un instant sur celui-ci. Les petites narrations dont il se compose, variées comme les êtres de la nature que le poëte fait agir et parler, renferment les conseils de la plus haute sagesse, et brillent de l'éclat et des richesses de la poésie : elles assurèrent à la Fontaine le rang élevé qu'il occupe sur le Parnasse français. C'est aussi surtout par ses fables qu'il a mérité, selon l'heureuse expression de d'Olivet, que sa mémoire fût placée sous la protection des honnêtes gens.

Tout le monde sait que l'ingénieuse idée d'instruire les hommes, et de leur inculquer les principes de la morale et les vérités utiles à leur bonheur, par des récits allégoriques, est attribuée à Ésope, qui vivait 620 ans avant Jésus-Christ, et habita la cour de Crésus, roi de Lydie; ce qui a fait présumer à quelques savants qu'Ésope a pu emprunter cette invention aux Orientaux, attendu que les Lydiens, ainsi que les autres peuples de l'Asie Mineure, faisaient un grand commerce avec les Assyriens, alors maîtres de tout l'Orient. Le livre de *Calila et Dimna*, ou *les Fables de Bidpaï*, qui sont aujourd'hui si répandues en Asie, sont originaires de l'Inde, et sont tirées du *Pantcha-Tantra*, ouvrage d'un brame nommé Vichnou-Sarmah.

Quant à Loqman, que l'on a voulu faire considérer comme le même personnage qu'Ésope, un savant orientaliste a très-bien démontré que les fables attribuées à cet auteur, transplantées de l'Inde ou de la Grèce, sur le sol d'Arabie, n'y ont été connues que longtemps après

Mahomet, et sont postérieures au septième siècle de l'ère chrétienne. D'ailleurs la fable du rossignol et de l'épervier, que l'on trouve dans Hésiode, est une preuve que l'invention de l'apologue est au moins antérieure de trois cents ans à Ésope.

Quoi qu'il en soit, nous n'avons rien de certain sur cet auteur, que le peu qu'en dit Hérodote, qui vivait soixante et dix-sept ans seulement après lui. La Vie d'Ésope, que la Fontaine a mise à la tête de ses fables, est traduite ou plutôt abrégée du moine Planude, qui l'a écrite en grec au quatorzième siècle. Ce n'est qu'un mauvais roman, plein de contes puérils. La Fontaine dit que Planude vivait dans un siècle où la mémoire des choses arrivées à Ésope n'était pas encore éteinte, et qu'il a pu savoir par tradition ce qu'il raconte : cela prouve que notre fabuliste n'avait pas beaucoup d'érudition, ni de grandes connaissances en chronologie; car entre Ésope et le moine Planude il y a un intervalle de dix-huit siècles et demi. Il est assez probable qu'Ésope n'écrivit point ses fables ; mais la tradition les conserva, et on commença de bonne heure en Grèce à s'en emparer, pour les arranger en prose et en vers.

Socrate s'occupa dans sa prison à versifier les fables d'Ésope ; de grands poëtes, des historiens, des philosophes, à son exemple, composèrent aussi occasionnellement des fables, et on en trouve quelques-unes éparses dans Archiloque, Alcée, Stésichore, Aristote, Platon, Diodore, Plutarque et Lucien. On forma ensuite différents recueils de fables qui tous portaient le nom d'Ésope. Celui qui pendant longtemps servit aux Romains était en grec et en vers. Sénèque conseille à une personne de la cour de Claude de composer des fables dans le goût d'Ésope, « genre d'ouvrage dans lequel, dit-il, les Romains ne se sont jamais essayés. » Ceci semble démontrer que le recueil de Phèdre ne lui était pas connu[1]; et Quintilien veut qu'en faisant lire les fables de ce recueil aux enfants, on les force de rompre la mesure des vers, afin de les mettre en état de les redire naturellement et d'eux-mêmes. Ainsi dans tous les temps ces ingénieux récits furent considérés comme propre à l'instruction de l'enfance, aussi bien qu'à celle des hommes faits, qui ne sont le plus souvent que de vieux enfants[2].

Le recueil de fables qui fut le plus répandu chez les Romains était celui qu'avait composé Babrias, qui paraît avoir vécu au temps d'Alexandre Sévère[3], et dont la lecture faisait les délices de l'empereur Julien. Cet auteur possédait tous les genres de mérite qui conviennent à l'apologue, la naïveté, la grâce, la finesse, et la correction du langage.

Quoi qu'il en soit, Phèdre, qui vécut sous Auguste, mais qui n'écrivit que sous le règne de Tibère, et peut-être plus tard, versifia en latin les fables d'Ésope avec une précision, une élégance et une pureté de style qui

---

[1] *Senecæ consol. ad Polyb.*, 27, t. II, p. 213, édit. Bouillet.
[2] Consultez, pour les citations et les preuves, notre *Essai sur la Fable et les fabulistes avant la Fontaine*, dans les *Œuvres de la Fontaine*, édit. in-8°, 1820, t. I, p. LX à CXXVI.
[3] *Babrii fabulæ* CXXIII, nunc primum editæ J.-F. Boissonade, 1844. editoris præmonitio, p. XI.

auraient dû lui acquérir une célébrité plus grande que celle qu'il paraît avoir obtenue de son temps. Sous le règne de Caracalla, un certain Julius Titianus mit en prose latine un recueil de fables d'Ésope et de Babrias, et c'est ce recueil qu'Avianus traduisit après en vers.

La translation de la capitale de l'empire romain à Byzance donna en Orient à la langue grecque la prééminence sur la langue latine, et le rhéteur Aphtonius, qui vivait vers la fin du troisième siècle de l'ère chrétienne et le commencement du quatrième, écrivit en prose grecque une quarantaine de fables dont quelques-unes sont tirées d'Ésope et de Phèdre.

La décadence des lettres est toujours signalée par des abrégés. On trouve que tous les livres sont longs quand on ne veut plus lire. Pendant le déclin du grand empire des Romains, la fable dégénéra comme tous les autres genres de la littérature. Au neuvième siècle, un grammairien, nommé Ignatius Magister, qui, du diaconat et de la sacristie de l'église de Sainte-Sophie, parvint au siége épiscopal de Nicée, abrégea les fables de Babrias et réduisit chacune d'elles à quatre vers ïambiques. Cet extrait défiguré n'eut que trop de succès, et nous est parvenu avec le nom de Gabrias, qui n'est que celui de Babrias corrompu. L'ouvrage d'Ignatius n'a pas peu contribué à nous faire perdre celui de l'auteur original, qui cependant existait encore entier au douzième siècle.

Constantin Cyrille, apôtre des Esclavons, composa dans le neuvième siècle un recueil de fables en grec, ou peut-être en esclavon, qui fut peu répandu, et dont il ne nous reste qu'une traduction latine qui ne fut publiée que vers la fin du quinzième siècle.

Romulus, ou l'auteur quel qu'il soit qui s'est caché sous ce nom, écrivit ensuite un recueil de fables en latin qu'il annonce avoir été traduit du grec, mais qui n'est presque composé que des fables de Phèdre dont les vers ont été changés en prose en rompant la mesure. Vincent de Beauvais, dans son *Miroir moral*, mit aussi en mauvaise prose latine quelques-unes des fables de Phèdre et de Romulus.

Dès que les langues vulgaires en Europe se formèrent et qu'on commença à les écrire, on s'empressa de faire paraître dans ces langues des recueils de fables : le plus remarquable de tous ceux qu'on composa en langue romane [1] ou en ancienne langue française est celui de Marie de France, qui a été publié récemment : il est écrit en vers avec beaucoup de charme et de naïveté. Marie de France, qui vécut au treizième siècle, et résida presque toujours en Angleterre, loin de sa patrie, déclare qu'elle a traduit ses fables de l'anglais, ce qui semble prouver qu'il existe aussi des recueils de fables en anglo-saxon ; mais l'histoire de la littérature

---

[1] On trouve parmi les manuscrits de la Bibliothèque du roi des traductions des fables d'Avianus, de l'anonyme latin de Névelet, et d'un autre fabuliste latin du moyen âge, faites dans le treizième siècle, ou au commencement du quatorzième, en vers français. Ces traductions paraissent avoir été inconnues ou mal connues de ceux qui ont écrit sur nos anciens auteurs. Ces recueils ont été publiés par M. Robert, *Fables inédites des XIIe, XIIIe et XIVe siècles*, 2 vol. in-8°, 1825.

anglaise dans ces temps reculés est en grande partie ensevelie dans des manuscrits que n'ont point lus les modernes, et elle est moins connue que la nôtre.

Enfin, au quatorzième siècle, Planude, moine de Constantinople, écrivit de nouveau en prose grecque un recueil de fables qu'il publia sous le nom d'Ésope, et il mit en tête une Vie de l'esclave phrygien, remplie, ainsi que nous l'avons déjà dit, de contes populaires et d'anachronismes. Comme Planude fut envoyé par Andronic le Vieux pour être ambassadeur à Venise, son recueil de fables, ainsi que ses autres ouvrages, se répandirent en Occident ; et pendant longtemps les fables de Planude ont passé pour les véritables fables d'Ésope.

Dans le quinzième siècle, Renucius ou plutôt Ranutio d'Arezzo traduisit de nouveau en latin vulgaire les fables qui portaient alors le nom d'Ésope et de Babrias. Nicolo Perotti écrivit aussi vers le même temps en vers latins un certain nombre de fables d'Avianus et autres attribuées à Ésope : comme il mit ces fables à la suite des fables de Phèdre qu'il avait transcrites et dont il avait imité le style et pillé les vers, plusieurs critiques de nos jours y ont été trompés, et ont attribué à Phèdre les fables de Perotti.

Dans le seizième siècle, Astemio, Gilbert Cousin et divers autres auteurs, mirent aussi en prose latine des fables et des contes, et on en forma des recueils. Faerne, à qui l'ouvrage de Phèdre, exhumé de la bibliothèque de Pithou, en 1596, paraît avoir été inconnu, traduisit aussi en vers latins, avec une rare élégance, les fables d'Ésope et de divers auteurs grecs. Corrozet, dont les travaux ont été mal appréciés, traduisit en vers français cent fables d'Ésope, et eut la gloire de prouver le premier que notre langue pouvait prêter de nouvelles grâces à ces sortes de compositions. Philibert Hegemon et Guillaume Gueroult marchèrent sur les traces de Corrozet. Verdizotti, à l'exemple de ces auteurs, mit en vers italiens cent fables tirées des mêmes sources. Le succès de ces divers ouvrages fit bientôt traduire dans toutes les langues de l'Europe, soit en prose, soit en vers, mais le plus souvent en prose, les fables grecques et latines qui avaient paru successivement, et dont Névelet avait publié, en 1610, un recueil qui, toujours recherché, n'a cependant jamais été réimprimé.

Il ne restait plus qu'à faire connaître les fables des auteurs orientaux écrites dans des langues peu accessibles aux lecteurs d'Occident. C'est ce qui fut exécuté, mais très-imparfaitement, par Erpenius et David Sahid. Le premier fit paraître, en 1615, une traduction latine des fables de Loqman; et le second, aidé de Gaulmin, publia, en 1644, la traduction française d'une partie de l'ouvrage de Vischnou Sarmah, sous le titre de *Livre des lumières et de la conduite des rois.*

Par suite des changements que la langue éprouva, les ouvrages de Corrozet, de Philibert Hegemon, et des autres auteurs de ce siècle, cessèrent d'être facilement compris et furent entièrement oubliés. Les recueils de fables en prose se multiplièrent. L'apologue fut considéré comme peu propre à être orné par les muses, et peu digne d'occuper la plume d'un homme de talent. Cependant les réimpressions successives des traductions en prose d'Ésope et de Phèdre prouvaient que ce genre de composition devenait de plus en plus populaire. Pour imiter en partie l'ouvrage de Vischnou Sarmah, sans s'écarter trop de la forme conservée par les fabulistes grecs et romains, on imagina de développer dans de long discours les maximes de morale renfermées dans chaque fable. C'est d'après ce plan que furent composées les *Fables héroïques* d'Audin; l'*Ésope moralisé* eut encore plus de succès : néanmoins, tel était le discrédit attaché à ces productions, que Pierre de Boissat, le véritable auteur de l'*Ésope moralisé*, refusa de faire paraître cet ouvrage sous son nom, et le mit sous celui de Jean Baudoin, son ami.

Voilà où en était la fable lorsque la Fontaine parut. Il s'efforça d'abord de suivre les traces de Phèdre, et il pensait que cet auteur inimitable dans son exquise élégance avait atteint la perfection du genre [1]. Fontenelle dit que la Fontaine ne se considérait comme inférieur à Phèdre que par bêtise. Ce mot est plus gai et plus spirituel que juste. Si l'on avait à donner, dans un art poétique, des préceptes pour la composition des fables, l'ouvrage de Phèdre serait un modèle plus classique que celui de la Fontaine, et on en tirerait une théorie plus exacte et plus vraie pour tracer les règles de ce genre de poésie. Cependant, comme dit quelque part la Fon-

---

[1] *Phædri Fabul, libri* v, édit. Gabr. Brottier, 1783, p. 13.

taine, il est bon de s'accommoder à son sujet, mais il vaut encore mieux s'accommoder à son génie[1] : le sien était tellement original et d'une telle trempe, qu'en empruntant des apologues à tous les auteurs dont nous venons de parler, et en les mettant en vers, il fit de la fable, considérée de son temps comme peu digne d'exercer le talent d'un poëte, un genre tout nouveau, tellement vaste et varié, qu'il embrassait tout le cercle des idées humaines, depuis les plus hautes spéculations de la philosophie jusqu'aux plus humbles préceptes de la vie commune ; et qu'il s'appropriait tous les styles, depuis le langage simple, mais harmonieux et cadencé, d'une Muse gracieuse et familière, jusqu'aux plus sublimes élans de l'enthousiasme poétique.

Boileau et Jean-Baptiste Rousseau, les deux plus habiles versificateurs que la littérature française ait produits, ont tous les deux, lorsqu'ils se trouvaient dans toute la force de leur talent, refait, après la Fontaine, la fable du *Bûcheron et de la Mort;* ils ont succombé dans la lutte, et prouvé combien il était difficile d'égaler le bonhomme, même dans celles de ses fables qui ne sont pas au nombre des plus remarquables.

« Le style de la Fontaine, dit Chamfort, est peut-être ce que l'histoire littéraire de tous les siècles offre de plus étonnant. C'est à lui seul qu'il étoit réservé de faire admirer, dans la brièveté d'un apologue, l'accord des nuances les plus tranchantes et l'harmonie des cou-

---

[1] Voyez *Psyché*, dans les *OEuvres de la Fontaine.*

leurs les plus opposées. Souvent une seule fable réunit la naïveté de Marot, le badinage et l'esprit de Voiture, des traits de la plus haute poésie, et plusieurs de ces vers que la force du sens grave à jamais dans la mémoire. Nul auteur n'a mieux possédé cette souplesse de l'âme et de l'imagination qui suit tous les mouvements de son sujet. Le plus familier des écrivains devient tout à coup, et naturellement, le traducteur de Virgile ou de Lucrèce, et les objets de la vie commune sont relevés chez lui par ces tours nobles et cet heureux choix d'expressions, qui les rendent dignes du poëme épique [1]. »

« Le plus original de nos écrivains, dit la Harpe, en est aussi le plus naturel. Il ne compose pas, il converse. S'il raconte, il est persuadé, il a vu : c'est toujours son âme qui vous parle, qui s'épanche, qui se trahit; il a toujours l'air de vous dire son secret et d'avoir besoin de le dire; ses réflexions, ses sentiments, tout lui échappe, tout naît du moment. Il se plie à tous les tons, et il n'en est aucun qui ne semble être particulièrement le sien : tout, jusqu'au sublime, paraît lui être familier. Il charme toujours, et n'étonne jamais. Le naturel domine tellement chez lui, qu'il dérobe au commun des lecteurs les autres beautés de son style. Il n'y a que les connaisseurs qui sachent à quel point la Fontaine

---

[1] Chamfort, *Éloge de la Fontaine*, dans les *OEuvres de la Fontaine*, 1822, in-8°, t. I, p. XXVIII; le *Recueil de l'académie des belles-lettres et arts de Marseille*, p. 20; dans les *OEuvres de Chamfort*, t. I, p. 43; dans les *OEuvres choisies de la Fontaine*, Cazin, 1782, in-18, p. 25.

est poëte, ce qu'il a vu de ressources dans la poésie, ce qu'il en a tiré de richesses. On ne fait pas communément assez d'attention à cette foule d'expressions créées, de métaphores hardies, toujours si naturellement placées que rien ne paraît plus simple.

« Aucun de nos poëtes n'a manié plus impérieusement la langue ; aucun surtout n'a plié si facilement le vers français à toutes les formes imaginables. Cette monotonie qu'on reproche à notre versification, chez lui disparaît absolument. Ce n'est qu'au plaisir de l'oreille, au charme d'une harmonie toujours d'accord avec le sentiment et la pensée, que l'on s'aperçoit qu'il écrit en vers. Il dispose si heureusement ses rimes, que le retour des sons semble toujours une grâce et jamais une nécessité. Nul n'a mis dans les rhythmes une variété si prodigieuse et si pittoresque; nul n'a tiré autant d'effet de la mesure et du mouvement. Il coupe, brise, ou suspend son vers comme il lui plaît. L'enjambement qui semblait réservé aux vers grecs et latins est si commun dans les siens, qu'à peine y fait-on attention. L'harmonie imitative des anciens, si difficile à égaler dans notre poésie, la Fontaine la possède dans le plus haut degré. C'est de lui surtout qu'on peut dire qu'il peint avec la parole. Dans aucun de nos auteurs on ne trouvera un si grand nombre de tableaux dont l'agrément soit égal à la perfection [1]. »

---

[1] La Harpe, *Éloge de la Fontaine*, dans le *Recueil de l'académie de Marseille*, p. 21 et 24.

Ce grand critique, devenu plus sévère à la fin de sa carrière, a cependant encore ajouté, dans son *Cours de littérature* [1], aux éloges qu'il avait faits de la Fontaine; et il faut remarquer, en effet, qu'on apprécie davantage cet auteur à mesure qu'on avance en âge. Son bon sens nous paraît d'autant plus exquis, son style d'autant plus enchanteur, qu'une longue expérience et beaucoup de lecture nous ont fait voir l'inanité de tant d'orgueilleux systèmes, l'éclat trompeur de tant de phrases sophistiques ou vides de sens, et l'odieuse affectation de tant de vertus factices. Tous nos grands écrivains, soit en vers, soit en prose, se sont plu à rendre hommage au talent de la Fontaine, et lui ont tous reconnu le même genre de mérite [2]. Remarquons aussi que la plupart ne l'ont pas loué comme un auteur que l'on admire, mais comme un ami que l'on chérit; plusieurs même, inspirés par un tel sujet, ont déployé alors un talent de style qu'on ne retrouve pas au même degré dans leurs autres ouvrages [3]. Si la Fontaine plaît tant aux esprits délicats et cultivés, on peut dire qu'il n'est aucun de nos poëtes qui soit plus à la portée des enfants, et dont les ouvrages renferment en même temps plus de ces traits propres à être goûtés de

---

[1] La Harpe, *Lycée ou Cours de littérature*, édit. de l'an VII, t. VI, chap. XI, p. 324 à 385.

[2] Voyez le Bailly, *Hommages poétiques à la Fontaine*. Ce recueil forme aussi le t. XVI de l'édit. des OEuvres de la Fontaine, 1820, in-18.

[3] Vergier, dans les OEuvres de la Fontaine, Lettres, 24, t. VI, p. 577; et Legouvé, Bérenger, Chaussart, etc., dans les *Hommages poétiques*, p. 42, 49, 79, 117, 146.

l'homme du peuple¹. C'est un prodigieux mérite dans un livre de morale d'avoir ainsi su prendre tous les tons pour plaire à tous les esprits ; car la morale et les conseils de la sagesse sont un besoin pour toutes les époques de la vie, pour tous les rangs et pour toutes les classes.

La suite des années a toujours amené de nouveaux éloges de la Fontaine, et en a fait varier les formes; mais c'est encore un bonheur attaché à la destinée de ce poëte que son mérite, pour être reconnu, n'eut point à lutter contre ses contemporains : son siècle a parlé de lui comme les siècles suivants, et le jugement de la postérité a commencé de son vivant.

Quatre des fables de ce premier recueil sont dédiées à différentes personnes. La première fable du troisième livre est adressée à M. de Maucroix² : elle fut probablement composée lorsque cet intime ami de la Fontaine, forcé de renoncer aux illusions de l'amour, hésitait sur l'état qu'il devait embrasser.

Pour rendre moins directe la leçon qu'il lui adresse, notre poëte introduit adroitement Racan et Malherbe.

> Ces deux rivaux d'Horace, héritiers de sa lyre,
> Disciples d'Apollon, nos maîtres, pour mieux dire,
> Se rencontrant un jour tout seuls, et sans témoins
> (Comme ils se confioient leurs pensers et leurs soins),
> Racan commence ainsi : Dites-moi, je vous prie,

---

¹ Voltaire, *Mélanges littéraires*, au mot *Fable*, t. XLIII, p. 71 des *Œuvres*, 1821, in-8°.
² La Fontaine, *Fables*, III, I.

> Vous qui devez savoir les choses de la vie,
> Qui par tous ses degrés avez déjà passé,
> Et que rien ne doit fuir en cet âge avancé,
> A quoi me résoudrai-je? Il est temps que j'y pense.
> Vous connoissez mon bien, mon talent, ma naissance :
> Dois-je dans la province établir mon séjour?
> Prendre emploi dans l'armée, ou bien charge à la cour?
> Tout au monde est mêlé d'amertume et de charmes;
> La guerre a ses douceurs, l'hymen a ses alarmes.
> Si je suivois mon goût, je saurois où buter;
> Mais j'ai les miens, la cour, le peuple à contenter.
> Malherbe là-dessus : Contenter tout le monde!
> Écoutez ce récit avant que je réponde.

Et ce récit est la fable du *Meunier, son fils, et l'âne*, que tout le monde sait par cœur.

La première fable du cinquième livre[1] est adressée à un anonyme dont les lettres initiales semblent indiquer le chevalier de Bouillon. Le commencement prouve que la Fontaine méditait beaucoup sur son art, et qu'il consultait souvent celui à qui il s'adresse; car il lui dit :

> Votre goût a servi de règle à mon ouvrage :
> J'ai tenté les moyens d'acquérir son suffrage.
> Vous voulez qu'on évite un soin trop curieux,
> Et des vains ornements l'effort ambitieux;
> Je le veux comme vous : cet effort ne peut plaire.
> Un auteur gâte tout quand il veut trop bien faire.

On sait, en effet, que le chevalier de Bouillon avait beaucoup d'esprit et d'instruction.

[1] La Fontaine, *Fables*, V, 1.

La première fable du quatrième livre est adressée à mademoiselle de Sévigné, depuis madame de Grignan, belle, mais froide et réservée [1]; aussi la Fontaine lui dit :

[1] La Fontaine, *Fables choisies*, édit. 1668, p. 145. La Fontaine, dans les éditions subséquentes, a retranché les six vers suivants, qui, dans cette édition, terminent cette fable :

> Par tes conseils ensorcelants,
> Ce lion crut son adversaire.
> Hélas! comment pourrois-tu faire
> Que les bêtes devinssent gens,
> Si tu nuis aux plus sages têtes
> Et fais les gens devenir bêtes?

La froideur de mademoiselle de Sévigné ne la préserva pas de la calomnie lorsqu'elle fut devenue madame de Grignan, et les attentions qu'avait pour elle le chevalier de Grignan, son beau-frère, tandis qu'elle demeurait à Aix, donnèrent lieu à la malignité de s'exercer sur son compte. Au sujet de l'aventure d'une demoiselle Cigale, on fit circuler, dans le temps, et même on imprima, en Hollande, une parodie de la première fable de la Fontaine, intitulée : *la Cigale et la Fourmi*. Nous transcrivons l'anecdote et la parodie telles qu'elles se trouvent dans le *Recueil des pièces curieuses et nouvelles, tant en prose qu'en vers* (la Haye, 1694, in-12, 2ᵉ partie, p. 230), parce qu'elles peignent l'esprit du temps.

« Mademoiselle Cigale, d'une des meilleures maisons de Messine, étoit si fort aimée de Langeron, capitaine d'un des vaisseaux du roi, pendant le séjour que M. de Vivonne fit en Sicile, qu'il l'auroit épousée si M. de Vivonne ne l'en eût empêché par ordre de la cour. La plupart des principales familles de Messine passèrent en France. Mademoiselle Cigale, qui fut du nombre, et qui vint à Marseille, crut trouver son amant constant et toujours résolu de l'épouser; mais Langeron oublia son amour dans les plaisirs de Paris, et laissa la pauvre Cigale abandonnée aux disgrâces de la fortune et de l'amour. Voici les vers qu'on fit sur ce sujet :

> La Cigale ayant baisé
> Tout l'été,
> Se trouva bien désolée
> Quand Langeron l'eut quittée.
> Pas le moindre pauvre amant
> Pour soulager son tourment.
> Elle alla crier famine
> Chez la Grignan sa voisine,

Sévigné, de qui les attraits
Servent aux Grâces de modèle,
Et qui naquîtes toute belle,
A votre indifférence près.

Elle brillait à la cour dans les ballets où le roi dansait avec les la Vallière, les Montespan, les Sully, les Nemours, les d'Aumale, les Luyne, les Grancé, les Castelnau, les la Mothe, les d'Ardennes, les Coëtlogon, les Bouillon, les Duplessis, les Guiche [1], et cette foule de jeunes beautés dont les charmes divers se montraient simultanément dans toute leur fraîcheur, semblables à ces fleurs qui s'épanouissent avec profusion aux premiers beaux jours du printemps. Mademoiselle de Sévigné se fit remarquer, à cette époque, par la régularité de ses traits, la dignité de son maintien, et les mémoires du temps nous apprennent qu'elle fut proclamée la plus belle entre les belles.

La onzième fable du premier livre est adressée à

La priant de lui prêter
Un Grignan pour subsister
Jusqu'à la saison nouvelle.
Je vous le rendrai, dit-elle,
Avant qu'il soit quatre mois,
Sans l'avoir mis aux abois.
La Grignan n'est pas prêteuse,
C'est là son moindre défaut.
« Lequel est-ce qu'il vous faut ? »
Dit-elle à cette emprunteuse;
« Le chevalier seulement, »
Dit la triste tourterelle :
« Le chevalier ! » lui dit-elle,
« J'en ai besoin maintenant. »

---

[1] Loret, *Muse historique*, liv. XV, p. 27, lettre 7, en date du 16 février 1664, et liv. XVI, p. 20, lettre 5, en date du 31 janvier 1665.

M. le duc de la Rochefoucauld [1], et c'est moins une fable qu'un éloge ingénieux du célèbre livre des *Maximes*.

La Fontaine ne pouvait être lié avec le duc de la Rochefoucauld sans l'être avec madame de la Fayette, qui, pendant vingt-cinq ans, fut sa constante amie [2]. Cette femme, si remarquable par son goût, son esprit et la sûreté de son jugement et de son commerce, était consultée avec fruit et célébrée par tous les beaux esprits de ce temps [3]. Ménage lui avait enseigné le latin, et la chanta souvent dans la langue qu'il lui avait apprise. C'est elle qui composa les premiers romans écrits avec goût, qui existent dans notre langue. Elle jouissait alors de la faveur du monarque, et fut désignée par lui pour être au nombre des dames qui furent admises à l'honneur de souper à sa table dans cette fête magique qu'il donna, le 18 juillet 1668 [4], dans les jardins de Versailles. Peu d'années après, lorsque ces beaux lieux avaient, par l'achèvement de divers travaux, pris un nouvel aspect, Louis XIV conduisit madame de la Fayette dans sa calèche avec les dames de la cour. Il ne parla qu'à elle, dit madame de Sévigné,

---

[1] La Fontaine, *Fables*, I, 11.

[2] *Notice sur madame de la Fayette* dans les *Mémoires pour l'histoire de France*, t. LXIV, p. 341, édit. 1828.

[3] Voyez *Lettres de madame de Sévigné*, passim; *Lettres de mesdames de la Fayette, de Coulanges, de Villars*, 1806, in-12, t. II, p. 2.

[4] Félibien, *Relation de la fête de Versailles, le 18 juillet 1668*, dans le livre intitulé : *Description des ouvrages de peinture, faits pour le roi*, 1671, in-12, p. 284 ; *Œuvres de Molière*, édit. d'Auger, t. VII, p. 316. C'est la relation de Félibien qui y est imprimée.

et prit plaisir à montrer en détail la royale résidence, comme ferait un particulier qu'on va voir à sa campagne. Il reçut avec une satisfaction sensible les louanges qu'elle lui adressa [1].

Parmi les gens de lettres que madame de la Fayette se plaisait à recevoir chez elle, et qui s'y trouvaient réunis avec les hommes et les femmes les plus aimables de la cour [2], était le savant Huet, qui fit pour elle le *Traité de l'origine des romans;* Ségrais lui fut utile pour la composition de ses ouvrages, et enfin la Fontaine, qu'elle goûtait beaucoup. Il lui fit un jour présent d'un petit billard qu'il accompagna de quelques vers qu'on a imprimés après sa mort. L'idée bizarre qu'ils expriment est sans doute le résultat de quelque gageure ou de quelque plaisanterie de société. Le tort n'est pas aux poëtes qui composent par complaisance ou par occasion ces petites pièces insignifiantes ou médiocres, mais à ceux qui les publient et les font sortir de l'obscurité à laquelle leurs auteurs les avaient condamnées. Toutefois le sentiment parle encore un langage vrai dans cette épître si peu digne d'ailleurs de notre fabuliste :

> Le Faste et l'Amitié sont deux divinités
> Enclines, comme on sait, aux libéralités.

---

[1] C'était le jeudi 16 avril. Voyez *Lettres de madame de Sévigné*, lettre en date du 17 avril 1671.

[2] Montpensier, *Mémoires*, t. VII, p. 84 et 99; Dangeau, *Journal*, t. I, p. 425, sous la date du 29 mai 1773; Madame de Sévigné, *Lettres inédites*, p. 137.

Discerner leurs présents n'est pas petite affaire :
L'Amitié donne peu, le Faste beaucoup plus ;
Beaucoup plus aux yeux du vulgaire.
Vous jugez autrement de ces dons superflus [1].

[1] La Fontaine, *Epîtres*, lettre 8.

LIVRE TROISIÈME.

1669 — 1679.

Le premier recueil des fables de la Fontaine eut un prodigieux succès, et fut réimprimé la même année sous un plus petit format [1]. Dans l'épilogue qui le termine, le poëte disait :

> Bornons ici cette carrière :
> Les longs ouvrages me font peur.
> Loin d'épuiser une matière,
> On n'en doit prendre que la fleur.
> ....
> Amour, ce tyran de ma vie,
> Veut que je change de sujets :
> Il faut contenter son envie.
> Retournons à Psyché. Damon, vous m'exhortez
> A peindre ses malheurs et ses félicités :
> J'y consens [2].....

En effet, *Psyché* parut [3] en 1669. De toutes les fables

---

[1] Voyez *OEuvres de la Fontaine*, 1822, in-8°, t. I, p. CXXVIII.

[2] La Fontaine, *Fables*, liv. VI, *épilogue*.

[3] La première édition de la *Psyché* (la Fontaine écrit toujours *Psiché*), est un gros volume in-8°, Paris, chez Cl. Barbin, 1669, de 500 pages, sans compter le titre et la préface. Le privilége est du 2 mai 1668, et le livre fut achevé d'imprimer pour la première fois le 31 janvier 1669. Le poëme d'*Adonis* est à la fin.

de l'antiquité, celle de *Psyché* est la plus ingénieuse et la plus intéressante ; « mais, dit la Harpe, elle est racontée dans Apulée avec un sérieux trop monotone, et n'est pas exempte de mauvais goût : il y a des pensées ridiculement recherchées ; la Fontaine l'a rendue plus agréable, en y mêlant ce badinage qui naissait si facilement sous sa plume[1]. « La Harpe blâme cependant avec raison la longueur des épisodes de ce roman, et voici ce qui fut la cause principale de ce défaut :

Louis XIV, ennuyé du séjour de Saint-Germain-en-Laye, voulut, en 1661, agrandir le petit édifice que Louis XIII avait fait bâtir pour rendez-vous de chasse, dans la terre de Versailles, au Val de Galie, acquise pour cet effet en 1627[2]. Comme la cour de Louis XIV était plus nombreuse que celle de son père, le pavillon qu'avait construit Louis XIII, et qu'on voulait entourer, devint un superbe château. Ensuite, entraîné par ces premiers embellissements, Louis XIV prodigua des millions ; et les Mansard, les le Nôtre, les le Brun, les Puget, les Coustou et cette foule d'artistes habiles en tout genre, que ce siècle a produits, furent appelés à déployer dans ces beaux lieux toute l'étendue de leur génie. Versailles devint une des plus étonnantes merveilles du monde entier. La Fontaine assistait en quelque sorte à cette création qui n'était pas encore complète, mais il prévoyait ce qu'elle deviendrait un jour ;

---

[1] La Harpe, *Lycée ou Cours de littérature*, t. VI, p. 371.
[2] Le Bœuf, *Histoire du diocèse de Paris*, t. VII, p. 307-336.

et, éminemment sensible à tous les charmes des beaux-arts, il ne put résister au plaisir de célébrer ce chef-d'œuvre de grandeur et de gloire. Il a donc cherché par des épisodes à rattacher la description de Versailles au récit des aventures de Psyché, qui n'y ont aucun rapport ; ce qui allonge et refroidit sa narration. C'est ainsi qu'il employa trois grandes pages de vers à décrire cette célèbre grotte de Téthys que Louis XIV, après y avoir dépensé de fortes sommes, fit détruire, afin d'agrandir son château, mais dont les beautés parurent alors dignes d'occuper les burins des plus habiles graveurs, et d'être transmises à la postérité dans un superbe ouvrage de Félibien [1]. La description que la Fontaine en donne [2] ne saurait être comprise que par ceux qui auraient sous les yeux ce volume ; et ce morceau même prouve que le genre de la poésie purement descriptive ne convenait pas à son talent. Il réussit parfaitement quand il faut peindre par des traits énergiques et précis ; mais quand il faut tracer des tableaux chargés de détails, son style est contraint et embrouillé. En général, dans le roman de *Psyché*, sa prose est préférable à ses vers, et il dit lui-même, dans sa préface, qu'elle lui a coûté davantge.

---

[1] Félibien, *Description de la grotte de Versailles*, à l'Imprimerie royale, 1679, in-fol. de 11 pages de texte et 20 planches. Ce volume fait partie de la collection intitulée *Description du cabinet du roi*. La grotte de Téthys se trouve encore décrite, mais sans planche, dans un recueil de Félibien intitulé : *Recueil de descriptions de peintures et autres ouvrages faits pour le roi*, 1689, in-12, p. 339 à 387.

[2] *Psyché*, liv. I.

Il faut cependant excepter quelques passages qui sont dignes de lui, et même au nombre de ses meilleurs : telle est la chanson que Psyché entend dans le palais de l'Amour; tel est aussi le tableau de Vénus portée sur les eaux dans une conque marine, la prière que Psyché dans les enfers fait à Pluton et à Proserpine, et enfin l'hymne à la Volupté, qui se termine par ces vers charmants, où notre poëte s'est peint tout entier :

> Volupté, Volupté, qui fus jadis maîtresse
>   Du plus bel esprit de la Grèce,
> Ne me dédaigne pas ; viens-t'en loger chez moi ;
>   Tu n'y seras pas sans emploi :
> J'aime le jeu, l'amour, les livres, la musique,
> La ville et la campagne, enfin tout ; il n'est rien
>   Qui ne me soit souverain bien,
> Jusqu'au sombre plaisir d'un cœur mélancolique.
> Viens donc [1]....

On voit qu'il justifie parfaitement le nom de Polyphile, *aimant beaucoup de choses*, qu'il s'est donné dans ce roman. Quand Polyphile visite les enfers, il nous raconte qu'il a vu entre les mains des cruelles Euménides

> . . . . . Les auteurs de maint hymen forcé
> L'amant chiche et la dame au cœur intéressé,
> La troupe des censeurs, peuple à l'amour rebelle ;
> Ceux enfin dont les vers ont noirci quelque belle.

---

[1] La Fontaine, *Psyché*, liv. II.

Chacun se fait un enfer comme un paradis à sa façon : la Fontaine y plaçait alors ceux qui étaient rebelles à l'amour ; cela lui paraissait un crime impardonnable.

Polyphile, en faisant la peinture du palais où Cupidon avait logé Psyché, la terminera par cette observation que « bien dormir étoit un des plaisirs de ce beau séjour ; » et s'il veut nous donner une idée heureuse du sommeil de l'Amour, il nous dira « qu'il dormoit à la manière d'un dieu, c'est-à-dire profondément. » A de pareils traits on reconnaît aisément notre poëte. Du reste, si les entretiens souvent badins et quelquefois sérieux et moraux des amis de la Fontaine produisent des divagations et des longueurs, il en résulte un avantage : on oublie le livre et l'auteur pour s'intéresser à une conversation entre des hommes choisis et distingués par leur esprit, à laquelle nous fait assister la prose naïve et élégante de la Fontaine.

Le roman de *Psyché* eut, malgré ses défauts, un très-grand succès, et Claude Barbin en publia deux éditions dans la même année, ce qui détermina Molière à en composer un opéra, qui fut représenté dans l'hiver qui suivit la publication de l'ouvrage de la Fontaine[1]. Molière, pressé par le temps, engagea Quinault et le grand Corneille à l'aider dans la composition de son opéra, et l'auteur de *Cinna*, dit Voltaire[2], fit, à l'âge de soixante-sept ans, cette déclaration de Psyché à

[1] Cet opéra fut imprimé pour la première fois en octobre 1671. Voyez *Psyché*, tragédie-ballet, par J.-B.-P. Molière, 1671, in-12 de 90 pages.
[2] Voltaire, *Mélanges littéraires*, t. LXI, p. 207, édit. 1785, in-12.

l'Amour, qui passe encore pour un des morceaux les plus tendres et les plus naturels qui soient au théâtre.

A la suite de *Psyché* se trouve le poëme d'*Adonis*, imprimé dans ce volume pour la première fois, mais qui, ainsi que nous l'avons dit, était composé depuis longtemps. Ce sujet avait acquis une sorte de vogue, depuis que Marini avait publié en 1623, en italien, son long poëme d'*Adonis*, imprimé à Paris, avec une préface de Chapelain, qui le justifiait des critiques qu'on en avait faites dans les lectures particulières [1]. Un président, Nicole, à qui nous devons un mauvais recueil de poésies, traduisit en vers le premier chant en 1662 [2]. Un anonyme, dont nous n'avons pu lever le voile, en fit paraître douze chants entiers, également traduits en vers français, deux ans avant la publication du poëme d'*Adonis* de la Fontaine [3]. Malgré la réputation qu'avait acquise en France Marini, qui même avait formé une sorte de secte littéraire [4], la Fontaine se garda bien de suivre un aussi mauvais modèle : admirateur passionné des anciens, il imita Ovide, mais il imita en maître. En comparant la copie de ce poëme, que la Fontaine avait présenté à Fouquet en 1658 [5], avec l'édition

---

[1] Madame Guizot, *Vie de Chapelain*, dans la *Vie des poëtes français du siècle de Louis XIV*, in-8°, t. I, p. 341.

[2] *OEuvres de M. le président Nicole*, Paris, in-12, chez de Sercy.

[3] *Les amours de Vénus et d'Adonis, poëme du chevalier Marini*, Paris, in-12, chez Gabriel Quinet, 1667.

[4] Madame Guizot, *Vie des poëtes français*, t. I, p. 80.

[5] *Adonis, poëme tel qu'il fut présenté à Fouquet, en* 1658, publié pour la première fois d'après le manuscrit original par C. A. Walckenaer, 1825, in 8°. Tiré seulement à 50 exemplaires.

qu'il en donna douze ans après, on s'aperçoit que l'auteur a fait à son ouvrage d'heureuses corrections, qu'il a ajouté des vers, et qu'il en a retranché un assez grand nombre. Cet examen réfute suffisamment les assertions de certaines personnes, suivant lesquelles la Fontaine aurait poussé l'insouciance jusqu'à ne se donner aucune peine pour polir ses ouvrages. D'ailleurs, à cette époque, l'*Art poétique* et *le Lutrin* n'avaient pas encore vu le jour, et l'*Adonis* de la Fontaine était le seul poëme vraiment digne de ce nom qui existât dans la langue française. Il n'est pas parfait, parce que le genre exigeait que notre auteur se contraignît à ne pas quitter le ton élevé, et s'assujettît à des vers d'une seule mesure : son imagination mobile,

Variant, comme Iris, ses couleurs et ses charmes [1],

perdait une partie de ses forces dès qu'on entravait la liberté de ses mouvements : aussi trouve-t-on dans ce poëme des endroits faibles et négligés. « Mais, dit la Harpe (que nous aimons à citer, parce que aucun littérateur n'a plus étudié ni mieux apprécié la Fontaine), il y en a de charmants, surtout celui des amours de Vénus et d'Adonis. Le poëte habite avec eux des lieux enchantés, et il y transporte son lecteur. C'est là qu'on reconnaît l'auteur de la fable de *Tircis et Amarante*. Jamais les jardins d'Armide, ce brillant édifice de l'Imagination, qu'elle a construit pour l'Amour, n'ont

---

[1] Delille, *Imagination*, I, 49.

rien offert de plus séduisant et de plus doux. Vous croyez entendre autour de vous les chants du bonheur et les accents de la tendresse : vous êtes environné des images de la volupté. Tout ce que les cœurs passionnés ont de jouissances intimes, tout ce que les jours qui s'écoulent entre deux amants ont de délices toujours variées, et toujours les mêmes, tout ce que deux âmes confondues l'une dans l'autre se communiquent de ravissements et de transports ; enfin ce que l'on voudrait toujours sentir, et qu'on croit ne pouvoir jamais peindre, voilà ce que la Fontaine nous représente avec les pinceaux que l'Amour a mis dans ses mains[1]. »

Dans la préface de ce poëme, notre poëte avoue franchement que c'est autant pour satisfaire son goût particulier que pour plaire au public qu'il traite des sujets amoureux. « En quelque rang, dit-il, qu'on
« mette ce poëme, il m'a semblé à propos de ne le
« point séparer de Psyché. Je joins aux amours du
« fils celles de la mère, et j'ose espérer que mon pré-
« sent sera bien reçu. Nous sommes en un siècle où
« on écoute favorablement tout ce qui regarde cette
« famille. Pour moi, qui lui suis redevable des plus
« doux moments que j'ai passés en ma vie, j'ai cru ne
« pouvoir moins faire que de célébrer ses aventures
« de la façon la plus agréable qu'il m'est possible[2]. »

---

[1] La Harpe, *Cours de littérature*, t. VI, p. 37.
[2] La Fontaine, *Adonis*.

Le libraire Barbin publia, dans la même année, deux éditions de *Psyché* et d'*Adonis* [1], l'une in-8, et l'autre in-12. Cependant il ne fut pas satisfait, s'il faut en croire un auteur contemporain qui dit, en parlant de la Fontaine : « La *Psyché* n'a pas eu tout le « succès qu'il s'en promettoit ; et Barbin commence à « regretter les cinq cents écus qu'il en a donnés, aussi « bien que Ribon les deux cents pistoles que lui coûte « le *Tartuffe* [2]. »

Le public qui, lorsqu'il est frappé des fautes ou des défauts des grands, croit toujours voir, dans les écrits qui paraissent, des allusions malignes, découvrit dans le roman de *Psyché* de la Fontaine des traits de plaisanterie et de satire applicables à Louis XIV. La Fontaine, qui avait eu, dans cet ouvrage, plutôt le désir de flatter le monarque que de l'offenser, fut extrêmement alarmé de ces bruits ; c'est pourquoi le duc de Saint-Aignan, qui aimait et protégeait notre poëte, l'introduisit chez le roi dans le moment où il se trouvait environné de ses courtisans. Le duc de Saint-Aignan aimait notre ancien langage. Un auteur contemporain, Guéret, l'accuse, ainsi que Voiture, d'avoir, par ses *Lettres gauloises*, mis la barbarie à la mode. La Fontaine présenta son roman de *Psyché* au monarque, en reçut une réponse flatteuse ; dès lors toutes les intentions qu'on lui avait

---

[1] *Les Amours de Psiché* (sic) *et de Cupidon*, par M. de la Fortaine, Paris, Cl. Barbin, 1669 (in-8°, 500 pages ; in-12, 392 pages).
[2] Gabriel Guéret, *la Promenade de Saint-Cloud*, *Mémoires historiques, critiques et littéraires*, Paris, 1751, in-12, t. II, p. 204.

prêtées furent discréditées, et on cessa d'en parler [1].

La Fontaine dédia sa *Psyché* à la duchesse de Bouillon, et c'est ici le lieu de remarquer peut-être que dans aucune de ses épîtres dédicatoires on ne trouve ce ton de basse humilité qu'on a durement reproché au grand Corneille et à Molière, qui se conformaient en cela aux protocoles en usage alors pour ces sortes d'écrits. Il y a deux épîtres dédicatoires au Dauphin, dans le premier recueil de fables de la Fontaine, et toutes deux se distinguent par la noblesse et la justesse des pensées et du style. Celle qui est en prose fut insérée comme un modèle en ce genre dans un choix des plus belles lettres des auteurs français que Richelet publia quelque temps après [2]. Dans l'épître dédicatoire à la duchesse de Bouillon que la Fontaine a mise en tête de la *Psyché*, il n'y a ni autant d'esprit ni autant de talent que dans les lettres qu'il lui écrivait en particulier, et dont nous pouvons juger par la seule de cette époque qui nous reste. Quoiqu'il fût dans sa cinquantième année, il faisait à la jeune duchesse une cour assidue, et elle avait pour lui les attentions les plus aimables : en quittant Château-Thierry, elle avait recommandé à M. de la Haye [3], prévôt du duc de

---

[1] Montenault, *Vie de la Fontaine*, p. XXII, t. I, de l'édit. des *Fables*, in-fol.

[2] Richelet, *Les plus belles Lettres des auteurs françois*, Lyon, 1689, p. 151, ou la Haye, 1708, in-12, t. I, p. 198.

[3] Il y a eu un de la Haye fils ambassadeur en Turquie en 1666, c'est-à-dire cinq ans avant l'époque de cette lettre. Peut-être était-il parent de celui dont il est ici question. (Voyez Louis XIV, *Mémoires historiques*, dans ses OEuvres, t. II, p. 168.)

Bouillon, le même qui avait rempli le rôle du savetier dans la pièce des *Rieurs du Beau-Richard*[1], d'avoir soin de lui procurer des plaisirs et des amusements conformes à ses goûts. La Fontaine, dans une lettre écrite en juin 1671, l'en remercia dans les termes suivants :

« Vous fîtes dire l'année passée à M. de la Haye qu'il
« eût soin que je ne m'ennuyasse point à Château-
« Thierry. Il est fort aisé à M. de la Haye de satisfaire
« à cet ordre ; car, outre qu'il a beaucoup d'esprit,

> Peut-on s'ennuyer en des lieux
> Honorés par les pas, éclairés par les yeux
> D'une aimable et vive princesse,
> A pied blanc et mignon, à brune et longue tresse ?
> Nez troussé, c'est un charme encor selon mon sens,
> C'en est même un des plus puissants.
> Pour moi, le temps d'aimer est passé, je l'avoue ;
> Et je mérite qu'on me loue
> De ce libre et sincère aveu,
> Dont pourtant le public se souciera très-peu.
> Que j'aime ou n'aime pas, c'est pour lui même chose :
> Mais s'il arrive que mon cœur
> Retourne à l'avenir dans sa première erreur,
> Nez aquilins et longs n'en seront pas la cause[2]. »

Il est remarquable que cette lettre fut imprimée dans un recueil publié en Hollande, du vivant même de notre

---

[1] Voyez dans les *Œuvres de la Fontaine* l'indication des personnages et des acteurs de la pièce des *Rieurs du Beau-Richard*.
[2] La Fontaine, *Lettres à divers*, lettre 13.

poëte et de la duchesse de Bouillon, qui par conséquent avait consenti à ce qu'on en prît copie [1].

La Fontaine publia cette même année la *troisième partie des Contes et Nouvelles en vers* [2], et il y inséra des pièces auxquelles on ne peut donner le titre de contes, entre autres le *Différend de Beaux-Yeux et de Belle-Bouche* [3], et *Clymène* [4], qu'il intitule comédie, tout en disant qu'elle se rapproche du genre du conte. La première pièce est évidemment de la même espèce que celle des *Arrêts d'Amour*, et est imitée d'une pièce anonyme qui avait paru dans un des recueils en prose du libraire Sercy, intitulé : *Nouveau recueil de plusieurs et diverses pièces galantes de ce temps;* la seconde n'est ni un conte, ni une comédie, ni une pastorale : c'est une petite pièce mythologique, dont les neuf Muses sont les personnages; c'est une composition pleine d'esprit et de délicatesse, mais qui malheureusement a ce point de ressemblance avec quelques-uns des contes de ce volume, de contenir des détails trop libres et des images trop voluptueuses. Elle se rapproche des *tensons* ou *dialogues d'amour* de nos vieux troubadours. Il y a peu de doute que cette *Clymène* ne doive son origine à quelque aventure amoureuse de la Fontaine, qui, sous le nom d'Acanthe, s'est fait un des interlocuteurs de la pièce. La versifica-

---

[1] *Pièces curieuses et nouvelles*, la Haye, 1694, in-18, t. II, p. 559.
[2] La Fontaine, *Contes*, liv. III.
[3] Id., *Poésies diverses*, 2.
[4] Id., *Théâtre*.

tion en est faible, et donne lieu de croire qu'elle fut composée dans la jeunesse de l'auteur. Mais il y a de jolis détails. — Il n'est pas impossible de déterminer à peu près l'époque à laquelle cette pièce fut écrite. En effet, l'auteur fait dire à l'Amour :

> Adieu donc, ô beautés ! je garde mon emploi
> Pour les surintendants sans plus et pour le roi.

Servien et Fouquet étaient tous deux surintendants et tous deux adonnés aux femmes. Servien mourut le 17 février 1659, et Fouquet étant resté seul surintendant, cette pièce, où ce mot se trouve au pluriel, doit être antérieure à cette époque. Nous la croyons du temps où la Fontaine n'était pas encore présenté à Fouquet. L'héroïne de l'aventure fut une beauté qui n'était pas sortie de sa province, ainsi que nous l'apprend ce vers :

> La province, il est vrai, fut toujours mon séjour.

La Fontaine nous fait connaître que dès lors il s'était proposé Marot pour modèle, mais que son goût exquis cherchait seulement à imiter ses tours vifs et précis, et évitait avec soin les expressions surannées et inintelligibles qu'on trouve dans cet auteur, et surtout dans les poëtes qui lui sont antérieurs; il fait donc dire à Apollon :

> Au reste, n'allez pas chercher ce style antique
> Dont à peine les mots s'entendent aujourd'hui;

Montez jusqu'à Marot et point par delà lui :
Même son tour suffit.

On voit aussi dans cette pièce que la Fontaine connaissait bien les défauts de son caractère, et qu'il ne craignait pas de les avouer ; car il fait dire à Apollon, par Thalie :

> Sire, Acanthe est un homme inégal à tel point,
> Que d'un moment à l'autre on ne le connoît point :
> Inégal en amour, en plaisir, en affaire ;
> Tantôt gai, tantôt triste [1].

C'est dans cette comédie qu'Apollon dit :

> Il nous faut du nouveau, n'en fût-il plus au monde,

vers que l'auteur a depuis transporté dans une de ses fables.

Il paraît que la Fontaine résolut de profiter de la vogue qu'avaient ses écrits pour vider en quelque sorte son portefeuille ; car, peu de mois après la publication de ce recueil de contes, il fit paraître, à la faveur de sept nouvelles fables, ses fragments incomplets du *Songe de Vaux* et beaucoup de petites pièces de vers de sa jeunesse déjà connues, et dont nous avons parlé : il réimprima aussi le poëme d'*Adonis* et l'*Élégie pour M. Fouquet*, qui furent très-bien reçus du public. Ce recueil, intitulé *Fables nouvelles et au-*

---

[1] La Fontaine, *Théâtre*.

tres Poésies[1], est dédié au duc de Guise, celui qui avait épousé mademoiselle d'Alençon, la fille de la duchesse douairière d'Orléans que l'*Épître pour Mignon* nous a donné occasion de faire connaître comme la protectrice et l'amie particulière de la Fontaine : aussi cette épître, ainsi que les sonnets à mademoiselle d'Alençon et à mademoiselle de Poussé, se trouvent-ils dans ce volume. Le duc de Guise en avait en quelque sorte ambitionné la dédicace; la Fontaine ne le cache pas, puisqu'il lui dit : « Vous m'avez fait l'honneur de me « demander une chose de peu de prix; je vous l'ai « accordée dès l'abord. » Il ne lui dissimule pas non plus que sa qualité de gendre de la duchesse douairière d'Orléans est le principal motif des hommages qu'il lui rend : « Vous êtes maître de mon loisir et de tous les « moments de ma vie, puisqu'ils appartiennent à l'au- « guste et sage princesse qui vous a cru digne de pos- « séder l'héritière de ses vertus. »

La Fontaine loue ensuite dans le jeune duc son amour pour la gloire et son étonnante bravoure. Ce n'était point une vaine flatterie. Le duc de Guise, en février 1668, et âgé seulement de dix-huit ans, avait suivi Louis XIV à la conquête de la Franche-Comté, et y avait donné des preuves d'un courage à toute épreuve. Notre poëte, dans son épître, témoigne le désir de vivre assez de temps pour célébrer, par la suite, les hauts faits que lui promettent les belles qualités qu'on remarque dans

---

[1] Achevé d'imprimer le 12 mars 1671.

ce jeune héros. Hélas ! c'était à celui-ci qu'il fallait souhaiter de plus longs jours. Né le 7 août 1650, il mourut à Paris de la petite vérole, le 3 juillet 1671, âgé seulement de vingt et un ans ; et l'année même de sa mort son épouse, la duchesse d'Alençon, accoucha d'un fils, qui ne survécut que quatre ans à son père ; dans cet enfant s'éteignit la maison des Guise de Lorraine, qui avait jeté un si grand éclat [1].

Il y a dans le recueil dont nous nous occupons quatre élégies amoureuses assez médiocres, mais qui méritent de nous arrêter un instant, parce que la Fontaine s'y peint avec sa franchise ordinaire. Il y raconte ses premières intrigues amoureuses. Ces petites mésaventures, résultat de l'inexpérience du jeune âge, dont on se garde bien de se vanter dans un âge plus avancé, la Fontaine en fait l'aveu avec une naïveté pleine de charme. Il se plaint à l'Amour de toutes les inhumaines qui lui ont fait connaître ses peines, et non pas ses plaisirs. C'est d'abord une certaine Chloris, à qui l'ignorance du jeune adolescent fit essuyer un affront que les femmes pardonnent rarement :

> J'aimai, je fus heureux : tu me fus favorable
> En un âge où j'étois de tes dons incapable.
> Chloris vint une nuit : je crus qu'elle avoit peur.
> Innocent ! ah ! pourquoi hâtoit-on mon bonheur ?
> Chloris se pressa trop [2].

---

[1] Voyez de la Chesnaye Desbois, *Dictionnaire de la noblesse*, 2ᵉ édit., t. VII, p. 580. Voyez encore Mademoiselle de Montpensier, *Mémoires*, t. IV, p. 328, année 1671, t. XLIII de la collection Petitot.

[2] La Fontaine, *Élégies*, 2.

Ensuite une autre maîtresse, qu'il nomme Amarylle, le fait attendre un an ; au bout de ce temps elle lui donne un rendez-vous : il s'y trouve :

> Ni joueur, ni filou, ni chien ne me troubla.
> J'approchai du logis : on vint, on me parla ;
> Ma fortune, ce coup, me sembloit assurée :
> Venez demain, dit-on, la clef s'est égarée.
> Le lendemain l'époux se trouva de retour.

Vient une troisième ; elle est plus que volage, mais elle est jolie, et aux yeux de notre poëte cela suffit pour que tout lui soit pardonné.

> On la nomme Phyllis ; elle est un peu légère :
> Son cœur est soupçonné d'avoir plus d'un vainqueur,
> Mais son visage fait qu'on pardonne à son cœur.
> Nous nous trouvâmes seuls ; la pudeur et la crainte
> De roses et de lis à l'envi l'avoient peinte.
> Je triomphai des lis et du cœur dès l'abord ;
> Le reste ne tenoit qu'à quelque rose encor.
> Sur le point que j'allois surmonter cette honte,
> On me vint interrompre au plus beau de mon conte :
> Iris entre ; et depuis je n'ai pu retrouver
> L'occasion d'un bien tout près de m'arriver.

Après s'être plaint ainsi à l'Amour de plusieurs autres belles, il s'adresse à Clymène, dont il est épris ; mais elle refuse d'écouter ses vœux, parce qu'elle regrette un objet chéri ; et alors il se dit à lui-même :

> Que faire ? mon destin est tel qu'il faut que j'aime,

On m'a pourvu d'un cœur peu content de lui-même,
Inquiet, et fécond en nouvelles amours :
Il aime à s'engager, mais non pas pour toujours.
Si faut-il une fois brûler d'un feu durable.
. . . .
Si l'on ne suit l'Amour, il n'est douceur aucune.
Ce n'est point près des rois que l'on fait sa fortune.
Quelque ingrate beauté qui nous donne des lois,
Encore en tire-t-on un souris quelquefois ;
Et pour me rendre heureux un souris peut suffire [1].

On n'a jamais mieux loué les femmes, ni rien dit de plus galant et de plus flatteur pour leur vanité. Les vers suivants respirent une véritable passion :

Devant que sur vos traits j'eusse porté les yeux,
Je puis dire que tout me rioit sous les cieux.
Je n'importunois pas au moins par mes services;
Pour moi le monde entier étoit plein de délices :
J'étois touché des fleurs, des doux sons, des beaux jours;
Mes amis me cherchoient, et parfois mes amours.
Que si j'eusse voulu leur donner de la gloire,
Phébus m'aimoit assez pour avoir lieu de croire,
Qu'il n'eût en ce moment osé se démentir.
. . . .
Adieu plaisirs, honneurs, louange bien-aimée;
Que me sert le vain bruit d'un peu de renommée?
J'y renonce à présent; ces biens ne m'étoient doux
Qu'autant qu'ils me pouvoient rendre digne de vous.
Je respire à regret, l'ame m'est inutile [2].

---

[1] La Fontaine, *Élégies*, 3.
[2] Id., ib.

Si ces élégies se soutenaient toujours sur ce ton, elles seraient au nombre des meilleurs ouvrages de la Fontaine ; mais malheureusement il n'en est pas ainsi. N'oublions pas de remarquer que, malgré sa modestie, la Fontaine savait fort bien s'apprécier, puisqu'ici il ne craint pas de dire qu'il est aimé d'Apollon et qu'il peut donner la gloire : mes lecteurs auront encore plus d'une occasion de faire cette observation. La plus grande récompense qu'il promet à ses bienfaiteurs, à ceux qu'il chérit ou aux belles qu'il veut flatter, est toujours de leur élever un temple dans ses vers.

Ces deux volumes que la Fontaine publia dans l'année 1671 charmèrent madame de Sévigné ; elle les envoya à sa fille, et l'interrogea ensuite ainsi, dans une première lettre : « Mais n'avez-vous point trouvé jolies les cinq ou six fables de la Fontaine qui sont dans un des tomes que je vous ai envoyés? Nous en étions ravis l'autre jour chez M. de la Rochefoucauld : nous apprîmes par cœur celle du *Singe et du Chat ;* » puis elle en écrit quelques vers, et ajoute : « Et le reste. Cela est peint ; et *la Citrouille*, et *le Rossignol*, cela est digne du premier tome. » Il paraît que madame de Grignan, dont le goût était plus dédaigneux et moins sûr que celui de sa mère, critiqua ces nouvelles productions de la Fontaine, car madame de Sévigné lui répondit : « Ne rejetez pas si loin ces derniers livres de la Fontaine ; il y a des fables qui vous raviront, et des contes qui vous charmeront : la fin des *Oies de frère Philippe*, *les Rémois*, *le Petit Chien*, tout cela est très-joli : il n'y a que ce qui n'est point de ce style qui est plat. Je voudrois faire une fable qui lui fît entendre combien cela est misérable de forcer son esprit à sortir de son genre, et combien la folie de vouloir chanter sur tous les tons fait une mauvaise musique : il ne faut pas qu'il sorte du talent qu'il a de conter[1]. »

Ce défaut de constance, que madame de Sévigné reprochait à la Fontaine, il le connaissait, et s'en accuse de manière à se le faire pardonner par tous ceux qui sont sensibles aux charmes de la poésie.

> Papillon du Parnasse, et semblable aux abeilles
> A qui le bon Platon compare nos merveilles :
> Je suis chose légère, et vole à tout sujet;
> Je vais de fleur en fleur, et d'objet en objet;
> A beaucoup de plaisir je mêle un peu de gloire.
> J'irois plus haut peut-être au temple de Mémoire,
> Si dans un genre seul j'avois usé mes jours.
> Mais, quoi! je suis volage en vers comme en amours[2].

La Harpe observe sur ces vers, qu'après les *Fables* et les *Contes,* il n'était guère possible à la Fontaine d'aller plus haut; que les différents genres qu'il a essayés n'étaient pas cependant tous étrangers à son génie, et nous ont valu des ouvrages assez agréables pour qu'on lui sache gré de s'en être occupé.

---

[1] Madame de Sévigné, *Lettres,* des 13 mars 1671, 29 avril 1671, 6 mai 1671, 9 mars 1672, t. I, p. 297; t. II, p. 140, 349 et 352, édit. de 1818, in-8°.

[2] La Fontaine, *Épîtres,* 17; Platon, *Dialogue intitulé* Ἴον, *Mémoires de l'Académie des Inscriptions,* in-4°, t. XXXIX. p. 263.

On peut ajouter avec vérité que, quand la Fontaine s'est écarté tout à fait des genres qui lui étaient propres, ce fut pour céder aux instances de ses amis, auxquels il ne savait pas résister, et qui abusaient de la facilité de son caractère. Ainsi Henri-Louis de Loménie, comte de Brienne, qui, après avoir été secrétaire d'État, s'était retiré à l'Oratoire, fut engagé par sa mère et par les personnes qui s'intéressaient à l'éducation du jeune prince de Conti, à former un recueil des meilleures poésies chrétiennes : on imagina ensuite de prier la Fontaine, que M. de Loménie nomme, dans ses Mémoires, son ami particulier [1], de prêter son nom à ce recueil, afin de s'assurer par cette fraude pieuse un plus grand débit, et on ajouta un troisième volume de poésies diverses aux deux volumes de poésies chrétiennes. La Fontaine se soumit sans difficulté à ce qu'on exigeait de lui, et il consentit à ce qu'on ornât le recueil des poésies diverses de quelques-unes de ses fables ; il rima une longue paraphrase du psaume XVII, *Diligam te, Domine* [2] ; enfin il composa une épître dédicatoire au prince de Conti. Ainsi parut, sous la protection du nom de l'auteur de *Joconde* et de la *Courtisane amoureuse*, le *Recueil des Poésies chrétiennes et diverses*, en 3 volumes in-12. Cependant l'imposture n'existait que

---

[1] Moreri, *Grand dictionnaire historique*, 1759, in-fol., t. V, p. 219, au mot *Fontaine* (Jean de la) ; d'Olivet, *Histoire de l'Académie françoise*, in-4°, p. 314; Boissonade, *Journal de l'Empire*, 9 juin 1812; Mathieu Marais, *Histoire de la vie et des ouvrages de J. de la Fontaine*, p. 55, in-12, ou p. 73 de l'édition in-18.

[2] La Fontaine, *Odes*, 5.

sur le titre, et la Fontaine a soin d'instruire le public de la vérité, en disant au prince de Conti dans l'épître dédicatoire :

> De ce nouveau recueil je t'offre l'abondance,
> Non point par vanité, mais par obéissance.
> Ceux qui par leur travail l'ont mis en cet état
> Te le pouvoient offrir en termes pleins d'éclat ;
> Mais, craignant de sortir de cette paix profonde
> Qu'ils goûtent en secret loin du bruit et du monde,
> Ils m'engagent pour eux à le produire au jour [1].

Au reste, ce recueil est composé avec goût; on y trouve plusieurs morceaux qui méritent d'être lus, et qu'on chercherait vainement ailleurs ; entre autres la seule pièce de vers de quelque importance qu'ait composée Conrart. Cet excellent homme, ami et protecteur de tous les hommes de mérite de son temps, fut, par les réunions littéraires qui avaient lieu chez lui, le véritable créateur de l'Académie française [2]; et peut-être pensera-t-on que les services qu'il a rendus aux lettres devaient le mettre à l'abri du trait de satire qu'après sa mort Boileau lui a lancé [3]. Il était souvent affecté de la goutte, et Sarrasin, pour le consoler, lui adressa une ballade intitulée *le Goutteux sans pareil* [4]. Conrart y

---

[1] La Fontaine, *Épîtres*, 9.
[2] Antillon, *Mémoires concernant les vies et les ouvrages de plusieurs modernes célèbres de la république des lettres*, 1709, in-8°, p. 1-133; *Menagiana*, 1715, t. II, p. 231 ; Vigneul de Marville, *Mélanges d'histoire et de littérature*, 1701, t. III, p. 345 et 347; Pellisson, *Histoire de l'Académie*, 1729, in-4°, p. 333.
[3] Boileau, *Épîtres*, 1, v. 40, t. I, p. 270 de l'édit. de Saint-Marc, 1747, in-8°.
[4] Sarrasin, *Œuvres*, 1658, in-12 ; *Poésies*, p. 50.

répondit par une autre ballade ayant pour titre *la Misère des goutteux*. La Fontaine le complimenta à ce sujet, en lui envoyant plusieurs ballades de sa composition [1]. Conrart lui en témoigna sa reconnaissance dans une lettre qui prouve à la fois sa modestie et la haute opinion qu'il avait de notre poëte, quoique celui-ci n'eût encore à cette époque, c'est-à-dire en 1660, rien fait paraître que la traduction de l'*Eunuque*.

« Tout ce que vous m'avez envoyé, lui dit-il, m'a semblé admirable, et m'a extrêmement satisfait; vous m'aviez ordonné de ne me servir pas de tout mon esprit pour lire vos vers, et j'ai trouvé que je n'en avois pas le quart pour les estimer selon leur mérite. Au reste, Monsieur, vous êtes le plus modeste de tous les poëtes que j'aie jamais connus, puisque vous me priez d'avoir de l'indulgence pour vos ballades, et que vous les traitez d'inférieures à une que M. de Sarasin m'obligea de faire, il y a plusieurs années, pour répondre à celle qu'il m'adressa. C'est l'unique que j'aie faite de ma vie, et elle ne doit être comptée que pour un impromptu fort indigne de voir le jour, et d'être placé en un lieu si éminent; comment seroit-elle digne de votre approbation et de celle de M. de Maucroix ? C'est à vous autres, Messieurs, à prétendre à faire aller votre nom jusqu'à la

---

La lettre de la Fontaine, ainsi que nous l'apprenons de la réponse de Conrart, fut écrite le 27 février 1660; mais, par la négligence de Furetière, qui s'était chargé de la remettre, Conrart ne la reçut que le 27 avril, et répondit le 1er mai 1660. Cette lettre inédite de Conrart s'est trouvée dans les papiers de la succession de la Fontaine, que possédait feu M. le vicomte Héricart de Thury.

postérité; mais il y a trop de chemin à faire pour un homme comme moi. Quand même vous me serviriez tous deux de guides, je ne pourrois me promettre d'y arriver, parce que je ne me sens pas capable de vous suivre; c'est assez que je vous regarde de loin, et que j'aie le plaisir de voir de temps en temps combien vous approchez. Toute la grâce que je vous demande, c'est que vous ne m'oubliiez point par le chemin, encore que vous m'ayez laissé bien loin derrière vous, et que vous me fassiez quelquefois l'honneur de m'assurer que vous ne cessez point de m'aimer. »

Il y a dans le troisième volume du recueil dont nous nous occupons une ode de François de Maucroix, adressée à Conrart, qui justifie les éloges qui lui sont donnés dans la lettre que nous venons de citer [1]. Cette ode précède immédiatement les poésies de la Fontaine qui terminent le recueil. Ces poésies sont : l'*Élégie pour Fouquet*, l'*Ode au roi pour le même*, des *fragments de Psyché*, et six *Fables* prises dans les six premiers livres.

La même facilité de caractère qui avait fait consentir notre poëte à mettre son nom aux *Poésies chrétiennes et diverses* le détermina, d'après les instances de MM. de Port-Royal, à traiter le sujet de *la Captivité de saint Malc*, tiré d'une épître de saint Jérôme, qui avait été traduite en français par Arnauld d'Andilly [2]. Ce n'est pas

---

[1] *Poésies chrétiennes et diverses*, 1671, in-12, t. III, p. 334; *Nouvelles œuvres diverses de la Fontaine et de Maucroix*, 1820, p. 264.

[2] La Fontaine, *la Captivité de saint Malc*.

que ce poëme, qu'il dédia au cardinal de Bouillon, soit dépourvu de mérite : Jean-Baptiste Rousseau l'estimait beaucoup ; et Lebrun, impie par nature, a, dans une note manuscrite de son exemplaire des OEuvres diverses de la Fontaine, porté de cette production le jugement suivant : « Ce petit poëme, quoique le sujet en soit pieux, est rempli d'intérêt, de vers heureux et de beautés neuves. »

Malgré des autorités aussi imposantes, nous oserons dire que dans cet écrit la Fontaine est resté au-dessous de son sujet ; c'est, suivant nous, un des plus heureux qui puissent se présenter sous la plume d'un poëte. Quoi de plus digne en effet des couleurs de la poésie qu'un jeune homme et une jeune et belle vierge qui tous deux ont fait vœu de chasteté! Tous deux d'un rang élevé, ils sont précipités dans la classe la plus abjecte ; ils deviennent esclaves par le sort de la guerre. Envoyés dans un désert pour y garder les troupeaux, ils ne peuvent trouver de consolation que dans leur affection mutuelle, et, pour obéir à leurs vœux sacrés, il leur faut résister aux désirs qui les consument, à tout ce que l'amour peut offrir de tentations sous un climat brûlant, dans une silencieuse solitude, quand rien ne peut les distraire du charme irrésistible qui les entraîne l'un vers l'autre, quand aucun obstacle ne s'oppose à leur ineffable bonheur, si ce n'est la crainte d'offenser le Dieu qu'ils adorent.

Mais ils se voient soumis à des épreuves plus difficiles encore : pour éviter la mort dont ils sont menacés, il leur faut feindre un hyménée qu'exige un maître avare et cruel, qui veut multiplier le nombre de ses esclaves. La même couche reçoit et l'amant et l'amante; ils s'exhortent mutuellement à une résistance qui paraît impossible. Bientôt le fougueux jeune homme presse contre son sein la vierge, dans la coupable espérance de lui faire partager le délire auquel il est en proie : elle résiste, et son éloquence toute divine triomphe de celui qui la contemple avec délices et qui l'écoute avec admiration. Alors tous deux, à genoux, enlacés dans les bras l'un de l'autre, ils lèvent au ciel leurs yeux baignés de pleurs, et reportent vers Dieu tous ces sentiments d'amour dont leurs cœurs sont embrasés.

Cependant la nature, trop faible, succomberait à tant de tourments; ils fuient ensemble, sont poursuivis, s'élancent dans la caverne d'une lionne furieuse qui allaitait ses petits. Par un miracle inattendu, l'animal féroce les protége, et met en pièces l'Arabe dont le cimeterre, déjà levé sur eux, allait leur donner la mort. Enfin, après avoir échappé à mille dangers, ils arrivent à une bourgade chrétienne, se disent un éternel adieu, et, fidèles aux vœux qu'ils avaient formés, ils se renferment pour toujours dans des cloîtres différents, et demandent à Jésus-Christ, au pied des autels, la céleste récompense d'un si douloureux sacrifice.

Du reste, la Fontaine n'était pas lui-même satisfait de son poëme; il supprima l'édition in-12 qui en a été faite, et il se proposait de le corriger et de le faire réimprimer in-4°, format qui était alors le plus en vogue pour les ouvrages sérieux et de quelque importance [1]. Si notre poëte n'a pas exécuté ce projet, c'est qu'alors il ne s'occupait que par complaisance et malgré lui de sujets pieux.

Dans l'invocation à la Vierge, qui commence le poëme, la Fontaine s'exprime cependant ainsi :

> Mère des bienheureux, Vierge, enfin, je t'implore,
> Fais que dans mes chansons aujourd'hui je t'honore;
> Bannis-en ces vains traits, criminelles douceurs
> Que j'allois mendier jadis chez les neuf sœurs [2].

Ces vers ont fait croire que le chantre de saint Malc avait été touché d'un repentir sincère. Si ce repentir eut lieu, il ne fut pas de longue durée, et notre poëte ne tarda pas à composer de nouveaux contes, au moins aussi licencieux que les premiers.

Ses ouvrages avaient tout fait pour sa réputation, mais rien pour sa fortune, que son insouciance, son inexpérience pour les affaires, et son peu de conduite avaient presque anéantie. Heureusement son caractère lui avait procuré beaucoup d'amis : ils s'étaient occupés à lui assurer une honorable indépendance, et ils avaient réussi en lui obtenant, ainsi que nous l'avons déjà dit, la charge de gentilhomme servant de madame la du-

---

[1] Note du temps de la Fontaine sur un exemplaire de *Saint Malc*, in-12, copiée par Adry sur un exemplaire qui nous appartient. Cette première édition de *Saint Malc*, 1673, in-12, chez Cl. Barbin, n'a ni privilége ni permission, ce qui confirme la note rapportée par Adry.

[2] La Fontaine, *la Captivité de saint Malc*.

chesse d'Orléans [1] ; mais celle qu'il avait déclarée dans son épître dédicatoire au duc de Guise « la maîtresse de ses loisirs, » et dont la protection lui eût été alors si utile, Marguerite de Lorraine, termina ses jours le 3 avril 1672 [2]. Il ne resta rien à notre poëte de ses bienfaits qu'un titre honorifique, qu'il conserva toujours, et qu'il prenait dans tous ses actes.

Aucun être humain ne réunit peut-être un plus grand nombre de contrastes que Marguerite de Lorraine : sa figure, quoique belle, ne plaisait pas; sa taille, sans être déformée, semblait avortée. Les belles formes de sa gorge eussent pu séduire, si la maigreur de ses mains et de ses bras n'eût été repoussante; elle avait dans les grandes occasions fait preuve d'esprit, mais habituellement elle n'en témoignait aucun. Pleine de raison et de jugement, elle s'entourait de personnes sottes ou ridicules, et cédait à des caprices puérils; courageuse, résolue et active dans les grandes occasions, elle était ordinairement indolente et indécise [3]. Elle ne sortait

---

[1] Montenault, dans sa *Vie de la Fontaine* (t. I, p. xiv, de l'édition des fables in-folio), a dit que la Fontaine avait obtenu une place de gentilhomme chez MADAME Henriette d'Angleterre, duchesse d'Orléans : c'est une erreur que l'examen des actes et des papiers de famille de la Fontaine nous a donné les moyens de rectifier, mais que, d'après Montenault, nous avions commise dans les deux éditions de la *Vie de la Fontaine*, par Walcken., de 1820, in-8°, p. 90, 121 et 398, et de 1821, in-18, t. I, p. 203.

[2] Le 3 avril 1672, selon don Calmet, t. IV, p. 296; Mademoiselle de Montpensier, *Mémoires*, t. IV, p. 350, édit. 1825, in-8°, t. LIII collection Petitot, dit que ce fut le 2 mars.

[3] Mademoiselle de Montpensier, *Mémoires*, t. II, p. 92, ou t. XLI, année 1650. C'est en cette année qu'elle place la fuite de madame de Lorraine de Nancy, déguisée en page, au lieu de 1633, qui est la véritable date, et c'est en 1653,

presque jamais de chez elle et redoutait la moindre agitation : « Quand elle venoit chez la reine en deux ans,
« dit madame de Motteville, elle se faisoit apporter en
« chaise, mais avec tant de façon que son arrivée au
« Palais-Royal étoit toujours célébrée à l'égal d'un petit
« miracle; souvent elle n'étoit qu'à trois pas du Luxem-
« bourg, qu'il falloit la rapporter comme étant attaquée
« de plusieurs maux qu'elle disoit sentir et qui ne pa-
« roissoient nullement. Elle mangeoit du pain qu'elle
« avoit toujours dans ses poches de provision, et les
« bottes de cuir de Russie étoient ses ennemis mortels [1]. »
Pour terminer l'énumération des contradictions que présentait dans son caractère et dans ses goûts Marguerite de Lorraine, nous ajouterons qu'elle était dévote jusqu'au scrupule, et que cependant elle se plaisait à la lecture des ouvrages de la Fontaine, qu'elle aimait beaucoup.

La perte de cette princesse mit notre fabuliste dans une position pénible. Madame de la Sablière la fit cesser, en le retirant chez elle [2] : elle l'a gardé tant qu'elle a vécu, et lorsqu'elle-même, ainsi que nous le dirons,

---

nous dit-elle, *Mémoires*, t. II, p. 228, que le grand Condé fut obligé de sortir de la chambre, à cause de l'odeur de ses bottes.

[1] Madame de Motteville, *Mémoires*, édit. 1824, in-8°, t. II, p. 23, ou t. XXXVII collect. des *Mémoires pour l'histoire de France* (Petitot, 2ᵉ série).

[2] Perrault, *Hommes illustres*, in-fol., 1696, p. 84; d'Olivet, *Histoire de l'Académie françoise*, in-4°, t. II, p. 279. Perrault et d'Olivet s'accordent pour dire que la Fontaine passa vingt ans chez madame de la Sablière; comme il en sortit en 1693, d'après ce que nous annonce une lettre du père Pouget, il a dû y entrer en 1673, deux ou trois ans après la mort de MADAME, qui eut lieu en 1670.

avait abandonné sa maison, lorsque le poëte lui était devenu indifférent, et qu'elle ne pouvait plus chérir dans la Fontaine que l'ami sincère et dévoué. Elle lui épargna pendant vingt ans tous les tracas de la vie. Elle pourvoyait, dit d'Olivet, à tous ses besoins, persuadée qu'il n'était guère capable d'y pourvoir lui-même. La Fontaine devint une partie inséparable de sa famille. « J'ai renvoyé tout mon monde, disait-elle un jour; je n'ai gardé que mon chien, mon chat et la Fontaine [1]. » Elle avait une telle confiance dans la sincérité de ses discours, qu'elle répétait souvent : « La Fontaine ne ment jamais en prose. »

Le lecteur ne sera pas étonné si la vie de madame de la Sablière se trouve désormais mêlée avec la vie de la Fontaine : rien de ce qui concernait les destinées de cette généreuse bienfaitrice ne pouvait être étranger à celles de notre poëte. Essayons donc de la faire connaître.

Parmi ce grand nombre de femmes charmantes, douées des dons de la beauté et de ceux de l'esprit, qui exercèrent, suivant nous, une si forte influence sur la perfection de la littérature et des arts dans le siècle de Louis XIV, nulle ne fut plus remarquable que madame de la Sablière. Son nom était Hessein, et elle était la sœur de cet Hessein, ami intime de Boileau et de Racine, mais redouté par eux [2], parce qu'il était le modèle

---

[1] D'Olivet, *Histoire de l'Académie françoise*, in-4°, p. 280.

[2] *Œuvres de la Fontaine*, 1823, in-8°, t. VI, p. 546, note 3; *Œuvres de Racine*, 1820, t. VI, p. 174, 179, 181.

ou l'émule de ce neveu de Fontenelle [1] qu'a immortalisé la muse de Rulhière,

> ....Ce monsieur d'Aube
> Qu'une ardeur de dispute éveilloit avant l'aube [2].

Madame de la Sablière ne ressemblait en rien à son frère sous ce rapport ; elle était au contraire aussi réservée, aussi modeste que savante : non-seulement elle entendait parfaitement la langue du siècle d'Auguste, et savait par cœur les plus beaux vers d'Horace et de Virgile, mais elle n'était étrangère à aucune des connaissances humaines cultivées de son temps. Sauveur et Roberval, tous deux de l'Académie des sciences, lui avaient montré les mathématiques, la physique et l'astronomie [3]. Le célèbre Bernier, son ami particulier, et qui logeait aussi chez elle, lui avait enseigné l'histoire naturelle et l'anatomie, et l'avait initiée aux plus sublimes spéculations de la philosophie ; c'est pour elle qu'il fit cet excellent abrégé des ouvrages de Gassendi, où le système de ce précurseur de Newton et de Locke se trouve exposé avec plus de clarté que dans aucun autre [4].

---

[1] Voyez sur Richer d'Aube, Walck. dans la *Biographie universelle*, à l'art. *Fontenelle*, t. XV, p. 224 ; Trublet, *Mémoires sur la vie de Fontenelle*, et l'art. *Richer d'Aube*, par M. Weis, t. XXXVIII, p. 221.

[2] Rulhière, *Discours sur les disputes*, dans les *Jeux de mains* et autres poëmes, 1808, in-8°, p. 27.

[3] Fontenelle, *Éloge de Sauveur*, dans les *Œuvres diverses*, in-fol., La Haye, 1729, t. III, p. 222.

[4] De Gérando, article *Gassendi*, dans la *Biographie universelle*, t. XVI, p. 522.

Tant de science dans madame de la Sablière ne nuisait en rien aux charmes de son sexe; sa maison était le séjour des grâces, de la joie et des plaisirs. Son mari, M. Rambouillet de la Sablière, secrétaire du roi, et un des régisseurs des domaines de la couronne, joignait à une grande fortune [1] les talents du poëte, la politesse de l'homme du monde, le don de plaire, et l'habitude de la plus aimable galanterie. Il était le fils du financier Rambouillet, un des titulaires des cinq grosses fermes, qui avait élevé à grands frais, à l'extrémité du faubourg Saint-Antoine, un célèbre et magnifique jardin, à travers lequel se trouve aujourd'hui percée la rue qui porte son nom [2].

Les seigneurs de la cour les plus dissipés, tels que Lauzun, Rochefort [3], Brancas, la Fare, de Foix, Chaulieu, aimaient à se réunir chez M. de la Sablière, avec les étrangers les plus illustres, les hommes les plus éminents dans les sciences, dans les lettres et dans les arts, les femmes les plus remarquables par leurs attraits

---

[1] En l'année 1669 il prêta 40 mille écus (près de 250 mille francs d'aujourd'hui) au prince de Condé. (Voyez *Mémoires de Gourville*, collect. Petitot, t. LII, p. 403.)

[2] Tallemant des Réaux, *Mémoires manuscrits*; Germain Brice, *Description nouvelle de la ville de Paris*, 1698, in-12, t. I, p. 357; Sauval, *Antiquités de la ville de Paris*, in-fol., t. II, p. 287. Voyez encore le huitième plan de Paris, qui est dans le *Traité de la police*, par Delamare, 1705, in-fol., t. I, p. 86.

[3] Mademoiselle de Montpensier, *Mémoires*, t. L, p. 170, édit. 1825, in-8°, t. XLIII collect. Petitot, 1670. On voit par ce passage que Rochefort cherchait à donner le change à la jalousie de MADEMOISELLE, en lui présentant une fausse idée de « cette petite femme de la ville nommée la Sablière. » Il est dit aussi que Lauzun avait donné au frère de madame de la Sablière, à Essein (sic), la charge de secrétaire des dragons.

et leur esprit [1] ; et madame de la Sablière, par sa conversation toujours variée, par sa politesse exquise, par sa gaieté naturelle, était l'ornement, le lien et l'âme de ces cercles brillants. Quoiqu'elle n'ait jamais composé aucun ouvrage, telle était sa réputation dans l'étranger, que Bayle, en rendant compte, dans son journal, d'un livre que Bernier avait dédié à cette dame, dit : « Madame de la Sablière est connue partout pour un esprit extraordinaire et pour un des meilleurs; M. Bernier, qui est un grand philosophe, ne doute pas que le nom illustre qu'il a mis à la tête de ce traité-là n'immortalise son ouvrage plus que son ouvrage n'immortalisera son nom [2]. »

Louis XIV, à l'œil scrutateur duquel aucun genre de mérite n'échappait, sut apprécier madame de la Sa-

---

[1] Nous citons ici une chanson charmante, imitée d'Horace, qui fut improvisée par Chaulieu dans un souper de madame de la Sablière : elle peut nous donner une idée de la gaieté et de la liberté qui régnaient dans ces repas (Chaulieu, *Œuvres*, t. I, p. 134 et 167, édit. de 1774, in-8°) :

> Le beau duc de Foix nous réveille,
> Chantons Vénus et Cupidon ;
> Chantons Iris et la bouteille
> Du disciple d'Anacréon.
>
> Vénus l'accompagne sans cesse,
> Les Grâces, les Ris et les Jeux.
> Qu'il est doux d'être la maîtresse
> De ce jeune voluptueux !
>
> Verse du vin, jette des roses,
> Ne songeons qu'à nous réjouir,
> Et laissons là le soin des choses
> Que nous cache un long avenir.

[2] Bayle, *Nouvelles de la république des lettres*, mois de septembre 1685, t. IV, p. 1020; et *Œuvres*, in-fol., t. IV, p. 374 et 375.

blière, et l'honora plusieurs fois de ses dons[1]. Ce n'est pas seulement la Fontaine qui loue dans cette femme célèbre

> ......Ses traits, son souris, ses appas,
> Son art de plaire et de n'y penser pas,
> ....
> Et ce cœur vif et tendre infiniment
> Pour ses amis..........
> Et cet esprit qui, né du firmament,
> A beauté d'homme avec grâce de femme[2];

ce sont tous les écrits, tous les mémoires du temps. Elle eut le bonheur, tant qu'elle vécut, de recueillir les suffrages universels[3]; et si Boileau, pour se venger de ce qu'elle avait justement critiqué quelques-uns de ses vers, la poursuivit de ses traits satiriques, ce fut du moins lorsqu'elle fut descendue dans la tombe[4].

---

[1] Perrault, dans la préface de son *Apologie des femmes*, 1694, in-4°, p. 6, ou *OEuvres posthumes*, Cologne, 1729, in-12, p. 344.

[2] La Fontaine, *Fables*, XII, 15.

[3] Fontenelle, *OEuvres diverses*, in-fol., t. III, p. 222; d'Olivet, *Histoire de l'Académie*, in-4°, p. 279; Perrault, *Hommes illustres*, in-fol., p. 84; Id., *Apologie des femmes*, p. VI de la préface; Bayle, *République des lettres*, 1785, septembre, p. 1020; Chaulieu, *OEuvres*, 1774, in-8°, t. I, p. 167; Amelot de la Houssaye, dans la préface de son édition des *Maximes de la Rochefoucauld*, 1743, in-12, p. XIX.

[4] Boileau, *Dialogue ou Satire* X, in-4°, 1694, p. 17; *OEuvres*, 1747, in-8°, t. I, p. 192, 437 et 466; Perrault, *Apologie des femmes*, p. VI de la préface, et t. I, p. 437 des *OEuvres de Boileau*, édit. de 1747; Louis Racine, *Mémoires sur la vie de J. Racine*, t. V, p. 31 des *OEuvres complètes*, 1808, in-8°; La Beaumelle, *Mémoires de madame de Maintenon*, t. II, p. 4; Madame de Sévigné, *Lettres*, en date du 18 septembre 1680; *Mémoires de Mademoiselle*, t. VI, p. 69; Montchenay, *Bolœana*, p. 79, ou t. V, p. 68 des *OEuvres de Boileau*, 1747, in-8°. Boileau, pour se venger de madame de la Sablière, qui

Mes lecteurs, qui connaissent maintenant l'amie de la Fontaine, tranquilles désormais sur le sort de ce poëte, pourront plus facilement fixer leur attention sur ce que nous avons à dire relativement à ses écrits.

Il eut la douleur de perdre, en 1673, son ami Molière, né seulement quelques mois après lui, et auquel il survécut plus de vingt ans. La prédiction que renferment les vers qu'il écrivit alors sous le titre d'épitaphe ne s'est malheureusement que trop vérifiée :

> Sous ce tombeau gisent Plaute et Térence,
> Et cependant le seul Molière y gît.
> . . . .
> Ils sont partis ! et j'ai peu d'espérance
> De les revoir. Malgré tous nos efforts,

avait dit de lui qu'il parlait de l'astrolabe sans le connaître, la dépeignit dans sa *Satire sur les femmes* sous les traits de

> . . . . cette savante
> Qu'estime Roberval et que Sauveur fréquente.

Perrault répondit à la satire de Boileau par l'*Apologie des femmes*, et voici ce qu'il dit du portrait de la savante ridicule :

« On croit que le caractère de la savante ridicule a été fait pour une « dame qui n'est plus (la satire de Boileau ne fut imprimée qu'après la mort « de madame de la Sablière), et dont le mérite extraordinaire ne devait lui « attirer que des louanges. Cette dame se plaisoit, aux heures de son loisir, « à entendre parler d'astronomie et de physique, et elle avoit même une « très-grande pénétration pour ces sciences, de même que pour plusieurs « autres que la beauté et la facilité de son esprit lui avoient rendues fami-« lières. Il est encore vrai qu'elle n'en faisoit aucune ostentation, et qu'on « n'estimoit guère moins en elle le soin de cacher ces dons que l'avantage « de les posséder. Elle étoit estimée de tout le monde ; le roi même prenoit « plaisir à marquer la considération pour son mérite par de fréquentes « gratifications. Elle est morte dans la réputation d'une piété singu-« lière. »

Pour un long temps, selon toute apparence,
Térence, et Plaute, et Molière sont morts [1].

L'époque qui précède immédiatement la mort de notre grand comique est celle des conquêtes et de la plus grande gloire de Louis XIV. Lorsque ce monarque se disposait à envahir la Hollande, il courut un virelai assez plaisant que l'on attribua dans le temps à la Fontaine, et que nous avons pour la première fois introduit dans les Œuvres de ce poëte [2], non que nous soyons certain qu'il est de lui, mais parce que les éditeurs de ces nouvelles Œuvres complètes, à l'exemple de ceux qui les ont précédés, ont cru devoir réimprimer non-seulement les ouvrages qui sont réellement de la Fontaine, mais encore ceux qu'on lui a attribués, et dont les auteurs sont ignorés : système condamnable, qui a surchargé les Œuvres de notre poëte de mauvaises pièces de vers, auxquelles il n'a eu aucune part [3].

Ce qui ferait cependant croire que ce virelai pourrait bien être de lui, c'est que, malgré l'insouciance de son caractère, ses liaisons avec les hommes illustres de son temps lui faisaient prendre un grand intérêt aux événe-

---

[1] La Fontaine, *Épitaphes*, 3; Bussy-Rabutin, *Lettres*, 1737, in-12, t. IV, p. 48; *Recueil des épitaphes les plus curieuses faites sur la mort du fameux comédien, le sieur Molière*, Utrecht, 1697, p. 132.

[2] La Fontaine, *Poésies diverses*, 3; Bussy-Rabutin, *Lettres*, t. V, p. 235, lettre 168, édit. de 1727, in-12; *Œuvres complètes de la Fontaine*, 1820, in-18, t. XIII, p. 196; *Nouvelles œuvres diverses de J. de la Fontaine, et poésies de François de Maucroix*, 1820, in-8°, p. 132; *Manuscrit de la bibliothèque de Monsieur, à l'Arsenal*, n. 151, t. I, p. 269.

[3] *Œuvres de la Fontaine*, t. VI, p. IX à XI de la préface de l'éditeur.

ments de la politique et à ceux de la guerre. Turenne l'honorait d'une amitié toute particulière. Ce grand capitaine avait un goût très-vif pour la littérature ; il aimait surtout nos anciens poëtes [1], et, par cette raison peut-être, il admirait les ouvrages de la Fontaine.

Lorsqu'après les succès de sa belle campagne sur le Rhin, Turenne eut dispersé avec vingt mille hommes une armée de soixante et dix mille Allemands commandés par Caprara et le vieux duc de Lorraine, la Fontaine lui adressa successivement deux lettres en vers. Dans la première il dit :

> Grande est la gloire, ainsi que la tuerie [2].

En effet, l'incendie du Palatinat, le sanglant combat de Sénef, livré par Condé, rendirent cette campagne fameuse par les désastres qu'elle occasionna et par les malheurs des peuples.

Si l'on s'en rapportait au président Hénault et à Voltaire, on croirait que la seconde conquête de la Franche-Comté par Louis XIV a été aussi facile et aussi peu sanglante que la première, et cependant notre poëte, dans cette épître, en parlant de cette conquête, nous dit :

> Louis lui-même, effroi de tant de princes,
> Preneur de forts, subjugueur de provinces,

---

[1] Bussy-Rabutin, *Mémoires*, 1769, in-12, t. I, p. 253, ou 1721, in-12, t. I, p. 389.
[2] La Fontaine, *Épîtres*, 11.

A-t-il conquis ces États et ces murs
Sans quelque sang, non de guerriers obscurs,
Mais de héros qui mettoient tout en poudre?
Les Bourguignons en éprouvant sa foudre
Ont fait pleurer celui qui la lançoit.
Sous les remparts que son bras renversoit
Sont enterrés et quelques chefs fidèles,
Et les Titans à sa valeur rebelles [1].

Ici c'est le poëte qui est plus vrai et plus exact que les historiens; car nous apprenons d'après les lettres de Pellisson que cette campagne ne se fit pas sans beaucoup de perte. L'armée éprouva une disette de fourrage, et les chevaux même du roi ne mangeaient que des feuilles. La petite ville de Faverney fit résistance, on la prit d'assaut et elle fut pillée. Mais il périt dans ce siége plusieurs gardes du corps [2]. Remarquons que la Fontaine dit les *Bourguignons* en parlant des *Francs-Comtois*, parce qu'alors, pour désigner la *Franche-Comté*, on disait plus habituellement la *Comté de Bourgogne*. L'épithète de *subjugueur*, que notre poëte donne à Louis XIV, n'aura pu échapper non plus au lecteur attentif. Nul de nos auteurs classiques n'a, plus que la Fontaine, enrichi la langue de mots heureusement créés ou empruntés à nos vieux auteurs. Les lexicographes, qui ont voulu ne rien omettre en ce genre, ont cepen-

---

[1] La Fontaine, *Épîtres*, 11.
[2] Pellisson, *Lettres historiques*, t. II, p. 135; Bussy-Rabutin, *Mémoires*, 1769, in-12, t. II, p. 174; le duc de Villars, *Mémoires*, 1758, in-12, t. I, p. 27 à 41; La Fare, *Mémoires*, dans les *Œuvres diverses*, p. 135.

dant négligé de recueillir celui-là. C'est aussi la Fontaine qui a créé le mot *fabuliste*, avant lui inconnu dans notre langue [1].

Les malheurs particuliers qu'avait occasionnés cette conquête de la Franche-Comté n'empêchèrent pas Louis XIV de la célébrer par des fêtes magnifiques qui eurent lieu dans le château et le parc de Versailles, et qui durèrent six jours. Le troisième, on y joua la dernière pièce que composa Molière, *le Malade imaginaire;* on avait dressé pour cette représentation un théâtre devant la grotte de Téthys que la Fontaine a décrite dans sa *Psyché.*

Cette première épître nous apprend encore qu'un jour Turenne, voyageant avec notre poëte pour aller prendre le commandement de l'armée, lui récita une épigramme et une ballade de Marot. La Fontaine, qu'enchantait une telle conformité de goûts entre lui et le héros, se complaît à lui rappeler cette circonstance :

> Car on vous aime autant qu'on vous estime.
> Qui n'aimeroit un Mars plein de bonté?
> Car en tels gens ce n'est pas qualité
> Trop ordinaire. Ils savent déconfire,
> Brûler, raser, exterminer, détruire ;
> Mais qu'on m'en montre un qui sache Marot.
> Vous souvient-il, seigneur, que mot pour mot,
> *Mes créanciers, qui de dizains n'ont cure,*
> *Frère Lubin,* et mainte autre écriture,
> Me fut par vous récitée en chemin [2] ?

[1] La Fontaine, Préface des *Fables.*
[2] Id., *Épîtres,* 11 ; Marot, 1731, t. II, p. 134, et t. III, p. 75.

Dans la seconde épître, la Fontaine dit qu'un temps viendra qu'on inscrira ces vers au temple de Mémoire :

> Turenne eut tout : la valeur, la prudence,
> L'art de la guerre, et les soins sans repos.
> Romains et Grecs, vous cédez à la France :
> Opposez-lui de semblables héros [1] !

Mais le poëte, comme s'il était saisi d'une crainte prophétique, avait dit en commençant son épître :

> Hé quoi ! seigneur, toujours nouveaux combats !
> Toujours dangers ! Vous ne croyez donc pas
> Pouvoir mourir ? Tout meurt, tout héros passe.
> ....
> Songez-y bien, si ce n'est pour vous-même,
> Pour nous, seigneur [2].......

Le 27 juillet 1675, c'est-à-dire quelques mois après que la Fontaine eut tracé ces vers, Turenne fut ravi à la France ; les ennemis aussitôt en franchirent les frontières, et en ravagèrent le sol.

« Je me trouvois au palais, dit l'abbé Arnauld, quand cette nouvelle commença à être sue. Ce n'étoit que murmures et que plaintes, on passoit jusqu'à la frayeur, et, comme si les ennemis eussent déjà été à nos portes, on voyoit les plus timides chercher à se mettre en sûreté par la fuite [3]. » La Fare confirme ce récit [4].

---

[1] La Fontaine, *Épîtres*, 12.
[2] Id., ib.
[3] L'abbé Arnauld, *Mémoires*, t. XXXIV, p. 361, collection Petitot.
[4] La Fare, *Mémoires*, collection Petitot et Monmerqué, 1828, t. LXV, p. 220 ; Madame de Sévigné, *Lettres*, 9 août, 1675 ; Ramsay, *Histoire du vicomte de Turenne*, Paris, 1735, in-4°, t. I, p. 585.

Cette terrible catastrophe ne fit qu'accroître l'horreur que notre poëte avait pour les combats, et qu'il manifeste en toute occasion. Ce caractère de douceur et de bonté, qui le distinguait si éminemment, augmentait encore son penchant pour la société des femmes, qu'il préférait à celle des hommes.

Une de ses meilleures amies, et une de ses plus constantes protectrices, fut madame de Thianges, sœur de madame de Montespan et de l'abbesse de Fontevrault. Ces trois filles du duc de Mortemart plaisaient, ainsi que le duc de Vivonne leur frère, par un tour singulier de conversation mêlée de plaisanterie, de finesse et de naïveté, qu'on distinguait à la cour par la dénomination particulière d'*esprit des Mortemart*[1], et qui charmait d'autant plus qu'il avait une sorte de vertu communicative et faisait valoir l'esprit des autres.

Madame de Fontevrault, la plus jeune et la plus belle

---

[1] Voltaire, *Siècle de Louis XIV*, 1785, in-12, t. XXIV, p. 56; Saint-Simon, *Œuvres complètes*, 1791, in-8°, t. II, p. 7; Madame de Caylus, *Souvenirs*, 1806, in-12, p. 116; Mademoiselle de Montpensier, *Mémoires*, t. III, p. 51, ou t. XLII de la collection Petitot (année 1656). Mademoiselle dit que le mari de madame de Thianges était de Bourgogne, et qu'elle fut fort liée avec lui dans sa jeunesse.

Gabrielle de Rochechouart, marquise de Thianges, était la fille aînée du duc de Mortemart, pair de France. Elle fut mariée à Claude de Damas en 1655, et mourut à Paris, le 12 septembre 1693. (Voyez Anselme, *Histoire chronologique générale de la maison de France*, t. IV, p. 680.)

Françoise-Athénaïs de Rochechouart, marquise de Montespan, fut mariée en 1663, et mourut le 28 mai 1707, âgée de soixante-six ans. (Anselme, *ibid.*, p. 681.)

Marie-Madeleine-Gabrielle de Rochechouart, religieuse bénédictine à l'Abbaye-aux-Bois, fut nommée abbesse de Fontevrault le 16 août 1670; elle mourut le 15 août 1704, âgée de cinquante-neuf ans (Anselme, *ibid.*, p. 681.)

des trois sœurs, que Saint-Simon nomme la reine des abbesses, joignait encore aux qualités communes à toute sa famille un savoir rare et étendu. Religieuse sans vocation, elle chercha un amusement convenable à son état dans l'étude de l'Écriture sainte, de la théologie, des Pères de l'Église et des langues savantes, qu'elle possédait parfaitement. Elle était adorée dans son ordre, où elle donnait l'exemple et où elle entretenait la plus grande régularité : chargée de son voile et de ses vœux, elle paraissait fréquemment à la cour, y partageait la faveur de ses sœurs, était de toutes les fêtes, sans que jamais sa réputation en ait souffert la moindre atteinte [1]. Les deux autres se ressemblaient par leur penchant pour les plaisirs, par la gaieté et la vivacité de leurs réparties, par leur talent pour la raillerie; mais il y avait entre elles cette différence, que les plaisanteries de madame de Thianges n'avaient jamais rien de dur ni d'injuste, tandis que madame de Montespan était dénigrante et caustique, et si habile à saisir au premier coup d'œil les ridicules ou les défauts de chacun, que les officiers redoutaient de défiler devant le roi lorsqu'elle se trouvait à côté de lui, et qu'ils appelaient cela « passer par les armes [2]. »

Du reste, quoique haute et impérieuse, elle était la première à se moquer des ridicules préjugés de madame de Thianges, qui se glorifiait de l'antiquité de sa race, et attribuait l'avantage qu'elle se supposait sur les au-

---

[1] Saint-Simon, Œuvres, t. II, p. 9.
[2] Id., ib.

tres, par la perfection de son tempérament et la délicatesse de ses organes, à la différence que la naissance avait mise entre elle et le commun des mortels[1]. Madame de Montespan, exempte de tout préjugé, concevait ou encourageait toutes les idées grandes et généreuses qui pouvaient contribuer à la gloire personnelle du roi ou à la splendeur de son règne[2] : femme qui eût paru vraiment digne d'être assise sur le trône si, à côté de celle qui s'y trouvait placée, elle n'avait pas insolemment usurpé toute la puissance et tous les droits d'une reine. Elle appelait auprès d'elle et protégeait les gens de lettres. Madame de Thianges les admettait dans sa familiarité, et s'en faisait aimer. Plus âgée que sa sœur de dix ans, et moins belle, il ne pouvait exister entre elles aucune rivalité; aussi furent-elles toujours unies.

Mais lorsque madame de Montespan eut cessé d'être la maîtresse du roi, et se fut retirée de la cour, madame de Thianges y resta, et conserva, malgré la disgrâce de sa sœur, la faveur et la confiance de Louis XIV. Elle a joui de ses bienfaits jusqu'à la fin de ses jours, et du privilège des entrées du cabinet, le soir après souper, avec les princesses[3]. A l'époque dont nous nous occupons,

---

[1] Madame de Caylus, *Souvenirs*, p. 117; Montpensier, *Mémoires*, t. VIII, p. 352 et 356.

[2] Madame de Caylus, *Souvenirs*, 1806, in-12, p. 127 à 129; La Beaumelle, *Mémoires pour servir à l'histoire de madame de Maintenon*, liv. III et IV, t. I, p. 217 à 296, et t. II, p. 1 à 168.

[3] Dangeau, *Journal*, t. I, p. 430; Pierre Michon Bourdelot, *Relation des assemblées faites à Versailles pendant ce carnaval de l'an 1683*, 1683, in-12, p. 94 à 113.

elle avait cessé d'être jeune ; elle commençait à donner dans la dévotion [1], ne mettait plus de rouge, cachait sa gorge, et tâchait de se retrancher sur les plaisirs de la table qu'elle aimait beaucoup ; mais ce qui lui était plus difficile, c'était de se restreindre sur son penchant à la raillerie et à la médisance. Cependant elle y prenait garde, et quand il lui échappait quelque trait mordant, elle faisait un cri, en détestant sa mauvaise habitude. Madame de Sévigné, à qui nous empruntons ces détails, dit que madame de Thianges en était devenue plus aimable [2]. En effet, malgré ses dispositions à la dévotion, elle pardonnait à la Fontaine ses *Contes* et le servait à la cour de tout son pouvoir.

Au commencement de l'année 1675, elle donna pour étrennes au duc du Maine, fils légitimé du roi et de madame de Montespan, une chambre toute dorée, grande comme une table. Au-dessus de la porte, il y avait, en grosses lettres : *Chambre du sublime ;* au dedans, un lit et un balustre, avec un grand fauteuil dans lequel était

---

[1] Elle y montrait du penchant dès sa jeunesse, ainsi qu'on peut le voir d'après ce que MADEMOISELLE rapporte d'elle en 1657. (Mademoiselle de Montpensier, *Mémoires*, t. III, p. 110, t. XLII de la collection Petitot.)

[2] Sévigné, *Lettres*, en date du 5 janvier 1674, t. III, p. 196. Le marquis de Thianges, du nom de Damas, dont le père était chevalier de l'ordre, eut de son mariage avec Marie de Rochechouart, fille aînée du duc de Mortemart, un fils et deux filles. Sa femme l'abandonna pour s'attacher à la honteuse faveur de sa sœur, dont elle partagea l'autorité et le pouvoir sans que leur intimité en fût blessée, et, n'entendant plus parler de son mari, quitta ses armes et ses livrées, pour porter les siennes propres, comme madame de Montespan avait fait. M. de Thianges, sans aucune des raisons qu'avait son beau-frère, M. de Montespan, de se retirer, mais blessé du mépris de son altière et puissante femme, se confina chez lui où il s'enterra dans l'oisiveté et l'obscurité. Il mourut en Bourgogne.

assis le duc du Maine, fait en cire, et fort ressemblant ; auprès de lui, M. de la Rochefoucauld, auquel il donnait des vers pour les examiner ; autour du fauteuil, M. de Marcillac, et Bossuet, alors évêque de Condom. A l'autre bout de l'alcôve, madame de Thianges et madame de la Fayette lisaient des vers ensemble. Au dehors du balustre, Despréaux, avec une fourche, empêchait sept ou huit méchants poëtes d'approcher ; Racine était auprès de Despréaux, et, un peu plus loin, la Fontaine, auquel il faisait signe d'avancer. Toutes ces figures étaient de cire et en petit ; les principales étaient fort ressemblantes, parce que ceux qu'elles représentaient avaient posé devant l'artiste[1]. Ce fut sans doute à cette occasion que la Fontaine écrivit à madame de Thianges une lettre en vers, ou prose et vers, que nous n'avons plus, mais dont il circula des copies à cette époque. Le Père Bouhours en envoya une au comte de Bussy-Rabutin, qui, dans sa lettre datée d'Autun, le 10 février 1675 (l. CVII), lui répond : « Je viens de recevoir votre lettre, mon révérend Père, avec celle de la Fontaine à madame de Thianges. Cette lettre est, comme tout ce qu'il fait, aisée et naturelle ; cependant j'aime mieux ses autres ouvrages ; sa façon convient mieux à conter qu'à écrire. »

Ce que nous venons de dire augmente encore la dif-

---

[1] Bussy-Rabutin, *Supplément de ses Mémoires*, t. I, p. 181. Ce fait y est rapporté sous la date du 12 janvier 1675 ; Mathieu Marais, *Histoire de la vie et des ouvrages de la Fontaine*, p. 68 de l'édit. in-18, et p. 89 de l'édit. in-12 ; *Menagiana*, 1715, in-12, t. I, p. 222.

ficulté que l'on éprouve à rendre raison du silence de Boileau sur la fable dans son *Art poétique*. Cet admirable poëme parut en 1674, dans le premier recueil que donna l'auteur de ses œuvres complètes. Il devait renfermer des préceptes sur tous les genres de poésies; et Boileau en effet y donne en peu de mots la poétique de l'idylle, de l'églogue, de l'élégie, de l'ode, du sonnet, de l'épigramme, du vaudeville même. Il ne dit rien de l'apologue, que les anciens ont fait descendre du ciel pour l'instruction des hommes ; cependant on ne peut douter que Boileau ne reconnût tout le mérite du fabuliste français, lui qui, dans l'effusion de son admiration pour cet auteur et pour notre grand comique, dit un jour : « La belle nature et tous ses agréments ne se sont fait sentir que depuis que Molière et la Fontaine ont écrit.» On a attribué cette omission à la désunion qu'on croit avoir existé alors entre Boileau et la Fontaine ; mais il eût mieux valu pour l'auteur de l'*Art poétique*[1] qu'il commît l'injustice de parler de la fable sans faire mention de la Fontaine, que d'omettre dans un ouvrage tel que le sien de caractériser un genre de poésie dans lequel Phèdre avait laissé de si parfaits modèles.

Au reste, la Fontaine s'est plu dans divers endroits de ses ouvrages à donner des préceptes sur ce genre d'écrire, et dans son premier recueil de fables il l'avait fait dans des vers qui sont tellement dans la manière de Boileau, qu'ils semblent avoir été composés d'a-

---

[1] *Bolæana*, p. 54 et 114 ; *OEuvres de Boileau*, 1747, in-8°, t. V, p. 23.

vance pour suppléer à la lacune que le législateur du Parnasse devait laisser dans son code poétique.

> Les fables ne sont pas ce qu'elles semblent être ;
> Le plus simple animal nous y tient lieu de maître.
> Une morale nue apporte de l'ennui :
> Le conte fait passer le précepte avec lui.
> En ces sortes de feinte il faut instruire et plaire[1].

Il paraît que l'omission du nom de la Fontaine et du genre de la fable dans l'*Art poétique* fut souvent reprochée à Boileau par ses contemporains. Louis Racine et de Losme de Monchesnay nous ont fait part des conversations qu'ils avaient eues avec lui à ce sujet ; tous deux s'accordent à dire que Boileau s'excusait sur ce que la Fontaine avait imité Marot et Rabelais, et n'était pas le créateur de son genre. Mais il y avait peu de franchise dans cette réponse, et la preuve en est dans l'aveu que la force de la vérité lui arracha lorsque de Monchesnay le fit expliquer sur ce point. « Au reste, lui dit-il, la Fontaine a quelquefois surpassé ses originaux ; il y a des choses inimitables dans ses *Fables ;* et ses *Contes*, à la pudeur près qui y est toujours blessée, ont des grâces et des délicatesses que lui seul étoit capable de répandre dans un pareil ouvrage. »

On a inséré pour la première fois, dans une des dernières éditions des Œuvres complètes de la Fontaine, une épigramme contre Boileau. Quoique nous pensions

---

[1] La Fontaine, *Fables*, VI, 1.

que même en supposant que cette épigramme soit de notre poëte, il n'en est pas moins certain qu'elle n'a pas été composée contre Boileau [1], cependant nous avouerons qu'on pourrait, d'après plusieurs indices, soupçonner ces deux illustres écrivains de n'être plus aussi unis, au temps dont nous nous occupons, qu'ils l'étaient dans leur jeunesse. On doit dire, à la louange de Boileau, que la sévérité de ses principes et de ses mœurs paraît avoir été une des causes qui l'éloignèrent de la Fontaine. Boileau fut toujours par tempérament insensible auprès des femmes, et il ne montrait aucune indulgence pour les faiblesses qu'il n'avait jamais ressenties.

Si la cause du bon goût, outragé par la comparaison qu'on avait établie entre le *Joconde* de Bouillon et celui de la Fontaine, l'avait porté à écrire sa Dissertation, pour démontrer la prééminence de l'ouvrage de ce dernier, il s'en était repenti depuis. Il ne fit point imprimer de lui-même cette Dissertation, et, tant qu'il vécut, elle ne fut point admise dans le recueil de ses Œuvres. On ne peut douter que l'auteur de l'*Art poétique* n'ait eu en vue la Fontaine dans les vers suivants, aussi bien écrits que bien pensés :

> Que votre âme et vos mœurs, peintes dans vos ouvrages,
> N'offrent jamais de vous que de nobles images.

---

[1] La Fontaine, *Épigrammes*, 6; *Les quatre saisons du Parnasse*, t. IV, p. 41; *Œuvres diverses de la Fontaine*, édit. stéréotype, 1813, in-18, t. I, p. XII des *Remarques sur la Fontaine*, et t. I, p. 184 des *Poésies*.

Je ne puis estimer ces dangereux auteurs
Qui de l'honneur, en vers, infâmes déserteurs,
Trahissant la vertu sur un papier coupable,
Aux yeux de leurs lecteurs rendent le vice aimable [1].

Peut-être ces vers hâtèrent-ils la mesure de rigueur qui fut prise contre les nouveaux ouvrages de la Fontaine. Jusqu'alors les divers recueils de contes qu'il avait publiés avaient paru avec privilége du roi. A la fin de l'année 1674, il mit au jour un nouveau recueil, sous la rubrique de Mons, mais que nous soupçonnons avoir été imprimé à Paris [2]. Ce fut contre ce recueil qu'il y eut une sentence rendue par le lieutenant de police la Reynie, le 5 avril 1675 [3], qui en interdisait le débit, attendu, est-il dit dans la sentence, « que ce petit livre est imprimé sans aucun privilége ni permission, qu'il se trouve rempli de termes indiscrets et malhonnêtes, et dont la lecture ne peut avoir d'autre effet que celui de corrompre les bonnes mœurs, et d'inspirer le libertinage. »

Malheureusement cette défense ne produisit d'autre

---

[1] Boileau, *Art poétique*, IV, p. 91 à 96, édit. de 1747, t. II, p. 155, ou 1re édit. de 1674, p. 137 ; et l'édit. stéréotype de M. Daunou, t. I, p. 367, *Lettre de Boileau à Brossette*, en date du 3 juillet 1703, et lettre 116, dans l'édit. de 1721. Ce fut Gibert, professeur du collége des Quatre-Nations, qui, au bout de trente ans, fit remarquer le premier la faute de langue qui se trouvoit dans le premier vers.

[2] *Nouveaux contes de M. de la Fontaine*, 1674, in-12 de 168 pages, chez Gaspard Migon, imprimeur à Mons ; la Fontaine, *Contes*, liv. IV, t. III, p. 353 à 481.

[3] Furetière, *Recueil de Factums*, 1694, t. I, p. 543, et t. II, p. 124, ou 1686, p. 59 ; *Œuvres complètes de la Fontaine*, 1821, in-8°, t. III, p. 349.

résultat que d'augmenter, pour cet ouvrage qu'on voulait interdire, l'empressement du public, déjà très-grand pour tout ce qui sortait de la plume de la Fontaine. Il parut l'année d'après, en 1675, une autre édition de ce même recueil, évidemment imprimée en France subrepticement, quoiqu'elle porte encore le nom de Mons pour lieu d'impression, et celui de Gaspard Migon pour imprimeur ; et enfin, dans cette même année, une troisième réimpression, sans nom de lieu ni d'imprimeur.

Il ne faut pas croire cependant, d'après les termes de la sentence de police rapportés ci-dessus, que la Fontaine soit jamais tombé dans ce genre ignoble qui a souillé la plume des Théophile, des J.-B. Rousseau, des Ferrand et des Piron. Il en est accusé néanmoins par Gudin, qui, dans son *Histoire des Contes*, prétend que notre poëte, pour complaire à la duchesse de Bouillon, fit une fois des vers obscènes. « Vers élégants, dit Gudin, pensées fines et même délicates, rendues avec des mots grossiers, que nous voudrions transcrire ici, parce qu'ils sont peu connus, que nous ne transcrirons pourtant point, par égard pour le public, auquel on ne doit pas présenter, même en badinant, ce qu'on n'oseroit pas faire entendre à une personne respectable. Nous dirons seulement ici, pour la gloire de la Fontaine, qu'on a défiguré ces vers dans quelques sottisiers où on les a imprimés, et dans lesquels on n'a pas manqué de lui faire dire tout le contraire de ce qu'il a dit, de sorte qu'on a fait une platitude sans mérite d'un badinage où il avoit conservé une certaine fleur de délicatesse et de décence [1]. »

Malgré une assertion aussi positive, et quoique nous ne connussions pas les vers auxquels l'historien des *Contes* fait allusion, nous avons affirmé dans les notes de notre première édition que la Fontaine ne pouvait en être l'auteur. Les mots obscènes, disions-nous, n'auraient pu plaire à la duchesse de Bouillon, et le bon goût de notre fabuliste les réprouvait [2].

Depuis, un homme qui a mérité par ses talents comme administrateur et comme publiciste d'être porté aux premières dignités de l'État, nous a fourni les preuves de la vérité de notre opinion. Il a su de Gudin même quels étaient les vers dont il avait voulu parler, et il nous a, en même temps, par une tradition certaine et qui remonte jusqu'à la source, fait connaître l'origine de ces vers et leur véritable auteur.

On sait que la duchesse du Maine avait à Sceaux composé sa cour de tous les beaux esprits de son temps, et formé une sorte de petite académie qu'elle se plaisait à présider. Dans cette société brillante, la licence des mœurs de la régence n'était pas toujours bien déguisée par l'élégance du ton et la politesse des manières. Fontenelle, s'y trouvant un jour, dit que les idées les plus libertines pouvaient être présentées en termes décents.

---

[1] Gudin, *Histoire des Contes*, t. I, p. 176.
[2] Si bien que le conte de *la Vénus Callipyge*, qu'il avait composé dans sa jeunesse, n'a jamais été inséré dans ses œuvres de son vivant parce qu'il s'y trouve un seul mot obscène : ce conte est, d'ailleurs, fréquemment attribué à J.-B. Rousseau.

Ferrand ajouta que la pensée était tellement indépendante des mots, que les sentiments les plus délicats pouvaient s'exprimer en mots obscènes. Cette assertion parut si paradoxale, qu'il fut fait défi à Ferrand de justifier sa proposition par un exemple. Le lendemain, pour répondre à ce défi, il lut en présence de la princesse et de son académie les vers dont Gudin a fait l'éloge, et dont la pensée est que l'union des cœurs sans les jouissances de l'amour ne suffit point au bonheur, mais qu'aussi les jouissances de l'amour ne sont rien sans l'union des cœurs[1]. Il était important pour l'honneur de la Fontaine de le justifier de l'accusation de Gudin, et qu'on ne pût lui attribuer les vers par lesquels Ferrand n'a que trop bien prouvé la thèse qu'il avait soutenue.

Nous avons remarqué le goût particulier de la Fontaine pour tous les genres de compositions qui rappelaient notre ancienne poésie. Dans les recueils de *Contes* qui précédèrent celui dont nous nous occupons ici, il avait inséré des ballades et des arrêts d'amour; dans celui-ci il mit un *blason,* sorte de petit poëme dont le nom et la nature étaient tout à fait oubliés. Nos anciens poëtes entendaient par le mot *blason* la louange ou le blâme continu de la chose qu'on voulait *blasonner.* Ce mot était encore en usage du temps d'Amyot. Cet auteur

---

[1] *Lettre de M. le marquis Garnier à l'auteur*, en date du 12 janvier 1821. Les vers de Ferrand s'y trouvent transcrits. M. Garnier pensait qu'ils n'avaient jamais été imprimés ; on m'a assuré qu'ils l'étaient ; je ne suis pas assez érudit en ces matières pour décider ce point de critique.

appelle une épitaphe un *blason funéral*. Les *blasonneurs* devaient écrire en rimes plates et en petits vers. Les plus grands vers ne devaient pas excéder huit ou dix syllabes.

Le *blason* de la Fontaine est intitulé *Janot et Catin*[1]. Ce dernier nom, dans l'ancien langage, est le diminutif de Catherine, et Ronsard donne encore le nom de *Catin* à la reine Catherine de Médicis. La Fontaine dit au sujet de *Janot et Catin* : « J'ai composé ces stances en « vieux style, à la manière du *blason des fausses amours* « et de celui *des folles amours*, dont l'auteur est in- « connu. Il y en a qui les attribuent à l'un des Saint- « Gelais. Je ne suis pas de leur sentiment, et je crois « qu'ils sont de Cretin. » On pense aujourd'hui que le *blason des faulses amours* est de Guillaume Alexis, religieux de Lire, prieur de Bussy ou Buzy, au diocèse d'Évreux, qui vivait vers 1480[2]. Quant à l'autre, il n'est pas bien sûr qu'il soit de Cretin, et Coustelier ne l'a point inséré dans l'édition qu'il a donnée de ce poëte. Au reste, l'imitation de la Fontaine est excellente, et l'on croit lire les vers simples et naïfs d'un de nos vieux poëtes, qui, sans changer son langage, et sans rien perdre de ses grâces d'autrefois, est devenu pour nous parfaitement intelligible.

Il est probable que plusieurs des contes de ce recueil

---

[1] La Fontaine, *Poésies diverses*, 4.
[2] Le Duchat, dans la préface de son édition du *Blason des faussses amours*, à la suite des *Quinze joies du mariage*, La Haye, 1726, in-12, p. 214.

furent d'abord imprimés à part. Nous en avons la preuve, du moins pour le conte des *Troqueurs*, que nous avons retrouvé dans un recueil de pièces diverses formé par Huet [1]. Ce conte s'y trouve imprimé en grosses lettres italiques sur une feuille in-4° de huit pages. Il n'est signé que par les initiales de l'auteur M. D. L. F. Sans doute que le savant évêque l'avait reçu de la Fontaine lui-même; car Huet, dans sa propre vie qu'il a écrite en latin, nous apprend que c'est précisément à l'époque où nous sommes arrivés, en 1674 [2], qu'il fit connaissance avec la Fontaine; et il met au nombre des années heureuses celle pendant laquelle il acquit cet ami, aussi remarquable par sa candeur et sa bonté que par son esprit et par ses talents.

Le conte des *Troqueurs*, dans cette première impression et dans les deux éditions du recueil dont nous avons parlé, contient à la fin dix vers que l'auteur a retranchés depuis, et qu'aucun éditeur moderne n'a connus [3]. Mais on a bien remarqué que la Fontaine avait supprimé du conte de l'*Abbesse* celui de *Dindenaut*, qui s'y trouvait intercalé dans les deux éditions du recueil dont nous venons de faire mention [4].

Tout ceci prouve que la Fontaine travaillait ses ouvra-

---

[1] *Huetii Varia variorum*, t. V, 24ᵉ pièce. Notre cabinet de livres en renferme aussi un exemplaire : ces deux sont les seuls que nous ayons vus jusqu'ici.

[2] *Huetii Commentarius de rebus ad eum pertinentibus*, p. 315 et 316.

[3] La Fontaine, *Contes*, IV, 4, édition grand in-8°, revue par M. Walckenaër, publiée chez MM. Didot.

[4] Id., 3.

ges avec plus de soin qu'on ne pense, puisque ses *Contes*, qui sont écrits avec beaucoup de négligence, en comparaison de ses *Fables*, offrent des variantes aussi considérables. Nous verrons par la suite qu'il ne craignait pas de refaire en entier celles de ses fables dont il n'était pas satisfait.

Du reste, la Fontaine, dans ses nouveaux *Contes* comme dans les précédents, quand il parle de lui-même ne dissimule rien, et se montre franc épicurien. Dans le *Diable de Papefiguière* il fait, d'après François Rabelais, la peinture du pays de Papimanie, où tout le monde prospère, par opposition à celui de Papefiguière, maudit de Dieu, habité par les démons, auxquels rien ne réussit :

> Maître François dit que Papimanie
> Est un pays où les gens sont heureux ;
> Le vrai dormir ne fut fait que pour eux :
> Nous n'en avons ici que la copie.
> Et, par saint Jean, si Dieu me prête vie,
> Je le verrai ce pays où l'on dort.
> On y fait plus, on n'y fait nulle chose ;
> C'est un emploi que je recherche encor.
> Ajoutez-y quelque petite dose
> D'amour honnête, et puis me voilà fort [1].

La réputation dont la Fontaine jouissait manqua de le brouiller avec Benserade. Ce bel esprit, dont la renommée comme poëte était alors très-grande, s'était avisé de mettre en rondeaux toutes les métamorphoses d'Ovide. Cet ouvrage, supérieurement imprimé aux dé-

---

[1] La Fontaine, *Contes*, IV, 6.

pens du roi, et orné de figures, parut in-4° en 1676. Il n'eut point de succès, mais il donna lieu à un rondeau épigrammatique, qui en eut beaucoup plus que tous ceux que Benserade avait composés :

> A la fontaine où l'on puise cette eau
> Qui fait rimer et Racine et Boileau,
> Je ne bois point, ou bien je ne bois guère ;
> Dans un besoin, si j'en avois affaire,
> J'en boirois moins que ne fait un moineau.
> Je tirerai pourtant de mon cerveau
> Plus aisément, s'il le faut un rondeau,
> Que je n'avale un plein verre d'eau claire
> A la fontaine.

> De ces rondeaux un livre tout nouveau
> A bien des gens n'a pas eu l'art de plaire ;
> Mais, quant à moi, j'en trouve tout fort beau,
> Papier, dorure, images, caractère,
> Hormis les vers qu'il falloit laisser faire
> A la Fontaine.

Ce rondeau, qui n'est point de Chapelle, mais d'un nommé Stardin[1], affligea la Fontaine. Déjà il aspirait à

---

[1] Racine le fils, dans une note sur les *Lettres de J. B. Rousseau*, 1750, in-12, t. II, p. 301 ; Tallemant, *Vie de Benserade*, en tête des *OEuvres de Benserade*, 1697, in-12, t. I, p. 30 ; *Menagiana*, t. II, p. 375 ; Saint-Marc dans les *OEuvres de Chapelle*, 1755, in-12, p. 189 ; l'abbé de la Porte, *Portefeuille d'un homme de goût*, t. I, p. 112 ; Berthelin dans Richelet, *Dictionnaire des rimes*, 1751, in-8°, p. LXXXII ; Prepetit de Grammont, *Traité de la versification françoise*, à la suite de la *Traduction en vers françois de l'Art poétique d'Horace*, 1711, in-12, p. 400 ; Boileau, *Lettre à Brossette*, en date du 14 mars 1706, t. IV, p. 552 ; Et Cizeron-Rival, dans une édition des *Lettres familières de Boileau-Despréaux à Brossette*, 1770, in-12, t. II, p. 114. Le premier ouvrage où ce petit rondeau se trouve im-

une place à l'Académie française, dont Benserade était membre, et dans laquelle il avait beaucoup d'influence. La Fontaine craignit que Benserade, qui s'était montré très-sensible au trait malin du rondeau, ne devînt son ennemi, et ne cherchât par la suite à empêcher son élection. La Fontaine se trompait : Benserade lui rendait justice, et appréciait tout son mérite; il fut même un de ceux, ainsi que nous le dirons, qui contribuèrent le plus à sa nomination.

Quoique la Fontaine ait deux fois travaillé pour l'Opéra, cependant il désapprouvait ce genre comme contraire au bon goût; mais il aimait la musique, et les noms des meilleurs artistes des deux sexes, tant d'Italie que de France, lui étaient familiers. M. de la Sablière l'avait introduit dans une maison où il jouissait de leurs talents et de l'agrément de leur société; c'était celle de M. de Nyert, premier valet de chambre du roi, amateur des beaux-arts, et surtout des médailles, qui, par sa place, avait une sorte d'intendance sur les spectacles, et particulièrement sur l'Opéra.

M. de Nyert [1], qu'on nommait aussi dans le monde de Niel [2], était fils d'un marchand de Bayonne, qui, se

---

primé est le *Portefeuille* de M. L. D. F*** (de la Faille, auteur des *Annales de Toulouse*). Carpentras, 1694 (170 pages). Aucune des pièces contenues dans le recueil n'est de lui, dit M. de la Faille dans la préface. Une réimpression beaucoup plus belle que l'original fut livrée au public en 1695.

[1] Une quittance de lui, qui appartient à M. de Monmerqué, est signée *Pierre Denyert*. (Tallemant des Réaux, *Historiettes*, t. IV, p. 428.)

[2] Tallemant des Réaux, *Mémoires manuscrits*; la Fontaine, *Œuvres*, t. VI, p. 111, note 3; madame de Sévigné, *Lettres*, t. IX, p. 163; Loret, *Muse historique* sous la date du 14 juillet 1663; la Beaumelle, *Mémoires*,

trouvant jurat ou maire de cette ville sous Charles IX, refusa d'exécuter les ordres atroces donnés au nom du roi pour le massacre de la Saint-Barthélemy. Après la mort de son père, M. de Nyert, étant sans fortune, vint à Paris, et comme il jouait bien du luth et avait une jolie voix [1], il fut reçu comme musicien de M. le duc d'Épernon. Il s'attacha ensuite au duc de Créqui, et alla avec lui à Rome. C'est alors que M. de Nyert prit chez les Italiens une manière de chanter qu'il combina avec celle qui était en usage en France. A son retour, il entra au service de M. de Mortemart, premier gentilhomme de la chambre du roi [2]; il charma toute la cour, et fit une révolution dans la musique. Louis XIII, qui, comme on sait, fut surnommé *le Juste,* sur la recommandation du duc de Mortemart, le prit à son service; il goûta tellement ses talents et sa personne que, dans les derniers jours de sa vie, il le faisait venir près de son lit, et trouvait un soulagement à lui faire chanter des airs dont il essayait de répéter les refrains [3].

---

de Maintenon, t. III, p. 91; madame de Sévigné dit *de Niel,* et la Chartre, *Mémoires* (an. 1643), t. LI, p. 199, collection Petitot, écrit *Nielle.* Brienne, dans ses *Mémoires,* le nomme aussi *Niel,* et nous apprend que la rumeur publique le désignait comme l'auteur de la musique d'un rondeau contre le ministre Desnoyers (*Mémoires inédits de Brienne,* 1828, in-8°, t. I, p. 315.) Indépendamment de cet exemple, je remarque que, dans le siècle de Louis XIV, on confondait souvent l'r avec l'l. Ainsi M. *Héroart* est souvent appelé *Héroal,* et la personne que Montrésor nomme *Saint-Ibar* est appelée par le cardinal de Retz (*Mémoires,* t. I, p. 241) *Saint-Ibal.*

[1] Saint-Simon, *Mémoires,* édit. de 1829, in-8°, t. I, p. 67.
[2] Id., ib., p. 71.
[3] Voyez les *Mémoires de la Chartre,* t. LI, p. 199, *Mémoires pour l'histoire de France.* « Il se fit faire la barbe, passa l'après dînée à faire en-

C'est par allusion à ces circonstances que la Fontaine, dans l'épître en vers qu'il adressa à M. de Nyert, en 1677, lui dit :

Nyert, qui, pour charmer le plus juste des rois,
Inventa le bel art de conduire la voix [1].

Après la mort de Louis XIII, non-seulement Louis XIV nomma de Nyert son premier valet de chambre, mais il donna la survivance de cette charge à son fils [2]. Comme celui-ci n'avait que cinq ans, et que pour entrer en possession il fallait qu'il passât la chemise au roi, le monarque eut la bonté de s'agenouiller devant l'enfant,

---

fier des morilles et des champignons, et à entendre chanter Nielle dans sa ruelle et à lui répondre parfois. »

[1] La Fontaine, *Épîtres*, 13.

[2] Loret nous apprend (t. VII, p. 77) que la survivance de de Nyert à son fils fut donnée dans le mois de novembre 1656 ; il écrit toujours *de Nielle*. De Nyert, suivant Tallemant (*Histor.*, t. I, p. 224 et t. II, p. 119), avait épousé une femme de chambre de la reine dont Mortemart était amoureux. De la Porte, dans ses *Mémoires*, t. LIX, p. 427, fait mention de madame de Nyert, femme de chambre de la reine. Ce même la Porte nous apprend qu'en 1649 M. de Nyert faisait les fonctions de premier valet de chambre auprès de Louis XIV enfant. L'*État de la France* pour 1678 désigne M. de Nyert comme un des quatre premiers valets de chambre. Son fils, bailli du bailliage d'Amont en la comté de Bourgogne, est nommé comme ayant la survivance. C'est de M. de Nyert le fils qu'il est fait mention dans une lettre de Racine à Boileau du 3 octobre, et une lettre de Boileau à Racine du 26 mai 1687. La Porte en parle et dit qu'après sa disgrâce, en 1653, « Nyert, premier valet de garde-robe, vint le trouver pour lui dire, que « c'étoit à lui à monter à la chambre, étant le plus ancien de la garde-robe. » C'est de Nyert le fils qui protégea Fagon et le fit devenir premier médecin du roi (Choisy, *Mémoires*, t. VI, p. 354). Les filles de de Nyert père paraissent avoir été au service d'Anne d'Autriche, car elles sont portées comme légataires sur le testament de cette princesse. (Madame de Motteville, *Mémoires*, t. V, p. 312.)

pour qu'il pût accomplir le cérémonial usité¹. M. de Mortemart, premier gentilhomme de la chambre, fut fait duc et pair, emmena Nyert au voyage de Lyon et Savoie, où le père de Saint-Simon l'entendit chanter plusieurs fois chez M. de Mortemart.

C'est ce même fils de M. de Nyert qui depuis épousa par amour une très-belle personne, nommée Charlotte Vanghangel, dont la sœur aînée avait inspiré depuis longtemps l'attachement le plus tendre à M. de la Sablière. Le père de ces deux beautés, M. Vanghangel², était un Hollandais qui s'était fixé à Paris depuis que M. de la Sablière, fermier des domaines du roi, l'eut intéressé dans cette administration. C'est ainsi que, par suite de liaisons d'affaires, de parenté et d'amour, notre fabuliste, commensal de M. de la Sablière, se trouvait lié, et avec M. Vanghangel, et avec MM. de Nyert³.

Dans l'épître en vers dont nous venons de faire mention, et qui est adressée à M. de Nyert le père, la Fontaine nous apprend que le chant des Atto⁴, des Léonora⁵, fameux artistes d'Italie, ainsi que la musique

---

¹ Tallemant des Réaux, *Mémoires manuscrits.*

² Tallemant, *Histor.*, t. IV, p. 431 et t. V, p. 362 ; il écrit *Van Ghangel.*

³ Cette famille des Vanghangel ou Vangangel était protestante, mais Charlotte Vanghangel, avant d'épouser de Nyert, se convertit à la religion catholique (marquis de Sourches, *Mémoires*, t. 1, p. 379.)

⁴ Voyez *Mémoires du maréchal de Grammont* (an. 1757), t. LVI, p. 464 et 465 collection Petitot. « Le cardinal Mazarin avait fait faire deux « voyages à Munich à un certain castrat, musicien italien nommé Atto, « drôle qui ne manquait pas d'intelligence, et qui connoissoit particulière-« ment l'électrice. »

⁵ Léonora était une chanteuse que Mazarin avait, en même temps qu'Atto, fait venir d'Italie. Elle faisait les délices d'Anne d'Autriche pendant

instrumentale des le Camus, des Gaultier, des Boësset, des Hémon, en France, étaient passés de mode; que Chambonnière et les Couperains n'étaient plus les premiers sur le clavecin; que la Barre n'avait plus la supériorité sur la flûte, ni Dubut sur le luth; et même que le célèbre Lambert, qui, avec sa belle-sœur madame Hilaire, donnait de si ravissants concerts dans les appartements, les jardins et les bosquets de sa maison de Puteaux-sur-Seine, avait cessé de faire les délices des amateurs [1]. Le goût était changé; on avait abandonné le luth, le théorbe, la flûte, la viole : on voulait un plus grand fracas d'instruments :

> Ce n'est plus la saison de Raymond ni d'Hilaire :
> Il faut vingt clavecins, cent violons pour plaire.

Cependant cette révolution dans le goût musical avait été rapide, et elle était alors récente, puisque, huit ou neuf ans auparavant, on réunissait encore dans les concerts les deux célèbres cantatrices dont la

---

son séjour à Ruel en 1644 (*Mémoires de madame de Motteville*, édit. 1824, in-8, t. II, p. 81, ou t. XXXVII de la collection Petitot). Monglat (*Mémoires*, t. II, p. 39, t. L de la collection) se trompe en disant que le cardinal Mazarin fit venir Léonora en 1647 d'Italie, ou bien elle y était retournée.

[1] Titon du Tillet, *Parnasse françois*, 1732, in-folio, p. 392, et 401 à 405, et p. 464 à 477; Saint-Évremond, *Sur l'Opéra*, t. IV, p. 39 et 49 de ses OEuvres, 1753, in-12; Pavillon, *OEuvres*, 1750, in-12, t. II, p. 56; Fouq. et, *Défenses*, t. VIII, ou t. III de la continuation, p. 167; Tallemant des Réaux, *Mémoires manuscrits*; *Recueil des plus beaux airs mis en chant*, 1661, in-12, t. I, p. 16 à 29; Loret, *Muse historique*, liv. XIII, p. 53, lettre 14, en date du 15 avril 1662; et liv. XIV, p. 10, lettre 3, en date du 20 janvier 1663.

Fontaine donne ici les noms pour nous apprendre qu'elles n'étaient plus de saison.

Nous lisons, dans les *Mémoires de Gourville*, qu'en 1668 M. le duc, le fils aîné du prince de Condé, voulant donner à souper à M. le comte de Saint-Paul dans sa petite maison de la rue Saint-Thomas du Louvre, « y fit trouver une musique admirable, entre au- « tres mademoiselle Hilaire et mademoiselle Ray- « mond[1]. » Cette dernière assemblait chez elle la plus brillante société, et le marquis de Sévigné, dans une lettre écrite à sa sœur, madame de Grignan (6 mars 1671), se félicite d'avoir entendu une symphonie charmante de Camus et d'Ytier chez mademoiselle Raymond, en compagnie de madame de la Sablière, Ninon de Lenclos, mademoiselle de Simmes, madame de Salins et madame de Montsoreau[2]. A l'époque à laquelle la Fontaine écrivait son épître, mademoiselle Raymond s'était retirée dans le couvent de la Visitation, rue du Bac; mais elle porta dans les dévotions le goût du luxe et des commodités de la vie.

Dans une lettre, en date du 21 octobre 1676, madame de Sévigné écrivait à sa fille : « Je suis venue par le plus « beau temps du monde à dîner chez nos sœurs de « Sainte-Marie du faubourg (Saint-Germain). Je suis « dans la plus belle maison de Paris, dans la chambre de « mademoiselle Raymond, qui s'y est fait faire, comme

---

[1] Gourville, *Mémoires*, collection Petitot et Monmerqué, t. LII, p. 399.
[2] Madame de Sévigné, *Lettres*, t. II, p. 362, édit. de M. Gault de Saint-Germain, 1823, in-8°.

« bienfaitrice, un petit appartement enchanté. Elle sort
« quand elle veut, mais elle ne le veut guère, parce
« qu'elle a principalement dans la tête de vouloir aller
« en paradis [1]. »

Rien n'est plus digne de remarque que cette passion pour la retraite et la vie contemplative, qui s'emparait également de tant de personnes différentes par leurs goûts, leurs fortunes, leurs positions et leurs caractères, et qui les transformait en sages désabusés de toutes les vanités du monde ou en dévots cénobites. La magistrature et l'armée, la littérature et la cour avaient bon nombre de leurs membres qui se convertissaient ainsi ; mais ces conversions étaient sincères, réelles, complètes, irrévocables, et ne peuvent être attribuées à aucun motif d'intérêt ou d'ambition. Les causes de cette influence qu'exerçait la religion sur les âmes fortes comme sur les âmes faibles, sur les ignorants comme sur les savants, dans la prospérité comme dans l'infortune, chez les grands comme chez les petits, mériteraient d'être étudiées, et n'ont point encore été développées d'une manière satisfaisante.

Nous apprenons encore par cette épître de la Fontaine que le public français ne goûta point d'abord l'opéra transporté d'Italie en France par le cardinal Mazarin, et que ce fut Louis XIV seul qui soutint ce spectacle et le mit à la mode [2]. Il est évident aussi, d'après ce que

---

[1] Madame de Sévigné, *Lettres*, t. V, p. 176.

[2] Titon du Tillet, *Remarques sur la poésie et la musique françoise*, à la suite du *Parnasse françois*, p. XLIII; Perrin, *Œuvres de Poésie*, 1662, in-12, p. 293 ; et les *Œuvres de la Fontaine*, t. VI, p. 113, note 1.

dit la Fontaine, qu'à cette époque l'art du décorateur, ou du moins du machiniste, était encore dans son enfance :

> Des machines d'abord le surprenant spectacle
> Éblouit le bourgeois, et fit crier miracle ;
> Mais la seconde fois il ne s'y pressa plus,
> Il aima mieux le Cid, Horace, Héraclius.
> Aussi de ces objets l'âme n'est point émue,
> Et même rarement ils contentent la vue.
> Quand j'entends le sifflet, je ne trouve jamais
> Le changement si prompt que je me le promets.
> Souvent au plus beau char le contre-poids résiste ;
> Un dieu pend à la corde, et crie au machiniste ;
> Un reste de forêt demeure dans la mer,
> Ou la moitié du ciel au milieu de l'enfer.

Si l'on oppose au poëte le charme produit par la réunion de tant d'arts divers, il répond :

> De genres si divers le magnifique appas
> Aux règles de chaque art ne s'accommode pas.
> ....
> Le bon comédien ne doit jamais chanter.
> Le ballet fut toujours une action muette.
> La voix veut le théorbe et non pas la trompette ;
> Et la viole, propre aux plus tendres amours,
> N'a jamais jusqu'ici pu se joindre aux tambours.
> Mais Louis... veut.........................
> .... sur le théâtre, ainsi qu'à la campagne,
> La foule qui le suit, l'éclat qui l'accompagne ;
> Grand en tout, il veut mettre en tout de la grandeur :
> La guerre fait sa joie et sa plus forte ardeur ;

Ses divertissements ressentent tous la guerre :
Ses concerts d'instruments ont le bruit du tonnerre,
Et ses concerts de voix ressemblent aux éclats
Qu'en un jour de combat font les cris des soldats.
Les danseurs, par leur nombre, éblouissent la vue,
Et le ballet paroît exercice, revue,
Jeu de gladiateurs, et tel qu'au champ de Mars
En leurs jours de triomphe en donnoient les Césars [1].
Glorieux, tous les ans, de nouvelles conquêtes,
A son peuple il fait part de ses nouvelles fêtes,
Et son peuple, qui l'aime et suit tous ses désirs,
Se conforme à son goût, ne veut que ses plaisirs,
....

La Fontaine se plaint ensuite de ce qu'on a trop d'engouement pour l'opéra et pour Lully :

On ne va plus au bal, on ne va plus au cours :
Hiver, été, printemps, bref, opéra toujours ;
Et quiconque n'en chante, ou bien plutôt n'en gronde
Quelque récitatif, n'a pas l'air du beau monde....
Avec mille autres biens le jubilé fera
Que nous serons un temps sans parler d'opéra.
Mais aussi, de retour de mainte et mainte église,
Nous irons, pour causer de tout avec franchise,
Et donner du relâche à la dévotion,
Chez l'illustre Certain faire une station :
Certain, par mille endroits également charmante,
Et dans mille beaux arts également savante ;
Dont le rare génie et les brillantes mains
Surpassent Chambonnière, Hardel, les Couperains.

---

[1] Raguenet, *Parallèle des Italiens et des François en ce qui regarde la musique,* 1702, in-12, p. 20 et 22.

De cette aimable enfant le clavecin unique
Me touche plus qu'Isis et toute sa musique :
Je ne veux rien de plus, je ne veux rien de mieux
Pour contenter l'esprit, et l'oreille, et les yeux.

Mademoiselle Certain, dont les talents furent développés par Lully, devint célèbre par les beaux concerts qu'elle donnait chez elle, et où les plus habiles compositeurs faisaient porter leur musique ; mais à l'époque à laquelle la Fontaine écrivait son épître, cette jeune virtuose, que M. de Nyert faisait élever, n'avait pas plus de quinze ans[1].

Ce fut alors qu'on célébra en France le jubilé ouvert par le pape Clément X, jubilé[2] que notre poëte se pro-

---

[1] Titon du Tillet, *Parnasse françois*, p. 637 ; Chaulieu, *OEuvres*, 1774, in-8°, t. II, p. 86 ; *Chansons historiques*, in-folio, manuscrit, t. VI, p. 279, et t. III, p. 87. De Nyert était ami de Félix, le premier chirurgien du roi ; l'évêque d'Agen, dans ses *Mémoires*, en rendant compte de son adresse dans l'opération de la fistule (si difficile alors) que Félix fit au roi en 1686, dit : « Le lendemain qu'il eut sauvé la vie au roi, il estropia dans une saignée de Nyert, son meilleur ami. » La Beaumelle, *Mémoires de madame de Maintenon*, t. III, p. 91, édit. d'Amsterdam, 1756, gr. in-12.)

[2] *Catéchisme des indulgences et du jubilé*, 1677 ; Pellisson, *OEuvres diverses*, 1735, in-12, t. II, p. 413 et 419 ; *Lettres*, en date du 2 avril 1677 ; Madame de Sévigné, *Lettres*, en date du 22 avril 1676, édit. de 1818, in-8°, t. IV, p. 264 ; cette lettre a été publiée pour la première fois en 1754. Voyez l'édition des *Lettres de madame de Sévigné*, 1754, in-12, t. IV, p. 35. Le jubilé dont parle la Fontaine fut, en 1675, ouvert par Clément X ; mais, comme celui de 1700, il ne fut célébré en France que deux ans après son ouverture. A Pâques de 1677 il fut proclamé en France, et à ce moment l'opéra d'*Isis* avait eu déjà plusieurs représentations.

Visé, dans son *nouveau Mercure galant*, 1677, t. I, p. 44, parle du grand succès de cet opéra. Il nous apprend que le sieur Berain, dessinateur du roi, avait donné le dessin des habits et des coiffures, p. 45 ; et t. II, p. 4, il nous dit que la reine et le Dauphin ont, dans le jubilé, édifié tout le

posait de passer d'une manière si peu édifiante, et dont l'effet le plus efficace et le plus heureux, suivant lui, était de faire cesser les entretiens sur l'opéra, qui l'ennuyaient si fort. L'opéra d'*Isis* de Quinault fut joué pour la première fois le 5 janvier 1677. Ces deux circonstances fixent la date de la composition de cette épître de la Fontaine au commencement de 1677. La prochaine publication du jubilé remuait alors en France toutes les consciences, et occupait toutes les têtes, depuis les palais jusqu'aux chaumières. Les temps sont changés.

La Fontaine non-seulement aimait les concerts, mais il s'amusait de toutes sortes de spectacles, même des farces, surtout quand elles étaient jouées par Angelo Constantini. Cet acteur célèbre, plus connu sous le nom de Mezetin, que portait toujours dans les canevas des pièces italiennes celui qui jouait les intrigants, était né à Vérone. Il vint à Paris en 1681, et fit les délices du public non-seulement par son jeu, mais par ses talents pour la danse et pour le chant. La troupe italienne dont il faisait partie ayant été supprimée, Constantini se mit au service du roi de Pologne, qui l'anoblit et le fit son trésorier.

Une si haute fortune tourna la tête au pauvre Constantini; il osa adresser ses vœux à une maîtresse du monarque, et fut plongé dans un cachot, où il demeura

---

monde, que Monsieur de Paris et les plus grands magistrats ont visité à pied plus de soixante églises.

vingt ans. Mais avant sa grande prospérité et son malheur, et lorsqu'il charmait Paris, son portrait avait été fait par François de Troy, et gravé. C'est pour cette gravure, un des chefs-d'œuvre du burin de Vermeulen, que la Fontaine, qui aimait Mezetin, fit les six vers [1] qui lui ont attiré de la part du poëte Gacon deux mauvaises épigrammes [2].

La Fontaine fréquentait aussi la Champmeslé [3], chérie de tous les amateurs du théâtre. Racine, qui déclamait les vers avec autant de perfection qu'il les faisait, avait développé par ses leçons les talents de cette actrice. L'élève fut quelque temps reconnaissante envers un maître épris de ses charmes [4]; mais bientôt elle le quitta pour le fils de la marquise de Sévigné [5], qui fut ensuite remplacé par plusieurs autres. Cependant elle n'était

---

[1] Voyez l'œuvre de Vermeulen, n° 86, à la bibliothèque du Roi. Les six vers de la Fontaine s'y trouvent avec son nom. Dans les épreuves avant la lettre ces vers n'y sont pas. Le groupe de Protée et d'Aristée se voit dans le fond du tableau, voilà pourquoi il est question de Protée dans les vers du poëte. Conférez la Fontaine, *Vers pour des portraits*, 4.

[2] Gacon, *Discours satiriques en vers*, Cologne, 1696, in-12, p. 160, ou 1701, in-12, p. 238.

[3] J'écris le nom de cette actrice comme il est dans le privilége de la comédie intitulé *le Parisien*, par *Champmeslé*. Dans un autre privilége il est écrit *Chammerlé*. La Fontaine, dans la lettre citée, l'écrit *Chanmeslay*, et à la tête du conte de *Belphégor* Chammelay; voyez aussi Boileau, *Épîtres*, 7, vers 6, t. 1, p. 358, 1747, in-8°.

[4] Il est tout naturel que Louis Racine, dans ses *Mémoires* (*Œuvres*, t. IV, p. 69), tâche d'insinuer que les liaisons de son père avec la Champmeslé n'étaient pas d'une nature aussi intime qu'on l'a prétendu; mais il est étonnant que Geoffroy (*Vie de Jean Racine*, t. I, p. XXVIII de ses *Œuvres*) veuille donner sur ce point un démenti à tous les contemporains, beaucoup mieux instruits sur ce sujet que son fils.

[5] Madame de Sévigné, *Lettres*, 126, en date du 1ᵉʳ avril 1671; 128, en date du 8 avril 1671, et 215, en date du 13 janvier 1672, p. 294.

rien moins que jolie; mais elle était bien faite, avait une belle taille; tous ses traits exprimaient la sensibilité; sa voix, douce et pénétrante dans les rôles tendres, acquérait de la force et de l'énergie quand la situation théâtrale le demandait [1]. Elle contribuait beaucoup, par son talent et les charmes de sa société, à la répugnance que la Fontaine éprouvait à s'éloigner de Paris. Dans une lettre [2] qu'il lui écrivait de Château-Thierry,

---

[1] Louis Racine (t. V, p. 69) dit de la Champmeslé : « La nature ne lui « avoit donné que de la beauté, de la voix et de la mémoire. » Cela prouve qu'il ne l'avait jamais vue et qu'il était mal instruit. Madame de Sévigné dit, au contraire, t. II, p. 295 : « Elle est laide de près, et je ne m'étonne « pas que mon fils ait été suffoqué par sa présence; mais quand elle dit « des vers elle est adorable. » Louis Racine assure, dans le même passage, qu'elle était sans esprit, et le commentateur de madame de Sévigné se récrie sur cette assertion, et cite en preuve du contraire et les éloges que la Fontaine lui a adressés dans ses vers, et ses liaisons intimes avec les hommes les plus aimables de la cour et les gens de lettres de son temps. L'auteur de l'article *Champmeslé*, dans la *Biographie universelle* (t. VIII, p. 32), combat aussi la même assertion par les mêmes arguments. Mais ces estimables littérateurs ne paraissent pas s'être aperçus que les actrices, qui, par un grand talent, excitent tous les jours l'admiration d'un public qui les idolâtre, exercent un puissant empire sur l'imagination, et qu'elles n'ont pas besoin pour plaire, et même pour faire naître de grandes passions, ni de beaucoup d'attraits, ni de beaucoup d'esprit : leur célébrité et le souvenir des plaisirs que rappelle leur présence suffisent pour qu'on recherche leur société; si elles joignent à cela un caractère égal et des qualités sociables, elles enlèvent tous les suffrages. Il est certain que Louis Racine a été mal informé sur plusieurs points; mais il peut l'avoir été bien sur celui-ci, et on doit remarquer que dans les éloges contemporains on loue beaucoup son talent, mais qu'on ne dit rien de son esprit; ce qui n'est pas non plus, il est vrai, une raison décisive pour conclure qu'elle en fût dépourvue. (Voir madame de Sévigné, *Lettres*, 226, t. II, p. 294 et 295; Louis Racine, *Œuvres*, t. V, p. 69; *Biographie universelle*, t. VIII, p. 32; *Histoire du Théâtre-François*, par les frères Parfaict, t. XIV.

[2] La Fontaine, *Lettres à divers*, lettre 14.

où il s'était rendu dans le dessein de vaquer à ses affaires, il exprime ce sentiment avec autant de galanterie que de grâce et de naïveté : « Que vous aviez raison,
« Mademoiselle, de dire qu'ennui galoperoit avec moi
« devant que j'aie perdu de vue les clochers du grand
« village! C'est chose si vraie, que je suis présentement
« d'une mélancolie qui ne pourra, je le sens, se dissiper
« qu'à mon retour à Paris.

>A guérir un atrabilaire,
>Oui, Champmeslé saura mieux faire
>Que de Fagon tout le talent ;
>Pour moi, j'ose affirmer d'avance
>Qu'un seul instant de sa présence
>Peut me guérir incontinent.

« Bois, champs, ruisseaux et nymphes des prés me
« touchent plus guère depuis qu'avez enchaîné le bon-
« heur près de vous; aussi compté-je partir bientôt. »

On voit aussi par cette lettre que Racine, par les conseils duquel notre poëte s'était rendu à Château-Thierry, s'oubliait facilement, et oubliait un peu ses amis quand il était amoureux de la Champmeslé :
« M. Racine avoit promis de m'écrire : pourquoi ne
« l'a-t-il pas fait? Il auroit sans doute parlé de vous,
« n'aimant rien tant que votre charmante personne :
« ç'auroit été le plus grand soulagement à la peine que
« j'éprouve à ne plus vous voir. S'il savoit que j'ai suivi
« en partie les conseils qu'il m'a donnés, sans cesser
« pourtant d'être fidèle à la paresse et au sommeil, il

« auroit peut-être, par reconnoissance, mandé de vos
« nouvelles et des siennes : mais véritablement je l'ex-
« cuse; aussi bien les agréments de votre société rem-
« plissent tellement les cœurs que les autres impres-
« sions s'affoiblissent. »

Les louanges que notre poëte donne à la Champmeslé n'étaient pas exagérées; elle eut toujours une
cour très-nombreuse; et dans une autre lettre [1] que la
Fontaine lui écrivit de la campagne, lorsque Louis XIV
était au fort de ses conquêtes, et qu'elle se trouvait en-
tourée par beaucoup d'adorateurs, il lui dit : « Tout
« sera bientôt au roi de France et à mademoiselle de
« Champmeslé. » Nous voyons par cette même lettre
que la Fare, bien connu de la Fontaine, à cause de sa
grande intimité avec madame de la Sablière, était souvent chez la Champmeslé. Son amant en titre était
M. de Tonnerre, qui supplanta Racine ; ce qui fit faire
sur ce grand poëte ce mauvais jeu de mots : « qu'il avoit
« été déraciné par le tonnerre. » La Fontaine, qu'amusait beaucoup la gaieté folâtre de M. de Tonnerre, exprime dans sa lettre le regret de ne plus se trouver exposé à ses niches et à ses brocards [2].

La Champmeslé aimait la société de notre poëte, et
avait pour lui de grandes bontés : « Vous êtes, lui
« dit-il, la meilleure amie du monde, aussi bien que la

---

[1] La Fontaine, *Lettres à divers*, lettre 15.
[2] Charles-Amédée de Broglie, comte de Revel, qui se distingua au combat de Crémone, fut aussi au nombre de ses amants. (Voyez, *Lettres de
Boileau*, lettre 24, du 17 avril 1702, au comte de Revel, et madame de
Sévigné, lettre du 1er avril 1671.)

« plus agréable. » Quoiqu'elle eût alors plus de trente ans, et lui plus de cinquante, ce n'était pas sa faute si elle était seulement son amie : la dédicace du conte de *Belphégor* [1] en fait foi ; et à cet égard on ne peut s'exprimer plus clairement, mais aussi il est impossible de mettre dans un tel aveu plus d'enjouement, d'esprit et de grâce.

> De votre nom j'orne le frontispice
> Des derniers vers que ma muse a polis.
> Puisse le tout, ô charmante Phylis !
> Aller si loin que notre lôs [2] franchisse
> La nuit des temps ! Nous la saurons dompter,
> Moi par écrire, et vous par réciter.
> Nos noms unis perceront l'ombre noire ;
> Vous régnerez longtemps dans la mémoire,
> Après avoir régné jusques ici
> Dans les esprits, dans les cœurs même aussi.
> Qui ne connoît l'inimitable actrice
> Représentant ou Phèdre ou Bérénice,
> Chimène en pleurs, ou Camille en fureur ?
> Est-il quelqu'un que votre voix n'enchante ?
> S'en trouve-t-il une autre aussi touchante,
> Une autre enfin allant si droit au cœur ?
> . . . .
> De mes Phylis vous seriez la première,
> Vous auriez eu mon ame tout entière,
> Si de mes vœux j'eusse plus présumé :
> Mais en aimant, qui ne veut être aimé ?
> Par des transports n'espérant pas vous plaire,
> Je me suis dit seulement votre ami,

---

[1] La Fontaine, *Contes*, V, 7.
[2] Renommée.

De ceux qui sont amants plus d'à demi :
Et plût au sort que j'eusse pu mieux faire !

Si l'on en croit Furetière, l'accomplissement du vœu exprimé dans cette dédicace en fut la récompense. « La Champmeslé en a fait le payement, dit-il, d'une manière fort plaisante, et que je ne rapporterai point ici, parce qu'elle est assez connue de tout le monde [1]. » Un bon mot de Racine, que J.-B. Rousseau nous a transmis, prouve assez la grande facilité de la Champmeslé, et ajoute encore à la probabilité de l'inculpation de Furetière.

Racine, lorsqu'il aimait la Champmeslé, n'ignorait pas qu'elle partageait ses faveurs entre plusieurs amants, sans compter son mari. Un jour que ce dernier cajolait une jeune servante, fort coquette, et dont le commerce offrait peu de sécurité, Racine, qui se trouvait présent, l'arrêta, en disant : « Ah ! Champmeslé, prends-y garde, ce jeu n'est pas sûr ; tu veux donc nous gater tous ? » Ce mot parut si plaisant, que Boileau et Racine, se trouvant en gaieté avec d'autres jeunes gens de leur âge, en composèrent une épigramme, que depuis les éditeurs de Boileau, mais non pas lui, ont insérée dans ses œuvres [2].

---

[1] Furetière, *Recueil des factums contre l'Académie*, 1694, t. I, p. 292.
[2] J. B. Rousseau, *Lettres sur différents sujets de littérature*, 1750, in-12, t. II, p. 37, lettre en date du 15 octobre 1715. L'éditeur de ces lettres est Racine le fils, qui ne dément pas le mot attribué à son père par Rousseau, ni la part que l'auteur d'*Athalie* eut à l'épigramme. Au reste, le bon mot qui en fait le sujet a été connu de madame de Sévigné, qui l'attribue à un comédien; *Lettres de madame de Sévigné*, t. II, p. 35, lettre en date du 8 avril 1671. Segrais l'avait consigné dans un recueil qu'il avait fait

La lettre que la Fontaine avait adressée à la Champmeslé est datée de la campagne, en 1678; il allait quelquefois passer l'automne au château des Cours, près de Troyes, avec une société choisie, rassemblée par M. Rémond des Cours, frère du fermier général [1]. Les frères Simon, riches et joyeux habitants de la ville de Troyes, à l'un desquels la Fontaine adressa une épître en vers, dont nous ferons mention par la suite, figuraient aussi parmi cette société. On y faisait des vers, et, en 1678, on y composa un ballet à l'occasion de la paix de Nimègue; la Fontaine fournit pour sa part un intermède imprimé avec le ballet, où les bergers de la pièce sont comparés à ceux du Lignon [2].

En général, notre poëte s'éloignait peu de Paris et des campagnes qui l'entourent. Depuis son retour de Limoges, ses plus longs voyages furent à Château-Thierry, à Reims ou à Troyes; cependant Brossette nous dit que la Fontaine se rendit une fois à Lyon chez un riche banquier de ses amis, nommé Caze. Il y vit M. du Puget [3], plus connu comme physicien que comme poëte; celui-ci lui communiqua un apologue en vers, intitulé *le Chien politique;* il avait pour but de critiquer la mauvaise administration des deniers publics dont on accusait les ma-

---

« de ce qui avait été dit de plus fin, » dit madame de Sévigné, lettre du 1ᵉʳ mai 1671.

[1] Adry, *Notes sur la vie de la Fontaine*, édit. de Barbou, 1806, p. 27.

[2] La Fontaine, *Poésies diverses*, 5. Voyez Grosley, *Mémoires sur les Troyens célèbres*, Œuvres inédites, 1812, in-8°, t. II, article *Simon*.

[3] Louis du Puget, né à Lyon en 1629, et mort le 16 décembre 1709, à quatre-vingts ans. (Voyez Pernetty, *Recherches pour servir à l'histoire de Lyon et des Lyonnais dignes de mémoire*, t. II, p. 126.)

gistrats de la ville de Lyon. Ceci donna l'idée à notre poëte de traiter le même sujet, et il écrivit alors la fable du *Chien qui porte à son cou le dîner de son maître* [1].

Brossette dit que le sujet de cette fable est tiré d'une lettre de Sorbière, qui y raconte un fait semblable, arrivé à Londres lorsqu'il se trouvait dans cette ville [2] : cela n'est pas impossible ; mais on doit faire observer que le sujet de cette fable avait déjà été traité par Walchius et Régnier, bien avant le voyage de Sorbière en Angleterre.

Walchius aussi rapporte cette aventure comme étant réellement arrivée à Strasbourg de son temps [3], et un collecteur d'anecdotes avait mis en français cette historiette dans un petit livre imprimé à Rouen en 1611 [4].

Dans tout ce qui nous reste de la Fontaine on ne trouve aucune mention de M. Caze, mais il est certain qu'un jeune homme de ce nom, amant de mademoiselle Deshoulières, et qui lui a adressé de jolis vers, se trouva en même temps que notre poëte chez madame d'Hervart à Bois-le-Vicomte, dans l'été de 1689 [5], et le savant Spon, dans ses *Recherches sur les antiquités de*

---

[1] La Fontaine, *Fables*, VIII, 7.

[2] *Lettres familières de MM. Boileau-Despréaux et Brossette, publiées par Cizeron-Rival*, 1770, in-12, t. II, p. 159. Voyez encore t. I, p. 23, 131, 140, 153, 214 ; et t. II, p. 54. Du Puget était né en 1629, et mourut le 16 décembre 1709.

[3] Walchius, *Fabul.* III, 1609, in-4° ; Regnerii Belnensis *Apologia Phædri*, pars I, fab. 17, p. 23.

[4] *Trésor des récréations*, p. 232, Rouen, in-16, 1611.

[5] Voyez la lettre de M. Caze à mademoiselle Deshoulières, en date du 4 octobre 1689, dans les *OEuvres de madame et de mademoiselle Deshoulières*, 1764, in-12, t. II, p. 204 et p. 17, et t. I, p. XLI de la notice.

Lyon, publiées en 1675, fait mention de la maison de M. Caze comme d'une des plus belles maisons de Lyon. Elle était située dans le quartier Bellecour, ressemblait à un palais, et avait été bâtie par Jove, architecte italien [1].

Quoi qu'il en soit de ce rapprochement et du récit de Brossette, la fable dont nous venons de faire mention appartient à un recueil dont nous n'avons point encore parlé, et dont il est temps de nous occuper.

C'est alors qu'eut lieu devant le parlement de Rouen un procès grotesque entre deux paysans qui avaient troqué de femmes. La Fontaine en fit le conte des *Troqueurs*, d'abord imprimé séparément, et qui fut, pour la première fois, inséré dans l'édition de ses Contes qui se fit à Lyon, lors de son voyage en cette ville, ou peu après son départ. Cette édition renferme aussi d'autres poésies de la Fontaine. Ce fut un jésuite instruit, le père Colonia, qui fut l'éditeur de ce recueil [2].

Nos lecteurs ont pu remarquer dans le prologue de *Belphégor* avec quelle confiance la Fontaine, que tant de biographes ont dépeint comme s'ignorant lui-même parle des succès de sa muse :

> Nos noms unis perceront l'ombre noire,
> Moi par écrire.....

Sa conviction était à cet égard d'autant plus grande,

---

[1] *Recherches sur les antiquités et curiosités de la ville de Lyon*, 1675, in-12, p. 185, ch. VIII.

[2] *Contes de la Fontaine* en 3 parties, in-12. Lyon, 1679.

que, lorsqu'il traçait ces vers, il avait publié, en 1678 et en 1679, son second recueil de fables [1], dédié à madame de Montespan, à laquelle il disait aussi :

> Protégez désormais le livre favori
> Par qui j'ose espérer une seconde vie [2].

Le nouveau recueil ne renfermait que cinq livres; ce qui faisait, avec le premier recueil, qui fut de nouveau publié, corrigé et augmenté par l'auteur, onze livres de fables. Le douzième et dernier livre des fables ne parut que longtemps après, et devait être le chant du cygne. Ce nouvel ouvrage mit le sceau à la réputation de la Fontaine : il se terminait par un épilogue consacré à la louange du roi, qui ne manqua jamais, quoi qu'on en ait dit, d'encourager notre poëte quand il usait de ses rares talents pour l'utilité des mœurs et de la morale. Si, en effet, d'une part, Louis XIV laissait interdire le débit de ses *Contes* par une sentence de police, de l'autre, il permettait qu'on s'écartât, par une honorable exception, du protocole ordinaire des priviléges, pour déclarer dans celui qu'il accordait pour son second recueil de *Fables*, « que c'étoit afin de témoigner à l'auteur l'estime qu'il faisoit de sa personne et de son mérite, et parce que la jeunesse avoit reçu beaucoup de fruit en son instruction des *Fables choisies* et mises en vers qu'il avoit précédemment publiées [3]. »

---

[1] La Fontaine, *Fables*, liv. VII à XI.
[2] Livre VII, dédié à madame de Montespan.
[3] Voyez le privilége du roi qui est imprimé à la suite de la Vie d'Ésope et avant la table dans l'édit. des Fables de 1678, t. I, in-12.

La Fontaine fut même admis à offrir en personne ses fables à Louis XIV. Il se rendit à cet effet à Versailles; mais, après avoir fort bien récité son compliment au monarque, il s'aperçut qu'il avait oublié le livre qu'il devait lui présenter; il n'en fut pas moins accueilli avec bonté et comblé de présents. Mais on ajoute qu'à son retour il perdit aussi, par distraction, la bourse pleine d'or que le roi lui avait fait remettre, et qu'on retrouva heureusement sous le coussin de la voiture qui l'avait ramené [1].

La Fontaine, dans l'avertissement de son second recueil, prévient ses lecteurs qu'il a cru devoir donner à ses dernières fables un tour un peu différent de celui qu'il avait donné aux premières, « tant, dit-il, à cause « de la différence des sujets que pour remplir de plus « de variété mon ouvrage. » La vérité est que, d'abord gêné par son respect pour les anciens, la Fontaine ne s'était écarté qu'avec une sorte de crainte de la brièveté de Phèdre et d'Ésope; mais s'étant aperçu que les fables qui avaient eu le plus de succès étaient celles où il s'était abandonné à son génie, il résolut de n'écouter que ses inspirations.

Aussi ce second recueil est-il, suivant nous, supérieur au premier. L'envie, du temps de la Fontaine, a

---

[1] *Notes manuscrites de M. Despots sur la Fontaine*, dans les papiers de feu M. le vicomte Héricart de Thury ; le président Bouhier, dans les *Notes d'Adry sur la vie de la Fontaine*, édit. des *Fables* de Barbou, 1806, in-12, p. XXVII, note 15 ; Bauchamp, *Recherches sur les théâtres de France*, 1735, in-8°, t. II, p. 286.

prononcé le contraire [1], et cela était tout simple; mais on s'étonne que Chamfort ait adopté un semblable jugement [2] : il y a encore plus lieu d'être surpris que ce littérateur si plein d'esprit et de goût, après avoir été dans sa jeunesse un panégyriste éloquent et enthousiaste de la Fontaine, soit devenu pour lui, dans un âge plus avancé, un commentateur chagrin et souvent injuste. Cependant il est possible de rendre raison de cette apparente contradiction. Chamfort avait un caractère difficile, jaloux et envieux [3] : dans sa sauvage indépendance, il haïssait toutes supériorités sociales; il prenait, comme tant d'autres, les fougueux accès de l'orgueil et de la misanthropie pour de la force et de la fierté.

La réflexion et la lecture eussent peut-être corrigé ou adouci l'âpreté de ces défauts, surtout lorsque, par la protection d'une vertueuse princesse, l'infortunée Élisabeth, le sort cessa de lui être contraire [4]; mais la révolution, dont il embrassa les principes avec chaleur, le rendit ingrat envers ses bienfaiteurs, et les leçons de

---

[1] Baillet, *Jugements des savants*, in-4°, t. IV, p. 413.

[2] Guillon, *la Fontaine et tous les fabulistes*, an XI (1803), in-8°, t. II, p. 1, note 2, sur l'avertissement de la Fontaine.

[3] Une femme spirituelle qui, comme nous, l'a bien connu, en porte le même jugement. Voyez les *Essais de mémoires sur M. Suard*, 1820, in-12, p. 76.

[4] Ginguené, *Biographie universelle*, t. VIII, p. 11, article *Chamfort*, et la notice sur cet écrivain, en tête des diverses éditions de ses œuvres; Solvet, *Études sur la Fontaine*, t. I, p. 92. Ginguené dit que Chamfort avait composé son commentaire pour madame Élisabeth, et Solvet pour madame Diane de Polignac. Ces deux récits sont différents, mais non contradictoires. M. Boissy d'Anglas a comparé habilement les éloges de la Fontaine par Chamfort et par la Harpe. (Voyez *Études littéraires et poétiques d'un vieillard*, 1825, in-12, t. VI, p. 46.)

cet auteur favori, de ce poëte qu'il avait tant aimé, devinrent impuissantes contre les vices de son cœur. Aussi les louanges que la Fontaine donne aux grands lui causent presque toujours de l'humeur. Il combat ou méconnaît sans cesse la sage et douce philosophie du fabuliste, qu'à une époque plus heureuse nul n'avait mieux que lui définie et appréciée [1].

« Ce qui distingue, dit Chamfort dans son excellent éloge [2], la Fontaine de tous les moralistes, c'est la facilité insinuante de sa morale; c'est cette sagesse naturelle comme lui-même, qui paraît n'être qu'un heureux développement de son instinct. Il ne vous parle que de vous-même ou pour vous-même; et de ses leçons, ou plutôt de ses conseils, naîtrait le bonheur général. Son livre est la loi naturelle en action : tout sentiment exagéré n'avait point de prise sur son âme, s'en écartait naturellement; et la facilité même de son caractère semblait l'en avoir préservé.

« La Fontaine n'est point le poëte de l'héroïsme; il est celui de la vie commune, de la raison vulgaire. Le travail, la vigilance, l'économie, la prudence sans inquiétude, l'avantage de vivre avec ses égaux, le besoin qu'on peut avoir de ses inférieurs, la modération, la retraite; voilà ce qu'il aime et ce qu'il fait aimer. L'amour, cet objet de tant de déclamations, « ce mal qui peut-être « est un bien, » dit la Fontaine, il le montre comme une

---

[1] De Fontanes, *Mercure de France*, mois de ventôse an XI.
[2] Chamfort, dans les *Œuvres de la Fontaine*, 1822, in-8°, t. I, p. XX; dans le *Recueil de l'Académie de Marseille*, 1774, in-8°, p. 11.

faiblesse naturelle et intéressante. Il n'affecte point ce mépris pour l'espèce humaine qui aiguise la satire mordante de Lucien, qui s'annonce hardiment dans les écrits de Montaigne, se découvre dans la folie de Rabelais, et perce même quelquefois dans l'enjouement d'Horace. Ce n'est point cette austérité, qui appelle, comme dans Boileau, la plaisanterie au secours d'une raison sévère, ni cette dureté misanthropique de la Bruyère et de Pascal, qui, portant le flambeau dans l'abîme du cœur humain, jette une lueur effrayante sur ses tristes profondeurs. Le mal qu'il peint, il le rencontre : les autres l'ont cherché. Pour eux, nos ridicules sont des ennemis dont ils se vengent : pour la Fontaine, ce sont des passants incommodes, dont il songe à se garantir; il rit, et ne hait point [1]. L'âme, après la lecture de ses ouvrages, calme, reposée, et, pour ainsi dire, rafraîchie, comme au retour d'une promenade solitaire et champêtre, trouve en soi-même une compassion douce pour l'humanité, une résignation tranquille à la Providence, à la nécessité, aux lois de l'ordre établi, enfin l'heureuse disposition de supporter patiemment les défauts d'autrui, et même les siens : leçon qui n'est peut-être pas une des moindres que puisse donner la philosophie. »

Si la Fontaine, dans ce second recueil a varié sa manière, heureusement il ne l'a pas changée : ce qui pro-

---

[1] *Ergo deus quicumque adspexit, ridet et odit.*
(JUVÉNAL, satire XV, vers 71.)

bablement, lors même qu'il l'aurait voulu, lui eût été impossible. Nous retrouvons encore au même degré, et souvent à un plus haut degré de perfection, ce style enchanteur qui s'élève et descend sans effort, parcourt toutes les nuances, prend tous les tons, depuis le langage majestueux et énergique de l'ode et de l'épopée, jusqu'à la naïve et familière éloquence du jargon populaire. C'est toujours ce même fonds de bienveillance générale qui l'intéresse à tous les êtres vivants.

Hôtes de l'univers sous le nom d'animaux [1].

C'est toujours le même art de s'identifier avec les personnages qu'il fait agir, de s'astreindre aux lois des monarchies et des républiques d'animaux qu'il a fondées; de ne jamais déroger aux rangs et aux titres qu'il a établis parmi eux. Maître Renard garde toujours son caractère rusé, Jean lapin et Robin mouton leur bonhomie. Le chat hypocrite est Grippeminaud le bon apôtre, ou Rominagrobis. Est-il guerrier, et la terreur des rats, c'est Rodilard. Siége-t-il comme juge, c'est l'archiduc des chats fourrés. Le lion a toujours son Louvre, sa cour des pairs, ses officiers, ses médecins. C'est toujours nos seigneurs les ours, sultan léopard, don coursier, et les parents du loup, gros messieurs qui l'ont fait apprendre à lire. C'est enfin la même simplicité de dialogue, où les enfants, comme les hommes du goût le plus exercé, aiment à retrouver le langage de la conversation. C'est

[1] La Fontaine, *Fables*, X, I.

encore le jeu divertissant de ces scènes si courtes et si animées.

En lui, chaque idée réveille soudain l'image et le sentiment qui lui est propre. Jupiter n'est qu'un homme dans les choses familières, et le moucheron, quand il combat le lion, est un guerrier redoutable qui sonne à la fois la charge et la victoire. Il voit tour à tour dans un renard Patrocle, Ajax, Annibal, et, dans un chat, Alexandre. Il rappelle dans le combat de deux coqs pour une poule la guerre de Troie pour Hélène; il met de niveau Pyrrhus et la laitière; représente dans la querelle des deux chèvres, qui se disputent le pas, fières de leur généalogie, Philippe IV et Louis XIV, s'avançant dans l'île de la Conférence; et, à propos de la tardive maternité de l'alouette, il peint les délices du printemps, les amours de tous les êtres, et met l'enchantement de la nature en contraste avec le veuvage d'un oiseau. Il passe d'un extrême à l'autre, avec une justesse parfaite et une étonnante rapidité, et finit par vous persuader que c'est sérieusement et de bonne foi qu'il confond les grandes choses avec les petites, et qu'il met tant d'intérêt à ces dernières.

Ce n'est point un poëte qui imagine, ce n'est pas un conteur qui plaisante, c'est un témoin présent à l'action, et qui veut vous y rendre présent lui-même. Écoutez la belette et le lapin plaidant pour un terrier : tout est mis en usage, coutume, autorité, droit naturel, généalogie ; on y invoque les dieux hospitaliers. Voyez s'il est possible de mieux plaider une cause. Entendez le loup qui daube, au coucher du roi, son camarade absent, le renard, et dites si vous n'avez pas assisté au coucher de sa majesté lionne, si vous ne savez pas ce qui s'y est passé.

Si un rat, bon citoyen, vient demander des provisions à un autre rat égoïste et solitaire, que de motifs ne fait-il pas valoir? Le blocus de Ratopolis, la république attaquée, son état indigent, le secours qu'on attend, et qui sera prêt dans quatre ou cinq jours. Ne voyez-vous pas, à la gravité de ces raisons, qu'il s'agit de la chose la plus importante, de la destinée entière du peuple rat, dont le peuple chat a juré la destruction? Quand ce rat gros et gras se retire dans un fromage de Hollande, c'est que, comme un moine, il est las des soins d'ici-bas. Le chat, priant le rat de le délivrer, l'assure qu'il l'aime comme ses yeux, et lui dit qu'il était sorti pour aller faire sa prière aux dieux, comme tout dévot chat en use tous les matins. Tartuffe parle-t-il mieux?

Si la Fontaine vous fait voir la belette extrèmement maigre, c'est qu'elle sortait de maladie. Si ce cerf ignore une maxime de Salomon, le poëte se croit obligé de nous avertir que ce cerf n'avait pas accoutumé de lire. S'il parle de ce vieux rat, qui a échappé à beaucoup de dangers, il n'oublie pas qu'il a perdu sa queue à la bataille. Si des chiens et des chats vivent en bonne intelligence, il a soin d'ajouter que cette union presque fraternelle édifiait tous les voisins.

A tous ces traits nous rions de la simplicité et de la naïveté du poëte, et c'est à ce piége si délicat que se prend notre vanité. Grâce à l'art que l'auteur a mis à dessiner les caractères de tous ses personnages, au soin qu'il a pris de nous intéresser à tout ce qui les concerne, les scènes qu'il nous présente détachées et isolées les unes des autres n'en semblent pas moins unies par un lien commun, et forment, comme il le dit lui-même,

Une ample comédie à cent actes divers [1].

Quand nous songeons que celui qui a fait converser, en un langage si naïf, dame belette ou Jean lapin, est le même homme qui, ensuite, avec l'éloquence d'un Démosthène, fait tonner contre la tyrannie le paysan du Danube, et qui, majestueux et énergique comme Bossuet, pour combattre les chimères de l'astrologie, demande au ciel

S'il auroit imprimé sur le front des étoiles
Ce que la nuit des temps enferme dans ses voiles [2];

nous croyons pouvoir dire que les anciens ni les modernes n'offrent rien de comparable à l'originalité et à la flexibilité d'un tel génie. Mais finissons. La Harpe dit vrai : il ne faut pas louer la Fontaine, il faut le lire, le relire, et le relire encore. Il en est de lui comme de la personne que l'on aime : en son absence, il semble qu'on aura mille choses à lui dire, et, quand on la voit, tout est absorbé dans un seul sentiment, dans le plaisir de la voir. On se répand en louanges sur la Fontaine, et,

---

[1] La Fontaine, *Fables*, V, 1.
[2] Id., ib., II, 13.

dès qu'on le lit, tout ce qu'on voudrait dire est oublié ; on le lit, et on jouit [1].

Ce grand critique observe encore que, sur près de deux cent cinquante fables que la Fontaine a faites, il n'y en a pas dix de médiocres, et qu'il y en a plus de deux cents qui sont des chefs-d'œuvre [2]. Nul n'a composé un plus grand nombre de vers devenus proverbes. En général ses moralités sont courtes. La précision est une qualité qui tient essentiellement au caractère de la philosophie, plus occupée à méditer qu'à discourir. C'est une tradition constante, parmi les gens de lettres, que, de toutes ses fables, celle que la Fontaine préférait était celle qui a pour titre : *le Chêne et le Roseau* [3]. Mais, dans « ce beau jardin de poétiques fleurs », tous les critiques ont accordé le prix à l'apologue qui ouvre le second recueil, *les Animaux malades de la peste* [4]. La poésie est aussi parfaite dans cette fable que dans celle du *Chêne et le Roseau;* mais le fond est beaucoup plus riche et plus étendu, et les applications morales autrement importantes.

S'il nous était permis, après tant d'habiles juges, de

---

[1] Voyez la Harpe, Chamfort, Gaillard, dans leurs *Éloges de la Fontaine;* ils se trouvent tous les trois réunis dans le *Recueil de l'Académie des belles-lettres, sciences et arts de Marseille, pour l'année* 1774, Marseille, 1774, in-8°; la Harpe, *Lycée ou Cours de littérature,* 2e partie, chap. VII, t. VI, an VII, in 8°, p. 324; Marmontel, *Éléments de littérature,* article *Fable,* t. XIII, édit. de 1818, in-8°.

[2] La Harpe dit d'abord près de trois cents, et ensuite deux cent cinquante ; il est évident qu'il s'est fié à sa mémoire, puisque le recueil entier de la Fontaine ne contient que deux cent quarante-sept fables.

[3] La Fontaine, *Fables,* I, 22.

[4] Id., ib., VII, 1.

parler de notre choix particulier, nous indiquerions une fable qu'aucun d'eux n'a citée; c'est celle qui est intitulée : *la Mort et le Mourant*[1]. Dans aucune, la Fontaine ne nous paraît s'être élevé plus haut pour la force et la dignité de l'expression; dans aucune, il n'a su allier plus heureusement, et plus naturellement, la naïveté du dialogue et le comique de la scène, avec la sagesse la plus impérieuse et la plus austère éloquence. C'est le génie de Pascal et celui de Molière qu'il a fait revivre dans cet opuscule.

Dans son second recueil, la Fontaine s'est abandonné, plus que dans le premier, à ces retours sur lui-même; à cette sensibilité douce, naïve, attirante, qui donnait tant de charme à son caractère; à ces effusions d'un bon cœur, qui prêtent à tous ses écrits un attrait irrésistible.

Relisez cette admirable fable des *Deux pigeons* et voyez avec quels tendres accents il regrette et redemande les plaisirs qu'il a goûtés dans l'amour.

>   Amants, heureux amants, voulez-vous voyager ?
>   Que ce soit aux rives prochaines.
>   Soyez-vous l'un à l'autre un monde toujours beau,
>   Toujours divers, toujours nouveau;
>   Tenez-vous lieu de tout, comptez pour rien le reste.
>   J'ai quelquefois aimé : je n'aurois pas alors,
>   Contre le Louvre et ses trésors,
>   Contre le firmament et sa voûte céleste,
>   Changé les bois, changé les lieux

---

[1] La Fontaine, *Fables*, VIII, 1.

> Honorés par les pas, éclairés par les yeux
>   De l'aimable et jeune bergère
>   Pour qui, sous le fils de Cythère,
> Je servis, engagé par mes premiers serments.
> Hélas! quand reviendront de semblables moments!
> Faut-il que tant d'objets si doux et si charmants
>   Me laissent vivre au gré de mon âme inquiète!
> Ah! si mon cœur osoit encor se renflammer!
> Ne sentirai-je plus de charme qui m'arrête?
>   Ai-je passé le temps d'aimer [1] ?

Comme ce vers

> Honorés par les pas, éclairés par les yeux

se retrouve exactement dans une lettre à la duchesse de Bouillon, et que le suivant s'y lit également avec une légère modification, il est probable que la Fontaine a voulu faire une allusion à sa liaison avec cette princesse et lui déclarer d'une manière délicate que la première elle avait possédé son cœur [2].

Voyez quelle douce et sublime philosophie, quel calme et quelle tranquillité d'un cœur pur et en paix avec lui-même, respirent dans les vœux qu'il forme à la suite de cet apologue oriental, intitulé : *le Songe d'un*

---

[1] La Fontaine, *Fables*, IX, 2.
[2] Voyez *Lettre à la duchesse de Bouillon*, juin 1671, *Œuvres de la Fontaine*. Cette ingénieuse conjecture, qui appartient à M. des Resnaudes, se trouve dans sa *Notice historique et littéraire sur la vie de la Fontaine*, p. XIV et XV. Cette notice n'est d'ailleurs qu'un abrégé de l'*Histoire de la Fontaine* par Walckenaër ; mais comme elle a été faite sur la première édition, il s'y trouve des fautes qui ont été corrigées depuis.

habitant du Mogol[1] ; combien les adieux qu'il fait à la vie impriment à l'âme de sentiments touchants, et la pénètrent d'une mélancolie pleine de charmes !

> Si j'osois ajouter au mot de l'interprète,
> J'inspirerois ici l'amour de la retraite :
> Elle offre à ses amants des biens sans embarras,
> Biens purs, présents du ciel, qui naissent sous les pas.
> Solitude, où je trouve une douceur secrète,
> Lieux que j'aimai toujours, ne pourrai-je jamais,
> Loin du monde et du bruit, goûter l'ombre et le frais !
> Oh ! qui m'arrêtera sous vos sombres asiles !
> Quand pourront les neuf Sœurs, loin des cours et des villes,
> M'occuper tout entier, et m'apprendre des cieux
> Les divers mouvements inconnus à nos yeux !
> ....
> Que si je ne suis né pour de si grands projets,
> Du moins que les ruisseaux m'offrent de doux objets !
> Que je peigne en mes vers quelque rive fleurie !
> La Parque à filets d'or n'ourdira point ma vie,
> Je ne dormirai point sous de riches lambris :
> Mais voit-on que le somme en perde de son prix ?
> En est-il moins profond et moins plein de délices ?
> Je lui voue au désert de nouveaux sacrifices.
> Quand le moment viendra d'aller trouver les morts,
> J'aurai vécu sans soins, et mourrai sans remords.

La Fontaine, ainsi qu'il le dit lui-même, a pris la plupart des sujets des fables de ce second recueil dans l'Indien Pilpay ou Bidpaï; mais il en a le plus souvent

---

[1] La Fontaine, *Fables*, XI, 4. Consultez, au sujet de cette fable, la traduction de *Gulistan ou l'empire des roses, composé par Sadi et traduit par André du Ryer*, 1634, in-8°, p. 88. C'est le véritable original de la Fontaine.

tellement changé le fond, qu'il pourrait à juste titre réclamer le mérite de l'invention. Il est quelques fables d'ailleurs qu'il paraît avoir inventées, ou du moins dont les sources n'ont pu encore être découvertes par les commentateurs, qui ont épuisé tous leurs efforts sur ce sujet. Il est vrai que les citations mêmes de notre fabuliste ont quelquefois augmenté la difficulté de leur tâche : c'est ainsi qu'on chercherait en vain dans les écrits du plus vertueux des empereurs de Rome ce bel apologue du *Paysan du Danube*, de cet homme

> ....dont Marc-Aurèle
> Nous fait un portrait fort fidèle.

Marc-Aurèle n'en a rien dit; c'est Guevara qui lui a prêté ce récit, dans son livre intitulé : l'*Horloge des princes*, et la Fontaine a ensuite versifié d'une manière sublime le long discours de Guevara[1].

Quelques-unes de ses fables ne sont qu'un trait d'histoire qui le frappait dans ses lectures, ou une anecdote qu'il avait entendu raconter en société, ou enfin le récit de faits singuliers, qui prouvent l'intelligence des animaux. Quelquefois un apologue n'est pour lui que l'occasion ou le prétexte de combattre un préjugé, et de disserter sur les sujets les plus élevés et du plus grand intérêt pour le bonheur de l'homme.

Ainsi la fable de *l'Astrologue qui se laisse tomber dans*

---

[1] La Fontaine, *Fables*, XI, 7; Cassandre, *Parallèles historiques*, 1676 ou 1680, in-12, p. 433 à 470; Guevara, *Horloge des princes*, traduit par Robert de Grise, Lyon, 1575, liv. III, chap. 3, p. 386 à 398.

un puits[1] est racontée par lui en quatre vers, tandis que les réflexions qu'elle lui suggère en ont quarante-quatre, également remarquables par la justesse et la profondeur des pensées, et par des traits de la plus haute poésie. Souvent même notre poëte intitule fable le résumé d'une conversation qui lui avait paru intéressante, et qui lui avait suggéré des réflexions utiles et morales. C'est ainsi qu'il a versifié dans le premier apologue du dixième livre[2] ce que Jean Sobieski, depuis roi de Pologne, lui avait raconté, chez madame de la Sablière, des castors de son pays : la même fable contient aussi divers faits vrais, sur l'intelligence de la perdrix et du rat, admirablement bien mis en vers. Mais lorsque la Fontaine, dans la neuvième fable du livre XI, nous raconte qu'un chat-huant, après avoir pris plusieurs souris, les entassa dans son nid, leur coupa les pattes avec son bec, pour les empêcher de s'enfuir, les nourrit avec du blé pour pouvoir ensuite les dévorer à loisir, et qu'enfin il nous assure en note que ce fait est vrai, nous craignons qu'il n'ait été abusé par quelque observateur superficiel[3].

Une autre anecdote rapportée par Mathieu Marais prouve que la Fontaine trouvait du plaisir à observer les animaux, pour discerner dans leurs actions les traits d'intelligence qui les caractérisent. Étant à Antony, chez

---

[1] La Fontaine, *Fables*, II, 13.
[2] Id., ib., X, 1.
[3] Conférez Buffon, *Histoire naturelle des oiseaux*, 1770, in-12, t. II, p. 161 à 175 ; Dumont, *Dictionnaire des sciences naturelles*, t. IX, p. 120,

un de ses amis, il ne se trouva point à l'heure du dîner, et ne parut qu'après qu'on eut terminé le repas. On lui demanda où il était allé : il dit qu'il venait de l'enterrement d'une fourmi; qu'il avait suivi le convoi dans le jardin; qu'il avait reconduit la famille jusqu'à la maison, qui était la fourmilière, et il fit là-dessus une description du gouvernement de ces petits animaux, qu'il a depuis, dit Marais, transportée dans ses *Fables,* dans sa *Psyché,* dans son *Saint Malc*[1].

Nous croyons à la vérité de cette anecdote; les mœurs des fourmis sont si curieuses, si attachantes, qu'elles attirent même l'attention du vulgaire et des enfants, et il n'y a rien d'extraordinaire, selon nous, à oublier son dîner lorsqu'on se trouve un peu fortement engagé dans la contemplation d'un si admirable spectacle. Mais il ne faut pas s'imaginer, comme on le pense communément, que la Fontaine ait étudié en véritable observateur les mœurs et les habitudes des animaux ; ce genre de mérite demandait une patience constante, et une ténacité dans les recherches, dont il n'était pas capable: cela même eût été, j'ose le dire, plus nuisible qu'utile à son but.

Les hommes prêtent quelquefois à tort aux animaux des penchants semblables aux leurs, et ces préjugés rendent ces êtres bien plus propres à figurer utilement

---

[1] Mathieu Marais, *Histoire de la vie et des ouvrages de la Fontaine,* p. 122 et 123; La Fontaine, *Poëme sur la captivité de saint Malc.* Mais, ainsi que nous l'avons remarqué, cette description du travail des fourmis est traduite en vers de l'épître de saint Jérôme, comme tout le reste du poëme.

dans l'apologue : une exactitude scientifique détruirait souvent toute illusion. Le naturaliste doit chercher à décrire et à faire connaître les êtres tels qu'ils sont réellement ; le poëte fabuliste doit les peindre tels que le vulgaire les imagine : l'effet qu'il se propose de produire sera manqué s'il contrarie les idées de ses lecteurs par une science intempestive ; car alors ils seront plus occupés des nouvelles notions qu'il veut leur donner, que de son récit et de la moralité qui en est le résultat.

C'est ainsi qu'a pensé la Fontaine ; les caractères d'animaux qu'il a tracés se fondent sur les idées que le peuple en a conçues, souvent justes lorsqu'elles sont générales, mais aussi presque toujours inexactes quand on descend dans les particularités. Si notre fabuliste avait eu la moindre partie des connaissances en histoire naturelle qu'on lui a prêtées, il n'aurait pas versifié, sans y rien changer, cette ancienne fable d'Ésope, intitulée : *l'Aigle et l'Escarbot*[1], dont l'absurdité est sans doute le résultat de quelque ancien contre-sens commis par un traducteur ignorant. Il est singulier que, ni la Fontaine, ni ses commentateurs, ne se soient aperçus qu'il était absolument impossible qu'un lapin pût se retirer et se blottir dans le trou d'un scarabée[2].

Parmi les apologues qui doivent leur origine à des aventures réelles qui se sont passées du temps de la

---

[1] La Fontaine, *Fables*, II, 8 ; *Vie d'Ésope* dans Nevelet, p. 79, fable 223.
[2] Chauveau, dans la première édition des *Fables de la Fontaine*, a figuré un scarabée presque aussi gros qu'un lapin, afin de mettre sa figure d'accord avec le texte, 1668, in-4°, p. 63.

Fontaine, on doit compter la onzième fable du livre VII, intitulée : *le Curé et le Mort*. Madame de Sévigné, dans une lettre à sa fille, en date du 26 février 1672, lui marque : « M. de Boufflers a tué un homme après sa mort : il étoit dans sa bière en carrosse, on le menoit à une lieue de Boufflers pour l'enterrer ; son curé étoit avec le corps. On verse ; la bière coupe le cou du pauvre curé. »

Ensuite, dans une autre lettre, du 9 mars, elle lui dit : « Voilà cette petite fable de la Fontaine sur l'aventure du curé de M. de Boufflers, qui fut tué roide en carrosse auprès de son mort : cet événement est bizarre, la fable est jolie, mais ce n'est rien au prix de celles qui suivront. Je ne sais ce que c'est que ce *pot au lait*[1]. »

D'après ces passages, on voit que ce petit apologue n'a pu être écrit qu'après le 26 février et qu'il circulait déjà dans le monde le 9 mars, tant était grand l'empressement que l'on mettait à se procurer les moindres productions de notre poëte ! Cette fable se termine ainsi :

> Proprement toute notre vie
> Est le curé Chouart qui sur son mort comptoit,
> Et la fable du Pot au lait.

Donc, la fable charmante de *la Laitière et le Pot au lait*[2], inconnue encore à madame de Sévigné, était com-

---

[1] Madame de Sévigné, *Lettres*, t. II, p. 339 et 357, lettres 229 et 233, ou t. II, p. 399 et 420 de l'édit. de Gault-Saint-Germain, 1823, in-8°.
[2] La Fontaine, *Fables*, VII, 10.

posée en 1672, et sa lettre nous prouve que plusieurs des fables qui ne furent publiées qu'en 1678 circulaient déjà en manuscrit.

Ainsi la fable 7 du livre VII, intitulée *la cour du Lion*, fut composée en 1674. Nous en avons la preuve par une lettre du 22 mai 1674, où madame de Sévigné écrit à madame de Grignan : « Voilà une fable des plus jolies ; ne connoissez-vous personne qui soit aussi bon courtisan que ce renard ? »

Ce passage de la lettre de madame de Sévigné réfute complétement un conte ridicule que Fréron a consigné dans son *Année littéraire* en 1775[1], et qui est fondé uniquement sur le nom de Jean Chouart, que la Fontaine a donné au curé de sa fable. Un nommé Choquet, qui se dit prêtre, assure au journaliste que la Fontaine n'a écrit la fable du *Curé et le Mort* que pour se venger du curé Chouart, personnage réel, suivant lui, et d'une famille distinguée de la Touraine, qui, dans un dîner où se trouvaient Racine et Boileau, avait adressé des réprimandes au fabuliste sur le scandale de sa séparation avec sa femme.

Pour achever de démontrer la fausseté de cette anecdote, il suffit d'ajouter à ce que nous venons de dire sur la véritable origine de cet apologue, que le nom de messire Jean Chouart se trouve plusieurs fois dans Rabelais, qui nomme ainsi un batteur d'or de Montpellier. Il est vrai que, dans un de ses accès de folie licencieuse, cet

---

[1] *Année littéraire*, 1775, t. V ; Solvet, *Études sur la Fontaine*, t. II, p. 27.

auteur l'a aussi employé pour désigner une chose qu'on ne peut nommer. Notre fabuliste avait sans doute oublié cette circonstance lorsqu'il a donné ce nom à un curé. Il ne se souvenait que du batteur d'or[1].

Remarquons que si la Fontaine a laissé échapper de sa plume une ou deux épigrammes, jamais il n'a permis qu'on les imprimât. Dans tout ce qu'il a fait paraître de son vivant, il n'y a pas une seule ligne qui soit dirigée contre quelqu'un en particulier, ou écrite dans l'intention de blesser qui que ce soit.

Il y a dans ce second recueil cinq fables dédiées à différentes personnes, savoir M. Barillon, le duc de la Rochefoucauld, mademoiselle de Sillery, madame de la Sablière et M. le duc du Maine. Celle qui est dédiée à M. Barillon est intitulée : *le Pouvoir des Fables*[2]. Pour bien entendre le prologue et les louanges que la Fontaine donne à M. Barillon, il faut rappeler les circonstances qui y donnèrent lieu, et suppléer encore au silence des commentateurs.

Charles II avait été rétabli en 1660 sur le trône de ses pères. Jamais règne ne commença sous de plus heureux auspices que le sien. Tous les partis, tour à tour oppresseurs et opprimés, avaient espéré trouver sous son sceptre légal deux sortes d'avantages que l'on s'efforce si souvent en vain de concilier, la liberté et le repos. Le jeune roi éprouva bientôt combien, après un

---

[1] Rabelais, *Pantagruel*, liv. IV, chap. 52, t. II, p. 129, édition de 1741, in-4°.
[2] La Fontaine, *Fables*, VIII, 4, et liv. II, ch. 21.

long interrègne d'anarchie et de despotisme, il est difficile de raffermir un trône qu'un usurpateur a, par de grands succès, entouré d'un éclat passager. Dans cette position, Charles avait également à se garantir de ses amis et de ses ennemis; il était jeune, aimait le plaisir, détestait le travail, et n'avait aucune des qualités nécessaires pour surmonter tant d'obstacles. Il ne pouvait se passer du parlement, et le parlement s'opposait à toutes les mesures qu'il voulait prendre. Bientôt il ne put gouverner avec lui ni sans lui. Louis XIV profita de son embarras, lui fit parvenir des subsides, et lui promit de le soustraire, par son appui, à la tutelle de la chambre des communes.

Pour ces négociations délicates, Louis XIV choisit Barillon, homme d'un esprit vif, aimable, ami intime de madame de Sévigné, de madame de Grignan, sa fille, de madame de Coulanges, et de toute la société que la Fontaine fréquentait le plus habituellement, et où il se plaisait davantage. Par l'habileté de ce négociateur et par les subsides de Louis XIV, l'Angleterre, indignée, devint l'instrument mercenaire de la grandeur de la France. Mais enfin, lorsque celle-ci se fut emparée, avec tant de rapidité, de la Flandre, de la Franche-Comté et d'une moitié de la Hollande, presque toute l'Europe alarmée se ligua contre le grand monarque, et le parlement, que Charles II avait assemblé le plus tard possible, mais enfin qu'il avait été forcé d'assembler, et qui ouvrit ses séances le 13 avril 1675, le contraignit à se joindre aux autres puissances pour entrer sérieusement dans les négociations qui amenèrent, peu de temps après, la paix de Nimègue. C'est durant les débats très-vifs qui eurent lieu à ce sujet dans la chambre des communes que la Fontaine dédia la fable dont nous venons de parler à M. Barillon [1].

> La qualité d'ambassadeur
> Peut-elle s'abaisser à des contes vulgaires ?
> Vous puis-je offrir mes vers et leurs grâces légères ?
> S'ils osent quelquefois prendre un air de grandeur,
> Seront-ils point traités par vous de téméraires ?
> Vous avez bien d'autres affaires
> A démêler que les débats
> Du lapin et de la belette.
> Lisez-les, ne les lisez pas ;
> Mais empêchez qu'on ne nous mette
> Toute l'Europe sur les bras.
> Que de mille endroits de la terre
> Il nous vienne des ennemis,
> J'y consens ; mais que l'Angleterre
> Veuille que nos deux rois se lassent d'être amis,

---

[1] Hum's *History of England*, ch. 66, édit. in-8°, 1782, t. VIII, p. 11 ; Voltaire, *Siècle de Louis XIV*, ch. XI ; Madame de Sévigné, *Lettres*, t. II, p. 394, lettre 243 ; t. VIII, p. 287, 306, 403, lettres 1014, 1018, 1043 ; Saint-Évremond, *OEuvres*, 1753, in-12, t. VI, p. 287 ; Fox's *History of the early parts of the reign of James the second*, 1808, in-4°, p. 7 à 143 de l'Appendix ; *OEuvres de la Fontaine*, 1823, in-8°, t. VI, p. 537 et note 2 ; *Lettres pour servir à l'histoire militaire de Louis XIV* ; *Journal de Dangeau*, 10 janvier 1689 ; *Dictionnaire de la noblesse*, t. I, p. 731 ; Mazure, *Histoire de la révolution de 1688 en Angleterre*, liv. I, II, III ; le chevalier Temple, *Mémoires*, t. LXIV, p. 261, 71, 82 et 83 (*Mémoires pour l'hist. de France*). « Messire Paul Barillon, conseiller d'État ordinaire, est mort depuis peu de jours (juillet 1691) ; il avoit été maître des requêtes, intendant de Paris, ambassadeur de Cologne pour négocier la paix en 1677, et ambassadeur extraordinaire en Angleterre. Son frère, messire Jean-Jacques Barillon, étoit président aux enquêtes du palais. » (*Merc. galant*, juillet 1691, p. 316.)

J'ai peine à digérer la chose.
N'est-il point encor temps que Louis se repose ?
Quel autre Hercule enfin ne se trouveroit las
De combattre cette hydre? et faut-il qu'elle oppose
Une nouvelle tête aux efforts de son bras ?
   Si votre esprit plein de souplesse,
   Par éloquence et par adresse,
Peut adoucir les cœurs et détourner ce coup,
Je vous sacrifîrai cent moutons : c'est beaucoup
   Pour un habtant du Parnasse [1].

Barillon était petit, mais il possédait les moyens de plaire aux femmes, surtout à celles qui étaient galantes [2].

Voltaire, qui est resté sans rival dans la poésie légère, admirait beaucoup le prologue de la treizième fable du livre VIII, que la Fontaine a dédiée à mademoiselle de Sillery. Nos lecteurs nous demanderont de leur faire connaître celle à qui notre poëte adressait un hommage que Voltaire loue comme un modèle de grâce et de finesse [3]. Gabrielle-Françoise Brulart de Sillery était la troisième fille de Louis Brulart de Sillery et de Marie-Catherine de la Rochefoucauld ; c'était la nièce chérie du duc de la Rochefoucauld, l'auteur des *Maximes*. Elle s'était fait remarquer par la vivacité de son esprit et les grâces de sa personne, et se plaisait beaucoup à

---

[1] La Fontaine, *Fables*, VIII, 4.
[2] *Tallemant des Réaux*, t. IV, p. 236.
[3] Voltaire dans *la Connaissance des beautés et des défauts de la poésie*, article *Fable* : cité dans Guillon, *la Fontaine et tous les Fabulistes*, t. II, p. 125.

la lecture des ouvrages de la Fontaine. Elle avait même lu ses *Contes* et les trouvait peu clairs, ou plutôt feignait de ne pas les entendre ; c'est pourquoi elle engageait notre poëte à écrire des fables de préférence. Il obéit; mais, sans doute bien instruit des inclinations secrètes de mademoiselle de Sillery, il composa une fable où il n'est question que d'amour et qui est plutôt une églogue qu'un apologue. Dans le préambule il dit à cette jeune beauté :

>J'avois Ésope quitté,
>Pour être tout à Boccace ;
>Mais une divinité
>Veut revoir sur le Parnasse
>Des fables de ma façon.
>Or, d'aller lui dire : non,
>Sans quelque valable excuse ;
>Ce n'est pas comme on en use
>Avec les divinités ;
>Surtout quand ce sont de celles
>Que la qualité de belles
>Fait reines des volontés.
>Car, afin que l'on le sache,
>C'est Sillery qui s'attache
>A vouloir que, de nouveau,
>Sire loup, sire corbeau,
>Chez moi se parlent en rime.
>Qui dit Sillery, dit tout.
>. . . . .
>Mes contes, à son avis,
>Sont obscurs : les beaux esprits
>N'entendent pas toute chose.

> Faisons donc quelques récits
> Qu'elle déchiffre sans glose [1].

Ce récit, ou plutôt cette espèce de lettre en vers, intitulée, *Tircis et Amarante*, adressée à mademoiselle de Sillery, est, dans le manuscrit autographe, datée du 11 décembre 1674; six mois après, le 23 mai 1675, mademoiselle de Sillery, âgée de vingt-six ans, épousa Louis de Tibergeau, marquis de la Mothe au Maine [2]. Elle acquit dans le monde de la célébrité par son esprit, ses vers et la protection qu'elle accordait aux gens de lettres : elle entretint longtemps un commerce épistolaire avec le duc de la Rochefoucauld, son oncle, avec Hamilton et avec Destouches. Comme Saint-Aulaire, madame de Tibergeau fit, à l'âge de quatre-vingts ans, un impromptu charmant. Un jour, qu'on disputait devant elle pour savoir s'il était plus tendre d'écrire à sa maîtresse en vers, ou de lui écrire en prose, elle improvisa sur-le-champ ce quatrain [3] :

> Non, ce n'est point en vers qu'un tendre amour s'exprime :
> Il ne doit point rêver pour trouver ce qu'il dit ;
> Et tout arrangement de mesure et de rime
> Ote toujours au cœur ce qu'il donne à l'esprit.

---

[1] La Fontaine, *Fables*, VIII, 13.
[2] Mais de ce que Mathieu Marais parle occasionnellement de mademoiselle de Sillery et de cette fable sous la date de 1667, au sujet d'une édition des *Contes*, il ne s'ensuit pas qu'il ait voulu dire que cette fable ait été composée en 1667, comme on l'a dit. (Voyez *Histoire de la vie et des ouvrages de la Fontaine*, par Mathieu Marais, p. 39.)
[3] Madame de Genlis, *De l'influence des femmes sur la littérature française*, 1811, in-12, t. II, p. 129.

Madame de Tibergeau conserva, pendant une longue vieillesse, le goût pour la poésie et les qualités aimables qui l'avaient distinguée dans sa jeunesse, et mourut, à Paris, le 27 juin 1732, à l'âge de quatre-vingt-trois ans [1].

Passons actuellement à la fable dédiée à madame de la Sablière. A cette époque, Descartes et ses disciples avaient, par leurs arguments, donné une réputation de nouveauté à une question de métaphysique bien ancienne : celle qui concerne l'âme des bêtes. On avait publié de part et d'autre des traités [2] que la Fontaine n'avait pas lus. Mais il avait, chez madame de la Sablière, entendu débattre ces matières par Bernier et par d'autres savants; et comme une telle question l'intéressait vivement, il y rêva de son côté, et voulut aussi en parler, mais à sa manière et dans son langage naturel, c'est-à-dire en vers. C'est dans ce but qu'il a écrit le discours que nous avons déjà cité et qui forme la fable première du dixième livre. On l'a souvent, avec raison, apporté en exemple pour prouver la flexibilité du talent de la Fontaine, et comme le premier essai heureux des muses françaises sur un sujet abstrait; mais, pour l'objet qui nous occupe, ce que nous devons le plus remarquer dans ce discours, c'est l'extrême

---

[1] *Dictionnaire de la noblesse*, 2ᵉ édit., in-4°, t. III, p. 293; *OEuvres d'Hamilton*, 1812, in-8°, t. III, p. 170; *Notice sur Destouches* dans la *Petite bibliothèque des théâtres*; Monet, *Anthologie françoise*, 1765, in-8°, t. I, p. 169; Madame de Genlis, *De l'influence des femmes sur la littérature*, 1811, in-8°; Auguste de la Bouisse, *Journal anecdotique et feuille d'affiche de la ville de Castelnaudary*, en date du 21 août 1822, p. 33 à 39.

[2] Voyez Bayle, dans la *Nouvelle république des lettres*, mars 1684, art. II.

bonne foi du poëte. Madame de la Sablière était cartésienne, et la Fontaine, qui en savait sur ces matières beaucoup moins qu'elle, voulait être cartésien ; aussi commence-t-il par un pompeux éloge du maître.

> Descartes, ce mortel dont on eût fait un dieu
> Chez les païens, et qui tient le milieu
> Entre l'homme et l'esprit, comme entre l'huître et l'homme
> Le tient tel de nos gens, franche bête de somme [1].

Il reproduit ensuite très-bien les arguments de Descartes ; mais comme ils tendent à prouver que les bêtes sont de pures machines, et que cette conclusion révolte le bon sens naturel de notre poëte, il expose ses doutes, et cite plusieurs traits d'intelligence de divers animaux, qui démontrent, par induction, le contraire de ce qu'il a déduit par raisonnement.

On pense bien que la Fontaine n'a pas dédié une fable à madame de la Sablière sans louer cette généreuse bienfaitrice. Comme elle craignait surtout de passer pour savante, la Fontaine, d'après son désir, a l'air d'ignorer qu'elle connût les matières dont il va l'entretenir, et lui demande si elle a ouï parler

> De certaine philosophie
> Subtile, engageante, et hardie.

Il paraît aussi qu'elle avait interdit à notre poëte des louanges qui, dans sa position, auraient perdu de leur

---

[1] La Fontaine, *Fables*, x, 1.

prix, et n'auraient semblé qu'une reconnaissance intéressée. Avec quelle adresse il échappe à cet écueil !

> Iris, je vous louerois, il n'est que trop aisé ;
> Mais vous avez cent fois notre encens refusé,
> En cela peu semblable au reste des mortelles,
> Qui veulent tous les jours des louanges nouvelles :
> Pas une ne s'endort à ce bruit si flatteur.
> Je ne les blâme point, je souffre cette humeur :
> Elle est commune aux dieux, aux monarques, aux belles.
> Ce breuvage vanté par le peuple rimeur,
> Le nectar, que l'on sert au maître du tonnerre,
> Et dont nous enivrons tous les dieux de la terre,
> C'est la louange, Iris. Vous ne la goûtez point ;
> D'autres propos chez vous récompensent ce point :
>   Propos, agréables commerces,
> Où le hasard fournit cent matières diverses ;
>   Jusque-là qu'en votre entretien
> La bagatelle a part : le monde n'en croit rien.
>   Laissons le monde et sa croyance.
>   La bagatelle, la science,
> Les chimères, le rien, tout est bon : je soutiens
>   Qu'il faut de tout aux entretiens :
> C'est un parterre où Flore épand ses biens ;
> Sur différentes fleurs l'abeille s'y repose,
>   Et fait du miel de toutes choses[1].

La dernière fable du premier livre de ce second recueil nous fournit encore un exemple du genre de celle dont nous venons de parler. Ce n'est pas non plus une

---

[1] La Fontaine, *Fables*, x, 1.

fable proprement dite, c'est le récit d'un fait plaisant qui fit du bruit dans le temps.

Le chevalier Paul Néal, un des membres de la Société royale de Londres, prétendit un jour avoir aperçu, au travers de son télescope, un éléphant dans la lune. Le fait examiné avec l'attention qu'il méritait, on finit par découvrir que l'éléphant n'était qu'une souris qui s'était glissée entre les verres du télescope. Le bruit de cette singulière aventure se répandit bientôt en Europe, et l'on s'en amusa beaucoup aux dépens de la science et de ses sectateurs. Samuel Butler fit longtemps après, sur ce sujet, une espèce de poëme ayant pour titre : l'*Éléphant dans la Lune*, qui est une satire contre la Société royale de Londres [1].

La Fontaine, lorsque ce fait venait de se passer, versifia sa fable intitulée : l'*Animal dans la Lune*. Mais, plus philosophe que Butler, loin de se moquer de l'erreur du chevalier Néal, il en prend occasion de se répandre en réflexions pleines de justesse sur les erreurs que nos sens impriment à nos jugements, dans des vers où la mesure et la rime ne nuisent en rien à la clarté des renseignements métaphysiques, et en ôtent seulement la sécheresse. Par une transition naturelle, il passe du fait qui faisait l'objet de l'apologue à l'éloge de Louis XIV et à celui de Charles II, et enfin à des vœux pour la paix, qu'il a renouvelés toutes les fois qu'il en a

---

[1] Samuel Butler's *Poems*, dans *the Works of the english Poets, with prefaces by Johnson*, 1790, in-12, t. XIV, p. 145, *the Elephant in the Moon* ; Solvet, *Études sur la Fontaine*, t. II, p. 42.

pu trouver l'occasion[1]. Mais il le fait de manière à ne pas blesser la politique de son roi, et il use des ménagements que les circonstances d'alors exigeaient.

> La paix fait nos souhaits, et non point nos soupirs.
> Charles en sait jouir : il sauroit dans la guerre
> Signaler sa valeur, et mener l'Angleterre
> A ces jeux qu'en repos elle voit aujourd'hui.
> Cependant, s'il pouvoit apaiser la querelle,
> Que d'encens! Est-il rien de plus digne de lui?

C'est vers la fin de l'année 1676 ou le commencement de celle de 1677, époque à laquelle la Fontaine écrivait cette fable, que toutes les puissances, se trouvant épuisées par la guerre, désiraient la paix ; mais toutes voulaient la conclure à des conditions avantageuses pour chacune d'elles, ce qui était impossible. On négociait à Nimègue sans pouvoir rien terminer. Dans cette extrémité, toutes les parties belligérantes invoquèrent la médiation de l'Angleterre, qui avait gardé la neutralité.

Charles II devint donc, par cette raison, l'arbitre de l'Europe. Cependant son embarras était extrême. Ses liaisons secrètes avec Louis XIV, dont il voulait se conserver l'appui, en cas d'une nouvelle révolution, lui faisaient désirer de prescrire des conditions qui fussent avantageuses à ce monarque ; mais l'opposition du parlement, soutenue par la haine nationale contre les Français, lui inspirait des craintes bien fondées, si, trahissant les intérêts de l'Angleterre, il ne favorisait pas les

---

[1] La Fontaine, *Fables*, VII, 18.

nations coalisées contre la France[1]. Cette situation difficile, dont il ne sut pas se tirer avec habileté, devint, comme nous le dirons bientôt, la cause principale de ses malheurs.

La quinzième fable du dixième livre, comme les deux dont nous venons de nous occuper, n'est pas une fable proprement dite, mais un discours que la Fontaine a adressé à M. le duc de la Rochefoucauld, au sujet d'une réflexion que la chasse aux lapins lui avait suggérée. Le duc de la Rochefoucauld, homme aimable et penseur profond, avait publié son livre des *Maximes* en 1665, et, lorsque la Fontaine lui dédiait cette fable, ce livre, traduit dans presque toutes les langues de l'Europe, avait déjà eu six éditions.

> Vous.....
> .....dont la modestie égale la grandeur,
> Qui ne pûtes jamais écouter sans pudeur
>   La louange la plus permise,
>   La plus juste et la mieux acquise;
> Vous enfin, dont à peine ai-je encore obtenu
> Que votre nom reçût ici quelques hommages,
> Du temps et des censeurs défendant mes ouvrages,
> Comme un nom qui, des ans et des peuples connu,
> Fait honneur à la France, en grands noms plus féconde
>   Qu'aucun climat de l'univers,
> Permettez-moi du moins d'apprendre à tout le monde
> Que vous m'avez donné le sujet de ces vers[2].

---

[1] Hume's *History of England*, chap. 66, t. VIII, p. 25, édit. de Cadell, London, 1782, in-8°; Mazure, *Histoire de la révolution de 1688 en Angleterre*, t. I, p. 136-139; le chev. Temple, *Mémoires*, t. LXIV, p. 184.

[2] La Fontaine, *Fables*, x, 15.

Le duc de la Rochefoucauld, et son fils, le prince de Marsillac, étaient alors en grande faveur auprès de Louis XIV, et le second, depuis la disgrâce de Lauzun, fut même, tant qu'il vécut, regardé comme une espèce de favori [1]. Madame de Montespan formait avec eux à la cour une société à part, à laquelle se réunissaient madame de Thianges, le duc de Vivonne, madame de Coulanges, et la veuve de Scarron, depuis madame de Maintenon, alors gouvernante des enfants que le roi avait eus de madame de Montespan : celle-ci aimait beaucoup à cette époque madame Scarron, et l'appelait sans cesse auprès d'elle. C'est pour flatter madame de Montespan, à laquelle il avait dédié ce second recueil, que la Fontaine composa pour son fils, le duc du Maine, la fable intitulée : *les Dieux voulant instruire un fils de Jupiter*. Cette ingénieuse allégorie, entièrement de l'invention de notre poëte, si elle n'est pas très-morale, présente du moins un tableau plein d'imagination, de coloris et de grâce.

> L'enfance n'aime rien : celle du jeune dieu
>   Faisoit sa principale affaire
>   Des doux soins d'aimer et de plaire.
>   En lui l'amour et la raison
> Devancèrent le temps, dont les ailes légères
> N'amènent que trop tôt, hélas ! chaque saison...
> Jupiter cependant voulut le faire instruire.

---

[1] Il avait été nommé duc du vivant de son père, en 1671. (Madame de Sévigné, lettre du 6 septembre 1671 ; Choisy, *Mémoires*, t. LXIII, p. 304 ; la Fare, *Mémoires*, t. LXV, p. 187 ; Caylus, *Mémoires*, t. LXV, p. 410, collect. Petitot.)

Il assembla les dieux, et dit : J'ai su conduire,
Seul et sans compagnon, jusqu'ici l'univers ;
　　Mais il est des emplois divers
　　Qu'aux nouveaux dieux je distribue.
Sur cet enfant chéri j'ai donc jeté la vue :
C'est mon sang ; tout est plein déjà de ses autels.
Afin de mériter le rang des immortels,
Il faut qu'il sache tout..........
　　Je veux, dit le dieu de la guerre,
　　Lui montrer moi-même cet art
　　Par qui maints héros ont eu part
Aux honneurs de l'Olympe et grossi cet empire.
　　— Je serai son maître de lyre,
　　Dit le blond et docte Apollon.
— Et moi, reprit Hercule à la peau de lion,
　　Son maître à surmonter les vices,
A dompter les transports, monstres empoisonneurs,
Comme Hydres renaissants sans cesse dans les cœurs ;
　　Ennemi des molles délices,
Il apprendra de moi les sentiers peu battus
Qui mènent aux honneurs sur les pas des vertus.
　　Quand ce vint au dieu de Cythère,
　　Il dit qu'il lui montreroit tout.
L'Amour avoit raison. De quoi ne vient à bout
　　L'esprit joint au désir de plaire [1] ?

Le duc du Maine était né à Versailles le 30 mai 1670 ; il fut légitimé le 29 septembre 1673, et il ne pouvait avoir plus de huit ans lorsque la Fontaine composa pour lui cette fable, puisqu'elle parut dans son second recueil, en 1679.

---

[1] La Fontaine, *Fables*, XI, 2.

La dédicace de ce second recueil de fables à madame de Montespan est remarquable par la noblesse du ton, et par des vers tels que la Fontaine seul en a su faire :

> Le Temps, qui détruit tout, respectant votre appui,
> Me laissera franchir les ans dans cet ouvrage :
> ....
> C'est de vous que mes vers attendent tout leur prix :
> Il n'est beauté dans nos écrits
> Dont vous ne connoissiez jusques aux moindres traces.
> Eh ! qui connoît que vous les beautés et les grâces !
> Paroles et regards, tout est charmes dans vous.
> Ma muse, en un sujet si doux,
> Voudroit s'étendre davantage :
> Mais il faut réserver à d'autres cet emploi :
> Et d'un plus grand maître que moi
> Votre louange est le partage [1].

Ce grand maître était Louis XIV. Pour que cette allusion ne fût pas indiscrète, il fallait que la longue publicité des amours du monarque en eût affaibli le scandale dans l'esprit des peuples.

Toutefois, l'éloge de ce monarque termine noblement ce recueil. Dans l'épilogue court, mais parfait, qui contient cet éloge, la Fontaine ne craint pas de se rendre justice à lui-même, en se présentant comme le premier qui ait ouvert, chez les modernes, la carrière de l'apologue.

> Si mon œuvre n'est pas un assez bon modèle,

---

[1] La Fontaine, *Fables*, liv. VII, *Dédicace à madame de Montespan.*

J'ai du moins ouvert le chemin :
D'autres pourront y mettre une dernière main :
Favoris des neuf Sœurs, achevez l'entreprise.
....
Mais vous n'avez que trop de quoi vous occuper :
Pendant le doux emploi de ma muse innocente,
Louis dompte l'Europe ; et, d'une main puissante,
Il conduit à leur fin les plus nobles projets
    Qu'ait jamais formés un monarque.
Favoris des neuf Sœurs, ce sont là des sujets
    Vainqueurs du Temps et de la Parque [1].

En effet, après de brillantes conquêtes, Louis XIV était parvenu à dicter à Nimègue les conditions de la paix auxquelles l'Europe se soumit ; et c'est l'année suivante, en 1680, que le surnom de *Grand* lui fut donné par les étrangers comme par les Français [2].

---

[1] La Fontaine, *Fables*, liv. XI, épilogue.

[2] *Fastes des rois de la maison d'Orléans et de celle de Bourbon*, 1697, in-8°, p. 222 ; le chev. Temple, t. LXIV, p. 128 à 326, *Mémoires pour l'histoire de France*. Le traité de Nimègue fut signé le 5 février 1679.

FIN DU PREMIER VOLUME.

TABLE

DES PRINCIPALES MATIÈRES

RENFERMÉES DANS L'HISTOIRE DE LA VIE ET DES OUVRAGES
DE JEAN DE LA FONTAINE,

DISPOSÉES PAR ORDRE CHRONOLOGIQUE.

TOME Ier.

LIVRE PREMIER.

Dates.	Age.		Pages.
		Préambule...	1
1621		Naissance de la Fontaine........................	3
		Son éducation..	4
1641	20	Il entre à l'Oratoire.................................	4
		Il est transféré au séminaire de Saint-Magloire.	5
1642	21	Il sort du séminaire et rentre dans le monde...	6
		Il se montre peu propre aux affaires..........	6
		Anecdote à ce sujet.................................	7
		Ses intrigues amoureuses........................	7
1643	22	La Fontaine prend du goût pour la poésie....	19
		Il est guidé par de Maucroix et Pintrel.......	22
		Comment il leur témoigne sa reconnaissance.	21
		Quels étaient ses auteurs favoris..............	19
1647	26	La Fontaine se marie et son père lui transmet sa charge..	8

TABLE DES MATIÈRES.

Dates.	Age.		Pages.
1649	28	Le frère de la Fontaine se fait prêtre, et lui transporte tout son bien..	4
		Du caractère de la femme de la Fontaine.	9
		Torts de la Fontaine envers sa femme..	11
		Il en fait l'aveu public.	12
		Son intrigue avec une abbesse	13
		Son aventure avec Poignant..	14
		Défauts de madame de la Fontaine.	15
		Liaisons intimes de la Fontaine avec Jannart.	16
		Détails sur Jacques Jannart.	16
		Goût de la Fontaine pour le jeu.	18
1650	30	La reine-mère et le cardinal de Mazarin forment le projet de marier Louise-Marguerite d'Orléans avec Louis XIV.	172
1653	32	Naissance du fils de la Fontaine..	118
		Arrivée de Marie-Anne Mancini, depuis duchesse de Bouillon, en France.	114
		Fouquet est nommé surintendant des finances.	25
1654	33	La Fontaine se passionne pour les vers.	19
		Recommence ses études..	20
		Publie la traduction de l'*Eunuque* de Térence.	22
		Se lie d'amitié avec de Maucroix..	23
		Est présenté à Fouquet.	25
		Portrait de Fouquet..	25
		La Fontaine plaît à Fouquet et s'attache à lui.	26
		Portrait de la Fontaine.	29
1656	35	La Fontaine vend à son beau-frère sa ferme de Damar.	57
		Il allait souvent à Reims chez M. de Maucroix..	24
		La Fontaine a une aventure galante.	7
		Lettre de la Fontaine à Jannart, en date du 14 février 1656..	16
		Détails sur mademoiselle de Pont-de-Bourg.	17
		A peut-être été lié avec Belin, médecin de Troyes, et avec Gui Patin.	25
1657	36	Enlèvement de Girardin..	38

Dates.	Age.		Pages.
1657	36	Montal occupe Rocroy et jette la terreur dans toute la Champagne.	38
		Le Songe de Vaux.	33
		Épître à Claude-Angélique de Coucy de Mailly, abbesse de Mouzon.	39
		Dizain pour madame de Sévigné.	39
		Célébrité de madame de Sévigné.	39
1658	37	Mort du père de la Fontaine.	55
		La Fontaine présente à Fouquet son poëme d'*Adonis*.	38
		Détails sur la fortune de la Fontaine.	55
		Lettre de la Fontaine à Jannart, en date du 16 mars 1658.	16
		Liaisons de la Fontaine avec la femme de Colletet.	40
		Détails sur Colletet et sur sa femme Claudine.	41
		Sonnets et madrigaux pour Claudine Colletet.	43
		Stances contre Claudine.	44
		Singulier aveu de la Fontaine.	44
		Récit d'une de ses aventures.	46
		Éloge de Vaux, par madame Scarron. Lettre qu'elle écrit à madame Fouquet.	32
		Des *Poésies légères* de la Fontaine.	59
		Ballade sur le siége fait aux Augustins.	59
		Lettre de la Fontaine à Jannart, en date du 1er février 1659.	18
		Transaction entre Nicolas Laurent, vigneron, et la Fontaine, pour le compte de Jannart, le 10 mars 1659.	19
1659	38	*Épître à Pellisson.*	50
		Ballade pour madame Fouquet.	50
		Détails sur Pellisson.	52
		Quittance en vers, faite par Pellisson.	53
		Épitaphe d'un paresseux.	54
		Détails sur la fortune de la Fontaine.	55
		Ballade sur le pont de Château-Thierry.	58
		Pièces diverses pour madame Fouquet.	50

TABLE DES MATIÈRES.

Dates.	Age.		Pages.
1659	38	*Épître à Fouquet*..................	51
		Détails sur Fouquet...............	62
		Inscriptions de la maison de Fouquet à Saint-Mandé, composées par la Fontaine et Gervais...	64
		Aventure arrivée à Château-Thierry.........	64
		La Fontaine compose sur ce sujet le ballet intitulé : *Les Rieurs du Beau-Richard*......	66
		Mazarin va dîner à Vaux chez Fouquet........	68
		Louis XIV dîne à Vaux chez Fouquet.........	69
		Les Rieurs du Beau-Richard, comédie-ballet...	66
		Ode sur la paix des Pyrénées............	51
1660	39	Lettre de Conrart à la Fontaine..........	235
		Dizain pour madame Fouquet............	50
		Sixain pour le roi................	51
		Ode pour Madame..................	74
		Voyage de F. de Maucroix à Rome..........	24
		Ballade sur le mariage du roi...........	69
		Inclination de Louis XIV pour Marie Mancini..	70
		Relation de l'entrée de la reine...........	71
		Épigramme sur un mot de Scarron.........	73
		Mort de Scarron..................	73
1661	40	*Épître à Fouquet sur le mariage de Monsieur*..	74
		Lettre à de Maucroix. Relation d'une fête donnée à Vaux....................	75
		On y joue les *Fâcheux*, comédie de Molière...	77
		Détails sur Molière.................	78
		De Fouquet....................	82
		Mazarin prend des mesures pour le perdre....	84
		Il y renonce...................	85
		Fausses mesures de Fouquet.............	86
		Conduite de Louis XIV à l'égard de Fouquet....	87
		Causes de la disgrâce de Fouquet..........	88
		Portrait de la Vallière...............	90
		Fouquet devient amoureux de la Vallière et lui fait faire des propositions.............	93
		Il découvre le secret des amours de Louis XIV..	94

Dates.	Age.		Pages.
1661	40	La perte de Fouquet est résolue............	94
		Dissimulation de Louis XIV................	94
		Le roi donne l'ordre d'arrêter Fouquet et le révoque................................	95
		Fouquet est arrêté........................	97
		Conduite des hommes de lettres et des courtisans dans cette circonstance................	97
		Billet de la Fontaine à Maucroix............	98
		Élégie pour Fouquet, adressée aux Nymphes de Vaux................................	99
		Ode pour Fouquet.......................	100

LIVRE DEUXIÈME.

		La Fontaine est lié avec Racine............	103
		Première lettre de Racine à la Fontaine.....	104
		Détails sur mademoiselle de Meneville et mademoiselle de Fouilloux......................	106
1662	41	Deuxième lettre de Racine à la Fontaine....	108
		Procès de la Fontaine avec le fisc..........	110
		Épître au duc de Bouillon................	112
		Détails sur la duchesse de Bouillon.........	114
1663	42	La Fontaine fait un voyage à Limoges.......	116
		Première lettre de la Fontaine à sa femme...	117
		Deuxième lettre.........................	118
		Troisième lettre.........................	119
		La Fontaine oublie l'heure du dîner en lisant Tite-Live.............................	119
		Quatrième lettre.........................	120
		A Amboise, la Fontaine visite la prison de Fouquet................................	120
		Cinquième lettre.........................	121
		Sixième lettre...........................	122

Dates.	Age.		Pages.
1663	42	Assassinat du marquis de Fors..	123
		Détails sur les Pidoux de Poitiers.	132
		Jugement de la Fontaine sur Bellac..	135
		— sur Limoges.	136
1664	43	La Fontaine retourne à Château-Thierry.	137
		Il y retrouve la duchesse de Bouillon.	137
		Elle l'emmène avec elle à Paris.	138
		Histoire de la marquise de Fors devenue comtesse de l'Aubespin..	123
		Ballade sur Escobar.	165
		Épigramme en dialogue sur le même sujet.	166
		La Fontaine est nommé gentilhomme servant de Madame la duchesse douairière d'Orléans (Marguerite de Lorraine).	167
		Joconde..	138
1665	44	*Contes et Nouvelles en vers*.	138
		Dissertation de Boileau sur le *Joconde* de la Fontaine et sur celui de Bouillon.	153
		Digression sur les causes des différences des littératures ancienne et moderne..	139
		Les légendes des saints sont les premières productions de la littérature du moyen âge..	140
		Les guerriers du moyen âge comparés aux héros de l'antiquité.	141
		Influence de la chevalerie et des croisades sur la littérature..	142
		On compose des romans, des lais, des nouvelles, des fabliaux..	143
		Les littératures de l'Italie et de l'Espagne se ressentent de cette influence.	144
		Pourquoi la littérature française s'en est moins ressentie, et s'est rapprochée des anciens.	145
		La Fontaine seul nous reporte à la littérature primitive de l'Europe moderne..	146
		Arrêts d'amour.	146
		Des Cours d'Amour.	146

Dates.	Age.		Pages.
1665	44	La Fontaine, surnommé *le Conteur* et *le Fablier*.	148
		Caractère du talent de la Fontaine dans le conte.	148
		Parallèle de la Fontaine et de Voltaire, considérés comme auteurs.	149
		De l'insouciance de la Fontaine sur l'effet que pouvaient produire ses *Contes*.	150
		La Fontaine excusé par les exemples de ses prédécesseurs et les mœurs du temps.	150
1666	45	De Gaches, ami de la Fontaine.	151
		Liaison entre la Fontaine, Racine, Molière, Boileau et Chapelle.	153
		De la différence de caractère de ces hommes célèbres.	154
		Portrait de Chapelle, par Bernier.	154
		Réunions régulières entre eux.	155
		La Fontaine est surnommé *le Bon homme*.	158
		Mot de Molière sur la Fontaine.	158
		Naïveté de la Fontaine au sujet de saint Augustin.	158
		Sa discussion sur les aparté.	159
		Anecdote sur la Fontaine et la duchesse de Bouillon.	160
		La Fontaine aimait à travailler en plein air.	160
		Voyage de la Fontaine à Château-Thierry.	161
		Lettre de Colbert à la Fontaine.	161
		Lettre de la Fontaine à Bafroy, intendant de M. de Bouillon (mois d'août).	161
		Statuts des réunions de la rue du Vieux-Colombier.	162
		Anecdote de Boileau et de Chapelle.	163
		On veut réconcilier la Fontaine avec sa femme.	164
		La Fontaine revient de Château-Thierry sans l'avoir vue.	164
		La Fontaine enclin au rigorisme dans la théorie sur ce qui concerne la religion.	165

Dates.	Age.		Pages.
1666	45	La Fontaine est lié avec la duchesse douairière d'Orléans..	167
		Détails sur les dissensions entre Mademoiselle de Montpensier et la duchesse.	169
		Épître pour Mignon..	170
		Détails sur la comtesse de Crissé.	170
		— sur l'évêque et l'évêché de Bethléem.	171
		— sur Mademoiselle d'Orléans et sur son mariage projeté avec Louis XIV.	172
		Sonnet pour S. A. R. Mademoiselle d'Alençon.	174
		De Louis XIV et de ses amours..	176
		Ce qu'il dit de mademoiselle de Poussé..	176
		Sonnet pour mademoiselle de Poussé.	182
1667	46	Deuxième partie des *Contes et Nouvelles en vers*.	191
		Fables choisies, mises en vers, in-4°..	192
		De l'apologue depuis les plus anciens temps jusqu'à la Fontaine.	193
		Ésope.	193
		Bidpaï.	193
		Loqman.	193
		Fables éparses dans divers auteurs anciens..	194
		Babrias..	195
		Phèdre.	195
		Julius Titianus.	196
		Avianus..	196
		Aphtonius..	196
		Ignatius Magister.	196
		Constantin Cyrille.	196
		Romulus.	197
		Vincent de Beauvais.	197
		Marie de France.	197
		Planude..	198
		Ranutio d'Arezzo..	198
		Perotti.	198
		Abstémius..	198

Dates.	Age.		Pages.
1667	46	Gilbert Cousin..	198
		Faërne.	198
		Corrozet.	199
		Philibert Hégemon.	199
		Guillaume Guéroult.	199
		Verdizotti..	199
		Recueil de Nevelet.	169
		Vischnou Sarmah.	199
		Audin.	200
		Jean Baudoin et Pierre de Boissat.	200
		La Fontaine cherche à imiter Phèdre..	200
		Mot de Fontenelle à ce sujet.	200
		Boileau et Jean-Baptiste Rousseau luttent sans succès contre la Fontaine.	201
		Du style de la Fontaine, selon Chamfort et selon la Harpe.	202
		La Fontaine est le poëte de l'âge mûr, des gens de goût, des enfants et du peuple..	204
		Son siècle lui a rendu justice..	204
		Fable dédiée à Maucroix.	205
		— au chevalier de Bouillon.	206
		— à mademoiselle de Sévigné.	207
		— au duc de la Rochefoucauld.	208
		La Fontaine est lié avec madame de la Fayette..	209
		Épître à madame de la Fayette.	210
		Souper donné par M. le duc au comte de Saint-Paul, où se trouvent mademoiselle Hilaire et mademoiselle Raymond.	274
1669	48	*Épître à la princesse de Bavière.*	183
		Abdication de Casimir, roi de Pologne.	183
		Élection de Koribut Wiesnowieski.	186
		Secours envoyés par la France à la république de Venise.	186
		Ambassade du Grand Seigneur à Louis XIV.	187
		Détails sur les Bouillons, frères de la princesse de Bavière..	188

Dates.	Age.		Pages.
1669	48	Détails sur le duc d'Albret..............	190
		Sixain pour le cardinal de Bouillon......	191
		Contes et Nouvelles en vers............	191

LIVRE TROISIÈME.

		Fables choisies, mises en vers, nouvelle édition in-12.................................	213
		Les Amours de Psyché et de Cupidon......	213
		Versailles est la cause des défauts de *Psyché*...	214
		Description de la grotte de Téthys.........	215
		La Fontaine avoue ses penchants pour tous les genres de plaisir......................	216
		Il place en enfer ceux qui n'aiment pas.....	217
		Molière et Corneille font un opéra de *Psyché*..	217
		Un anonyme, le président Nicole et Marini avaient traité le sujet d'Adonis.................	218
		Adonis, poëme.......................	219
		Jugement de la Harpe sur le poëme d'*Adonis*...	219
		La Fontaine explique pourquoi il aime à traiter les sujets amoureux.................	220
		La Fontaine présente à Louis XIV son roman de *Psyché*.............................	221
		Des épîtres dédicatoires de la Fontaine......	222
1671	50	Lettre à la duchesse de Bouillon...........	223
		Contes et Nouvelles en vers, troisième partie...	224
		Différend de Beaux-Yeux et de Belle-Bouche.	224
		Clymène............................	224
		Aveux de la Fontaine sur l'inégalité de son caractère...............................	228
		Fables nouvelles et autres poésies........	226
		Dédicace de ce recueil au duc de Guise......	227
		Élégies.............................	228

LIVRE III.

Dates.	Age.		Pages.
1671	50	Aveux de la Fontaine sur ses premières amours.	229
		La Fontaine savait s'apprécier............	231
		Jugement de madame de Sévigné sur la Fontaine et sur ses ouvrages..............	231
		Jugement de la Fontaine sur lui-même......	232
		Observations de la Harpe sur ce jugement....	232
		Recueil de *Poésies chrétiennes et diverses*....	233
		Poésies de la Fontaine comprise dans ce Recueil.	233
		Liaison de la Fontaine avec Conrart......	236
		Le marquis de Sévigné entend une symphonie chez mademoiselle Raymond, en compagnie de madame de la Sablière, Ninon de Lenclos, etc.	274
		Mort et portrait de Marguerite, duchesse douairière d'Orléans................	240
		La Fontaine, après la perte de sa protectrice, se retire chez madame de la Sablière......	241
		Détails sur M. et madame de la Sablière.....	242
		Virelai sur les Hollandais............	248
		Aventure du curé de madame de Boufflers, qui donne lieu à la composition de la fable intitulée : *le Curé et le Mort*...........	305
1673	52	*Épitaphe de Molière*, par la Fontaine......	247
		Poëme de la Captivité de saint Malc......	236
1674	53	La Fontaine se lie d'amitié avec Huet......	266
		Composition de la fable intitulée : *Tircis et Amarante*...................	312
1675	54	Mariage de mademoiselle de Sillery avec le marquis de Tibergeau...............	313
		Épîtres à Turenne...............	251
		La Fontaine a enrichi la langue de beaucoup de mots nouveaux.................	250
		Fêtes données au sujet de la conquête de la Franche-Comté.................	251
		Mort de Turenne................	252
		Pourquoi la Fontaine se plaisait dans la société des femmes..................	253

TABLE DES MATIÈRES.

Dates.	Age.		Pages.
1675	54	De madame de Thianges.	253
		De madame de Fontevrault et de madame de Montespan.	253
		Madame de Thianges conserve sa faveur auprès de Louis XIV.	254
		Elle donne pour étrennes, en 1675, à monseigneur le duc du Maine une chambre dorée, nommée *Chambre du sublime*.	256
		Le genre de la Fable est omis dans l'*Art poétique* de Boileau, publié en 1674.	258
		La Fontaine a donné de bons préceptes sur ce genre.	258
		Explications de Boileau à ce sujet.	259
		Épigramme contre un pédant de collége.	260
		Causes de désunion entre la Fontaine et Boileau.	260
		Sentence de police qui défend les *Contes* de la Fontaine.	261
		Gudin a accusé à tort la Fontaine d'avoir fait des vers obscènes.	262
		Quel est le véritable auteur de ces vers.	263
		Contes nouveaux.	
		Blason de Janot et Catin.	265
		Les Troqueurs, conte imprimé à part.	266
		Du conte de l'*Abbesse et de Dindenaut*.	266
		La grande-duchesse de Toscane revient en France.	173
1676	55	La Fontaine vend à Pintrel sa maison de Château-Thierry.	58
		Nouvelle édition des *Contes nouveaux*. Mons, 1674.	261
		La Fontaine travaillait avec soin ses ouvrages.	266
		Il ne dissimule pas ses goûts pour les plaisirs et la paresse.	267
		De la Fontaine et de Benserade, et du rondeau fait contre ce dernier.	267
		Lettre à mademoiselle de Champmeslé.	280
		Liaison de la Fontaine avec la Champmeslé.	280

Dates.	Age.		Pages.
1676	55	La Fontaine est lié avec M. de Nyert.	269
		Détails sur MM. de Nyert père et fils, sur la famille Vanghangel, et sur M. de la Sablière.	270
		Révolution en musique.	272
		L'opéra fut soutenu par Louis XIV.	275
1677	56	*Épitre à M. de Nyert.*	271
		Détails sur mademoiselle Raymond.	272
		Détails sur mademoiselle Certain.	278
		Du jubilé célébré en France en 1677.	278
		Vers pour le portrait de Mezetin.	279
		Composition de la fable intitulée : *un Animal dans la lune.* Éloge de Charles II. Négociations de Nimègue.	317
1678	57	Nouvelle Lettre à mademoiselle de Champmeslé.	282
		Conte de Belphégor, dédié à la Champmeslé.	283
		Vers pour un ballet joué à Troyes au sujet de la paix de Nimègue.	286
		Voyage de la Fontaine à Lyon. Anecdote sur la fable du *Chien qui porte au cou le dîner de son maître.*	286
		Affaires des troqueurs au parlement de Rouen.	288
1679	58	*Fables choisies*, troisième et quatrième parties.	289
		Édition des Contes de la Fontaine faite à Lyon.	288
		La Fontaine reçoit des encouragements de Louis XIV.	289
		Il lui présente ses *Fables.*	290
		Ce second recueil de *Fables* est supérieur au premier.	290
		Chamfort en porte un jugement différent.	291
		Pourquoi Chamfort a mal commenté la Fontaine.	291
		Chamfort a bien apprécié la philosophie de la Fontaine.	292
		Résumé sur les *Fables* de la Fontaine.	292
		Jugement de la Harpe sur le nombre des bonnes fables de la Fontaine.	297
		Quelle est la plus belle des fables de la Fontaine.	298

TABLE DES MATIÈRES.

Dates.	Age.		Pages.
1679	58	Regrets de la Fontaine sur les plaisirs de son jeune âge...	299
		Son amour pour la retraite...	301
		La Fontaine a pris les sujets de plusieurs de ses fables dans Bidpaï...	301
		Dans quel auteur il a pris le sujet de la fable du *Paysan du Danube*...	302
		Il en est qui sont de son invention...	302
		Sur la neuvième fable du livre XI...	303
		La Fontaine oublie son dîner pour contempler des fourmis...	304
		De la Fontaine considéré comme observateur...	304
		Une exactitude scientifique serait nuisible dans l'apologue...	305
		De la fable de l'*Aigle et de l'Escarbot*...	305
		De celle qui a pour titre : *le Curé et le Mort*...	306
		Plusieurs des fables de la Fontaine, non publiées, circulaient en manuscrit...	307
		La Fontaine n'a jamais permis qu'on imprimât les épigrammes qu'il avait composées...	308
		Fable dédiée à M. Barillon, intitulée : *le Pouvoir des Fables*...	308
		Explication du prologue de cette fable...	308
		Fable dédiée à mademoiselle de Sillery, intitulée : *Tircis et Amarante*...	311
		Détails sur mademoiselle de Sillery...	311
		Fable dédiée à madame de la Sablière, intitulée : *les deux Rats, le Renard et l'Œuf*...	314
		Discussion sur l'âme des bêtes...	315
		Louanges données à madame de la Sablière...	316
		Fable qui a pour titre : *un Animal dans la lune*...	317
		Anecdote sur le chevalier Neal...	317
		Éclaircissements historiques sur les vers qui terminent cette fable...	318
		Fable intitulée : *les Lapins*, dédiée à M. de la Rochefoucauld...	319

Dates.	Age.		Pages.
1679	58	Société du duc de la Rochefoucauld et de madame de Montespan..	320
		Fable intitulée : *les Dieux voulant instruire un fils de Jupiter*, dédiée au duc du Maine. . . .	320
		Dédicace de ce recueil à madame de Montespan..	320
		Épilogue de ce recueil.	322
		Éloge de Louis XIV..	323

FIN DE LA TABLE DU PREMIER VOLUME.

www.ingramcontent.com/pod-product-compliance
Lightning Source LLC
Chambersburg PA
CBHW070435170426
43201CB00010B/1107